# ÉTUDES

SUR LES

# FIBRES VÉGÉTALES TEXTILES

EMPLOYÉES DANS L'INDUSTRIE

Paris. — Typographie Firmin-Didot et Cie, rue Jacob, 56

# ÉTUDES

SUR LES

# FIBRES VÉCÉTALES TEXTILES

EMPLOYÉES DANS L'INDUSTRIE

PAR

## M. VÉTILLART

DÉPUTÉ DE LA SARTHE, PRÉSIDENT DE LA CHAMBRE DE COMMERCE

ET PRÉSIDENT DU CONSEIL DES PRUDHOMMES DU MANS



PARIS

LIBRAIRIE DE FIRMIN-DIDOT ET Cⁱᵉ

IMPRIMEURS DE L'INSTITUT DE FRANCE

56, RUE JACOB, 56.

1876.

# PRÉFACE.

Le point de départ des études que nous publions a été la recherche de moyens sûrs et à la portée de tous, pouvant permettre de reconnaître promptement les fraudes qui se commettent dans les tissus. Nous nous étions surtout attaché à deux points qui intéressaient plus particulièrement le commerce de toiles de la contrée que nous habitons : constater avec certitude la présence du jute dans un fil ou un tissu, quel que fût l'état où se trouvât ce dernier ; reconnaître, dans les mêmes circonstances, si un produit à examiner était composé de lin ou de chanvre, ou du mélange de ces deux textiles.

Le seul moyen pratique que nous possédions, alors, pour reconnaître le jute dans un mélange, était celui qui a été indiqué par M. Vincent. Ce procédé, aussi simple que rapide, permet effectivement de signaler la présence du jute dans la plupart des cas. Il faut dire cependant que la coloration rouge produite sur ce textile par l'action successive de l'*ammoniaque* et du *chlore* ne lui est pas particulière, et que beaucoup d'autres filaments, tirés du règne végétal, présentent dans les mêmes circonstances une coloration à peu près pareille. Enfin il nous est arrivé, dans les nombreuses expertises dont nous avons été chargé, d'éprouver des hésitations et des doutes sur les résultats obtenus à l'aide de ces réactions. Nous avons rencontré des chanvres qui prenaient avec

*a*

les réactifs de M. Vincent une teinte rose, assez prononcée par endroits pour faire croire à la présence du jute. D'un autre côté, lorsque les tissus sont blancs, la réaction n'est plus aussi tranchée, et quand ils sont teints, les opérations nécessaires pour les débarrasser des substances qui les colorent modifient quelquefois très-profondément la substance que ces réactifs colorent en rouge, et alors les résultats ne sont plus aussi nets. Malgré ces inconvénients, ce procédé ne doit pas être négligé et peut rendre des services dans un grand nombre de cas; mais il ne s'applique qu'au jute et il reste muet lorsqu'il s'agit de distinguer le chanvre du lin.

Nos premières recherches eurent lieu à l'aide du microscope; nous espérions que cet instrument nous fournirait un mode d'investigation plus parfait que ceux employés jusqu'ici. Mais les filaments que nous venons de mentionner, examinés dans leur longueur, ne nous ont présenté aucun caractère qui permît de les distinguer avec certitude.

Sur ces entrefaites nous avons eu connaissance d'un travail sur le sujet qui nous occupait, publié à Berlin, en 1853, par le D$^r$ Schacht, professeur à l'Université de Bonn. Nous nous sommes procuré cet ouvrage, espérant y trouver la solution du problème que nous cherchions. Le titre de ce livre, *Die Prüfung der im Handel vorkommenden Gewebe* (Vérification des tissus que l'on rencontre dans le commerce), nous paraissait rempli de promesses. Mais grand fut notre désappointement lorsque nous avons vu quels étaient les caractères à l'aide desquels l'auteur proposait de distinguer les fibres les unes des autres. Il indique comme un caractère sûr, permettant de reconnaître le chanvre, la forme fourchue des pointes de ses fibres. Or cette particularité ne se rencontre que rarement dans le chanvre et seulement dans les cellules provenant d'une certaine partie de la plante; de plus, nous avions déjà reconnu que plusieurs autres filaments textiles présentaient cette même particularité.

Notre surprise fut plus grande encore en nous apercevant que le savant professeur de botanique donnait au *china grass,* dont il décrit assez exactement les fibres, le nom scientifique de *corchorus capsularis,* qui appartient à la plante dont on retire le *jute.* Enfin, dans ce même ouvrage, le *chanvre de Manille* est indiqué comme provenant d'un *agave.* De pareilles erreurs nous paraissaient inexplicables.

Le Dr Schacht propose, en outre, l'emploi successif de l'iode et de l'acide sulfurique, comme moyen de reconnaître quelques fibres. Il se sert d'acide sulfurique étendu d'eau, dont l'action succédant à celle de l'iode produit dans les fibres un gonflement dont il faut suivre toutes les phases avec attention. Le lin se tortille, dit-il, sur lui-même, ainsi que le coton et quelques autres fibres; le chanvre, au contraire, se contracte en se gonflant, les parois du canal intérieur se plissent et elles paraissent marquées de stries perpendiculaires à l'axe de la fibre. Mais cette action n'a rien de certain ni d'uniforme, et ce caractère est absolument sans valeur.

Le Dr Schacht ne s'est pas aperçu que, sous l'action de ces réactifs, certaines fibres se colorent en *bleu* et d'autres en *jaune.* Toutes celles décrites par lui sont indiquées comme devenant bleues par ce traitement, même le *Phormium tenax.*

En résumé, la seule partie exacte de ce travail est la description du coton, vu au microscope dans sa longueur. Les caractères de cette fibre, examinée avec cet instrument, avaient déjà été décrits avec beaucoup de précision par Andrew Ure, dans un ouvrage publié à Londres en 1836, et intitulé *the Philosophy of Manufactures.* Cette description était accompagnée de figures très-exactes représentant le coton et le lin.

Nous désespérions déjà d'arriver, avec le microscope, à un

résultat qui répondît d'une manière satisfaisante aux questions que nous nous étions posées, lorsqu'une circonstance fortuite nous donna l'idée de faire faire des coupes ou sections minces en travers des filaments, objets de nos études. M. Bourgogne père, l'habile préparateur de Paris, exécuta ces coupes avec une grande perfection, au moyen d'appareils inventés par lui. Les premières préparations qu'il fit sur notre demande datent de 1863.

L'examen des coupes de ces différentes fibres nous donna la conviction que le problème pouvait être résolu à l'aide des caractères très-nets et très-tranchés qu'elles présentaient. Nous avons constaté immédiatement que celles d'un même textile offraient des points de ressemblance très-marqués et que ces caractères étaient différents suivant la nature des fibres examinées. On pouvait donc arriver à reconnaître ainsi les différents textiles dans toutes espèces de cordages, fils ou tissus, et les distinguer les uns des autres dans tous les produits où ils se rencontraient, qu'ils fusseut écrus, blanchis, teints ou même goudronnés.

M. Alcan a publié dans son traité de la filature du coton (1865) des dessins du coton, du lin, du chanvre, du jute et du china grass, qui sont très-exacts, sauf en ce qui concerne les nœuds signalés par lui dans le lin et le jute. Ces filaments sont dessinés dans leur longueur et accompagnés de coupes; mais l'échelle est trop petite (125 diamètres) pour permettre de les distinguer les uns des autres. Les coupes du coton, seules, ne peuvent être confondues avec celles des autres textiles. Si l'auteur avait examiné ces coupes avec un plus fort grossissement, il aurait certainement reconnu, comme nous, les traits caractéristiques qui permettent de distinguer le chanvre du lin.

Nous avons donc été le premier à reconnaître que les différents textiles pouvaient être caractérisés au moyen de la forme de leurs coupes; mais ces coupes, d'une transparence extrême, exigeaient une certaine habitude du microscope pour être bien vues dans tous leurs détails, au milieu d'une préparation. Nous désirions rendre plus apparents ces caractères distinctifs des fibres, de telle sorte qu'ils pussent frapper, dès le premier abord, l'œil le moins exercé; c'est dans ce but que nous avons fait nos premiers essais de coloration par les réactifs. On savait que l'action successive de l'iode et de l'acide sulfurique produisait sur la cellulose un effet analogue à celui de l'iode seul sur la fécule. Cette réaction avait été essayée sur les fibres végétales, et il avait été reconnu que celles du lin, du chanvre et du coton se coloraient en bleu en se gonflant et finissaient par se transformer en un magma coloré, dans lequel les formes des fibres disparaissaient complétement. Le but que nous voulions atteindre était de donner cette coloration bleue aux fibres sans les déformer. Nous espérions, par ce moyen, rendre les coupes plus apparentes et les faire mieux ressortir dans les préparations.

Les résultats obtenus ont dépassé nos espérances; la préparation d'acide sulfurique et de glycérine que nous avons trouvée nous permet non-seulement de rendre les formes des coupes plus faciles à apercevoir, tout en conservant les détails les plus délicats, mais encore elle fait apparaître des caractères nouveaux qui donnent à notre procédé d'investigation une très-grande précision. Enfin l'emploi de ces réactifs permet de reconnaître, le plus souvent, les diverses fibres textiles que nous avons mentionnées et de les distinguer les unes des autres par un simple examen en long, sans qu'il soit besoin d'en faire des coupes.

En 1868, M. Dupuy de Lôme, directeur du matériel au ministère de la marine, manifesta l'intention d'employer ce procédé d'analyse dans son service, pour reconnaître les fraudes commises dans les fournitures faites à l'État; mais il désira le soumettre préalablement au jugement de l'Académie des sciences. Grâce à son bienveillant appui, le mémoire qu'il présenta, en notre nom, fut accueilli favorablement, et MM. Chevreul et Decaisne consentirent à l'examiner et à faire un rapport à l'Académie, s'il y avait lieu (séance du 11 mai 1868). Ce rapport a paru, dans les Comptes rendus de l'Académie des sciences, tome LXX, séance du 23 mai 1870. La haute approbation de ces illustres savants fut notre plus grande récompense. Les rapporteurs, après avoir reconnu l'exactitude et la précision des caractères indiqués dans notre mémoire, proposèrent son insertion dans le Recueil des savants étrangers.

Le ministre de la marine adopta ce procédé pour la vérification des toiles et autres produits de même origine fournis à l'État, et il fit imprimer une instruction que nous avions rédigée pour l'application pratique de ce moyen d'analyse. Cette instruction ne parut qu'en 1872, par suite de retards occasionnés par la guerre; elle était accompagnée de figures coloriées de six textiles que nous représentions en coupe et dans leur longueur, au grossissement uniforme de 300 diamètres.

En 1873, M. Roucher, pharmacien en chef de l'hôpital militaire du Gros-Caillou, publia dans les Annales d'hygiène publique et de médecine légale un travail sur notre procédé, accompagné des planches qui avaient été faites pour l'instruction destinée au service de la marine. Ce travail reproduit la division en deux classes des fibres libériennes, telle que nous l'avions établie dans le mémoire présenté à l'Académie. La première classe contenait un certain nombre de familles végétales dans lesquelles nous avions reconnu que les fibres se coloraient en bleu par l'action de l'iode et de l'acide sulfurique; la seconde comprenait celles qui se coloraient en jaune dans les mêmes circonstances. On trouve également dans ce rapport le résultat des déterminations faites par nous de dix-sept échantillons de textiles végétaux, purs ou mélangés dans des proportions connues de M. Roucher. Le tableau donné par lui constate que ces déterminations étaient parfaitement exactes, quant à la nature des fibres et à leur proportion dans les mélanges.

Désirant étendre le cercle de nos recherches, et appliquer à d'autres textiles ce mode d'investigation dont la précision et l'exactitude avaient été reconnues par des savants aussi autorisés, nous avons entrepris une série d'études dont nous donnons ici les premiers résultats. Notre grande préoccupation a été de nous procurer des échantillons bien authentiques des filaments que nous devions examiner. Nous devons à la complaisance de M. Brogniart un certain nombre de filaments exotiques tirés des collections du Muséum d'histoire naturelle. Le D<sup>r</sup> Olliver a bien voulu, sur la recommandation de M. Decaisne, mettre à notre disposition une série de 150 filaments de nature différente provenant des colonies anglaises. Ces échantillons ont été pris dans la magnifique collection botanique de Kew, et offrent les plus précieuses garanties d'authenticité. L'ouvrage de Forbes Royle sur les plantes textiles des Indes nous a été aussi d'un grand secours. Nous avons trouvé également d'utiles renseignements, pour la synonymie, dans le catalogue de la collection de l'établissement industriel et commercial de Melle (Belgique); ce travail, dû à M. Bernardin, conservateur de cette collection, donne la liste de 550 espèces végétales utilisées comme textiles sur toute la surface du globe. Enfin plusieurs personnes nous ont rapporté d'Algérie des échantillons de plantes textiles de notre colonie d'Afrique qui nous ont été fort utiles.

Si ces premières recherches que nous livrons au public présentent quelque intérêt et rendent quelques services à la science, nous le devons aux conseils de MM. Chevreul et Decaisne, et nous considérerons toujours comme notre plus grand honneur d'avoir obtenu leur sympathie et leur approbation pour nos modestes travaux. Qu'il nous soit permis, ici, de leur en exprimer toute notre reconnaissance.

Marcel VÉTILLART.

Novembre 1875.

# TABLE DES MATIÈRES.

## FAMILLE DES MORÉES.



73. — Notice sur le mûrier à papier ou broussonetia. — 74. Examen en long des filaments et des fibres. — 75. Dimensions des fibres du broussonetia. — 76. Fibres vues en long dans les réactifs. — 77. Coupes de l'écorce et des fibres du broussonetia. — 78. Coupes du broussonetia, dans les réactifs. — 79. Écorce du Japon employé à la fabrication du papier. — 80. Conclusions.

## FAMILLE DES PAPILIONACÉES.



81. Notice sur les filaments du crotalaria juncea. — 82. Examen des filaments et des fibres du sunn dans leur longueur. — 83. Détermination des dimensions des fibres du sunn. — 84. Examen des fibres du sunn dans les réactifs. — 85. Coupes du sunn. — 86. Coupes traitées par les réactifs. — 87. Conclusions.



88. Considérations générales. — 89. Examen des fibres en long. — 90. Dimensions des fibres du genêt. — 91. Examen en long dans les réactifs. — 92. Coupes des rameaux et des fibres du genêt. — 93. Coupes du genêt dans les réactifs. — 94. Conclusions.



95. Observations sur cette plante. — 96. Examen des fibres du genêt d'Espagne. — 97. Dimensions des fibres. — 98. Examen des fibres du genêt d'Espagne dans les réactifs. — 99. Coupes des rameaux et des fibres du genêt d'Espagne. — 100. Examen des coupes dans les réactifs. — 101. Conclusions.



102. Notice sur le mélilot blanc de Sibérie. — 103. Examen des filaments et des fibres du mélilot. — 104. Dimensions des fibres. — 105. Examen des fibres en long dans les réactifs. — 106. Coupes des filaments du mélilot de Sibérie. — 107. Coupes du mélilot vues dans les réactifs. — 108. Conclusions.

## FAMILLE DES MALVACÉES.



109. Considérations générales. — 110. Examen du coton dans sa longueur. — 111. Coton vu en long dans les réactifs. — 112. Coupes du coton. — 113. Coupes du coton vues dans les réactifs.

## FAMILLE DES AMARYLLIDÉES.



## FAMILLE DES MUSACÉES.



## FAMILLE DES PALMIERS.

# INTRODUCTION.

**1. — Les études microscopiques en France**. — Les études microscopiques ont attiré depuis quelques années l'attention du monde savant. L'intérêt qu'elles présentent par elles-mêmes, les découvertes qu'elles ont permis de faire dans un certain nombre de sciences, les voies nouvelles qu'elles ont ouvertes pour la plupart d'entre elles, expliquent la faveur avec laquelle les recherches de cette nature ont été accueillies.

Il faut constater cependant que l'usage du microscope ne se répand pas dans notre pays avec autant de rapidité qu'on serait en droit de l'espérer lorsque l'on considère les résultats remarquables déjà obtenus. Nous rencontrons bien peu de personnes en France qui se soient familiarisées avec l'emploi de cet instrument, et, n'était l'extension donnée tout récemment à son usage pour l'étude de la maladie des vers à soie et la tendance qui semble se manifester parmi les médecins à le consulter dans quelques circonstances, il serait encore relégué parmi les appareils qui ornent les cabinets de physique.

Il n'en est pas de même en Allemagne et en Angleterre. Dans ce dernier pays le microscope est devenu un instrument à la mode; on le rencontre fréquemment dans les salons à côté d'un stéréoscope ou d'une chambre noire.

Les races allemandes et anglo-saxonnes se piquent d'une

aptitude plus grande que la nôtre pour ce genre d'études ; nous ne pouvons nous incliner devant cette prétention. L'histoire des découvertes faites à l'aide du microscope démontre que les Français ne sont pas en retard sur leurs voisins, sous ce rapport. Les Anglais peuvent parler avec ironie de l'infériorité de nos instruments, ils sont obligés de reconnaître cependant que, malgré leurs microscopes si compliqués, ils ne peuvent compter à leur actif une somme de découvertes plus considérable que les Français.

L'usage du microscope est plus répandu en Angleterre qu'en France ; cela est dû surtout au nombre considérable d'ouvrages sur l'emploi de cet instrument, qui enrichissent la littérature anglaise. L'Allemagne est aussi beaucoup plus favorisée que nous sous ce rapport.

L'Angleterre possède, sur ce sujet, plusieurs traités classiques fort bien faits. Nous citerons seulement les suivants : *The Microscope and its revelations,* by W. Carpenter ; *How to work with the microscope,* by Lionel Beale ; *The Micrographic dictionary,* by Griffiths and Henley ; l'ouvrage de Pritchard sur les *infusoires,* les *diatomées* et les *desmidiées ;* des traités sur le microscope par Quecket, le docteur Lardner, Hogg, etc...; le manuel des préparations microscopiques de Lane Clarke ; enfin une revue périodique spéciale qui contient des travaux remarquables.

L'Allemagne possède les ouvrages de Schacht, de Frey, de Vogel, de Mohl et un nombre considérable d'ouvrages spéciaux, parmi lesquels on peut comprendre le traité si complet sur le microscope, du savant hollandais Harting, d'Utrecht, qui n'est guère connu que par sa traduction allemande.

Nous n'avons en France qu'un très-petit nombre d'ouvrages sur ce sujet. Nous citerons d'abord le *Traité du Microscope* de Dujardin, de la collection Roret ; ce livre, bien que déjà suranné en ce qui concerne la description des instruments, restera un modèle de sagacité et de finesse d'observation. Le traité le plus complet et le plus utile, qui ait été écrit en français, est celui du docteur Robin, qui devrait être entre les mains de tous les étudiants sérieux. Nous avons ensuite le manuel d'Arthur Chevallier, le *Traité des Infusoires* de Dujardin et quelques ouvrages spéciaux de médecine. Parmi les traités ayant rapport à l'emploi du microscope, nous citerons encore ceux de Moitessier et de Jules Girard, sur la *Photomicrographie*.

Nous ne devons pas omettre, dans cette énumération, deux ouvrages allemands du plus grand intérêt qui ont été traduits en français dans ces dernières années ; ce sont : *le Microscope,* par Schacht, et un petit traité sur le même sujet, par Frey de Zurich.

Nous ferons remarquer que la presque-totalité des ouvrages français sont écrits à un point de vue général, ou bien ont trait spécialement à la médecine. L'étudiant qui, ne pouvant se procurer d'autres guides, voudrait se livrer à des études microscopiques, serait bientôt dégoûté de son instrument s'il avait en vue autre chose que des recherches médicales, car il ne pourrait trouver un intérêt bien grand à passer d'une préparation toute faite à une autre, sans avoir le moyen de reconnaître la place de chacune, dans la série des êtres à laquelle elle appartient. S'il voulait poursuivre ses études et classer les objets qu'il examine, il se trouverait arrêté par le manque d'ouvrages spéciaux et illustrés dans notre langue.

**2. — Marche à suivre pour apprendre à se servir du microscope.** — Pour prendre goût à ce genre d'études, il faut entreprendre celle d'une série des êtres que le microscope nous permet d'examiner dans leurs détails les plus minutieux. L'intérêt qui s'attache à une étude suivie et complète entraîne l'esprit d'une manière irrésistible. L'étudiant apprend à faire lui-même ses préparations, il découvre des faits nouveaux qui augmentent son goût pour ce genre de recherches. Aussi conseillons-nous à tous ceux qui veulent apprendre à se servir du microscope, de choisir une branche, quelque restreinte qu'elle soit, de l'histoire naturelle et de poursuivre cette étude jusqu'à ce que l'usage de cet instrument leur soit complétement familier. Ils acquerront ainsi une facilité qui leur permettra ensuite d'aborder toutes les recherches microscopiques auxquelles ils pourront avoir occasion de se livrer.

L'emploi du microscope exige la triple éducation de l'œil, de la main et de l'esprit. Il ne faut pas se dissimuler que cette éducation demande une longue pratique, sans laquelle on ne peut espérer aucun résultat sérieux. Beaucoup de personnes s'imaginent qu'il suffit de jeter un coup d'œil dans l'instrument pour être initié aux merveilles du monde invisible ; c'est une erreur. Aucun instrument, peut-être, n'exige une plus longue pratique pour apprendre à s'en servir avec fruit ; il faut, en outre, une patience à toute épreuve, une persévérance inébranlable, et enfin posséder déjà quelques connaissances générales sur le sujet que l'on veut aborder.

Nous conseillerions volontiers de commencer par l'étude des *diatomées*. La beauté de ces petits êtres, la netteté, la grâce, la régularité des broderies merveilleuses qui ornent leurs valves siliceuses, la facilité de trouver sous la main, et à toutes les époques de l'année, des échantillons qui permettent de déterminer les espèces qui vivent dans la localité qu'on habite, toutes ces considérations, enfin, recommandent les diatomées d'une manière toute particulière au commençant qui veut se former l'œil et la main. Ajoutons que, suivant notre conviction, cette étude n'est pas sans utilité pratique. Nous ne doutons pas que la constatation des différentes espèces qui vivent et pullulent dans une rivière ou un ruisseau ne permette, un jour, de déterminer la nature de ses eaux et des sels qu'elles tiennent en dissolution.

Malheureusement nous n'avons pas d'ouvrages en français sur ce sujet. Nous ne possédons rien de semblable au bel ouvrage de Pritchard, si complet et si bien illustré, ou à celui de Smith, plus spécial encore. La botanique ne nous offre pas plus de ressources au point de vue des études microscopiques ; il en est de même de l'histoire naturelle des insectes. Les infusoires seuls ont été étudiés et représentés au moyen de très-bonnes gravures dans un ouvrage de Dujardin, qui fait partie des suites à Buffon, mais qui n'est déjà plus au courant de la science.

Les ouvrages de cette nature exigent de nombreuses figures ; ils deviennent alors dispendieux et difficiles à éditer. Nous ne devons donc pas compter obtenir, d'ici à longtemps, de grandes facilités dans notre langue pour ces études spéciales ; elles ne sont ouvertes qu'à ceux qui connaissent l'anglais ou l'allemand.

**3. — But de cet ouvrage.** — Ces considérations ont eu une grande influence sur notre détermination de publier ces premières études sur les fibres végétales employées dans les industries textiles. Outre l'intérêt qu'elles peuvent présenter à l'industriel et au botaniste, elles offrent l'avantage de proposer un ensemble de recherches que l'étudiant ne tardera pas à trouver attrayantes et qui lui permettront de se former promptement à la manœuvre du microscope, en y adjoignant, de plus, l'emploi des réactions chimiques. Nous avons donc l'espoir que ce travail, tout en présentant un intérêt spécial répondant à des besoins déterminés, pourra rendre des services d'un ordre plus général à ceux qui veulent s'occuper de recherches microscopiques.

Nous ferons remarquer que, dans les études que nous allons exposer, le commençant ne sera pas découragé par le manque d'ouvrages illustrés qui sont toujours nécessaires pour les diverses branches de l'histoire naturelle, lorsqu'on veut reconnaître et classer les êtres que l'on rencontre sous le microscope. Dans les recherches dont nous allons nous occuper, les plantes sur lesquelles nous opérons sont connues ; nous indiquerons la manière de rechercher, d'isoler et de préparer les fibres textiles qu'elles contiennent. L'étudiant n'aura plus qu'à les examiner sous toutes leurs formes, à constater les caractères qu'elles présentent et à fixer le résultat de ses observations par des notes et des dessins. Il se trouvera conduit ainsi à se familiariser avec l'emploi de la chambre claire, qui lui sera d'une grande utilité dans toutes ses recherches microscopiques. Nous espérons l'initier dans cet ouvrage à un sujet d'études aussi intéressant par les déductions théoriques qui découleront de ses observations, que par les applications qui lui seront suggérées. Enfin il fera lui-même des découvertes qui l'attacheront encore davantage à ces études si attrayantes.

# CHAPITRE PREMIER.



**4. — Fibres ligneuses. — Fibres libériennes. — Filaments**. — Si l'on prend un jeune rameau d'un arbre, du mûrier à papier (*Broussonetia . papyrifera*), par exemple, et qu'on broie séparément dans un mortier, avec un peu d'eau, des fragments du *bois* et des morceaux de l'*écorce*, on reconnaîtra, avec l'aide d'une forte loupe, que le premier est formé, en majeure partie, de cellules courtes, roides et pointues à chaque extrémité; ces cellules sont cassantes et ne présentent aucune souplesse, ce sont les *fibres ligneuses*.

L'écorce, au contraire, traitée de la même manière, donne une masse de fibres blanches et soyeuses, longues, flexibles et douées d'une certaine ténacité. Ce sont les *fibres libériennes,* qui, retirées de certaines plantes, ont été utilisées dans l'industrie pour les cordages, les fils, les tissus et la fabrication du papier. Les Anglais les appellent *bast fibres,* et les Allemands *bastzellen.* Leurs caractères varient beaucoup, suivant les plantes qui les produisent.

Ces fibres, dont la longueur varie depuis un millimètre et au-dessous jusqu'à plusieurs centimètres, se trouvent groupées dans les plantes et agglutinées ensemble de manière à former des aisceaux d'une longueur quelquefois très-considérable, même après avoir été débarrassées du parenchyme qui les enveloppe. Elles ne se trouvent pas bout à bout dans ces faisceaux, mais, tout en conservant un certain parallélisme, l'extrémité de l'une vient s'appuyer sur le corps de celles qui l'environnent. C'est une disposition analogue à celle des tuiles sur un toit. Nous conserverons à ces groupes ou faisceaux le nom de *filaments,* et nous appellerons *fibres normales* ou simplement *fibres* les cellules isolées et complétement indépendantes qui par leur groupement forment ces filaments. Les fibres libériennes, ainsi que nous l'avons dit, sont généralement longues, flexibles et fusiformes, c'est-à-dire, terminées graduellement en pointe de chaque bout. Ce sont de véritables cellules végétales, complétement fermées et creuses intérieurement. La cavité intérieure, étroite et allongée, qui semble se remplir de dépôts successifs de cellulose, est quelquefois complétement oblitérée, et alors la fibre paraît pleine.

Il n'y a pas très-longtemps que les véritables caractères de ces fibres ont été reconnus par des observations exactes. Tous les observateurs du dix-huitième siècle les considéraient comme des tubes continus se prolongeant d'un bout à l'autre de la plante. Mirbel fut le premier à les signaler comme des cellules allongées. Plusieurs auteurs ont cru apercevoir dans les fibres du lin des nœuds ou cloisons existant de distance en distance, comme dans les roseaux. Nous nous étonnons de voir ce caractère encore indiqué dans des ouvrages modernes accompagnés de dessins représentant les fibres de lin vues au microscopes. Nous n'avons jamais rencontré ces cloisons dans les fibres libériennes que nous avons étudiées. La moindre habitude des observations microscopiques permettra de reconnaître que ces prétendus nœuds du lin sont des renflements produits par le froissement de la fibre ainsi que nous l'expliquerons plus loin.

Nous reviendrons sur ce caractère, qui apparaît d'une manière bien tranchée dans la fibre du lin, mais nous avons cru devoir le signaler ici pour que l'on se tienne en garde contre les descriptions peu exactes des fibres textiles qui se rencontrent encore de nos jours dans les ouvrages les plus autorisés.

Les fibres libériennes que nous venons de décrire, feront le sujet des études que nous allons aborder. Les services qu'elles ont rendus dans tous les temps et dans tous les pays méritent bien que l'attention s'arrête sur ces utiles productions du règne végétal.

**5. — Les fibres végétales ont été utilisées depuis les temps les plus reculés.** — Les ouvrages les plus anciens nous montrent que l'homme a su de très-bonne heure tirer parti de ces filaments souples et tenaces que nous présentent certaines plantes. Ils semblent avoir été utilisés d'abord pour faire des cordages, puis des instruments de pêche et de chasse. Enfin l'usage d'en confectionner des tissus remonte aussi à la plus haute antiquité.

Nous voyons dans l'Écriture sainte que le lin était cultivé du temps de Moïse en Égypte et en Palestine. On lit en effet dans l'Exode (c. IX, v. 31) : « Le lin et l'orge furent détruits « par la grêle; car l'orge était verte et le lin commençait à « montrer ses feuilles. » Et au livre de Josué (c. II, v. 6). : Or « elle fit monter ces hommes sur la terrasse de sa maison, et « les couvrit avec du lin qui était là. — Enfin dans le livre d'Esther (c. I, v. 6) : « Et de tous côtés étaient suspendues « des tentures bleu céleste, blanches et de couleur hyacinthe, « soutenues par des cordons de lin teints en pourpre..... »

On rencontre dans la Bible différents mots par lesquels on a cru que différents tissus de lin étaient désignés; mais Forbes

Royle, dans son ouvrage sur les fibres textiles de l'Inde, émet l'avis que, dans une langue comme l'hébreu, il paraît douteux que l'on ait donné plusieurs noms au même produit d'une plante, et il croit plus rationnel d'admettre que ces noms désignaient les produits de plantes différentes. Il appuie cet avis sur la ressemblance du mot *bad* avec le sanscrit *pat,* par lequel l'on désigne le *corchorus olitorius.* Le mot *shesh* a aussi le plus grand rapport avec le nom *hushesh* que les Arabes donnent quelquefois au chanvre. Il est probable, selon lui, que les produits de ces différentes plantes étaient utilisés par les nations qui peuplaient l'Asie à cette époque.

Nous avons d'autres preuves encore que le lin était employé en Égypte dans les temps les plus reculés. Les peintures et les bas-reliefs trouvés dans les anciens monuments de cette contrée nous font voir comment cette plante était cultivée et comment ses filaments étaient préparés et tissés. Nous possédons des documents plus certains encore sur le degré de perfection auquel les Égyptiens étaient parvenus dans la préparation de ce produit. Les tissus qui enveloppent les momies sont des toiles de lin. Les recherches microscopiques de plusieurs observateurs ont levé tous les doutes à cet égard. On ne sait ce qu'on doit le plus admirer dans ces anciens débris, ou de la finesse et de la perfection du dessin, ou de l'habileté du tisserand qui dès cette époque savait modifier son travail de manière à produire ces tissus ouvrés qui ne se rencontrent aujourd'hui que chez les nations où cette industrie a fait de grands progrès.

Il est à remarquer que les peuples anciens adoptaient d'une manière générale le textile qui convenait le mieux à leur sol et à leur climat. Ainsi les Égyptiens, pendant une longue période, se servirent presque exclusivement du lin ; ce n'est qu'après un certain nombre de siècles que le coton fut introduit dans ce pays. Toutes les bandelettes de momies que nous avons eu l'occasion d'examiner provenaient de tissus de lin. Le coton a toujours été le textile par excellence chez les Indiens, tandis que les Scythes surent de bonne heure utiliser le chanvre. Les Chinois se servaient de la soie pour les mêmes usages.

**6. — Emploi des filaments végétaux dans les temps modernes.** — Nous voyons, de nos jours, les peuples les plus arriérés sous le rapport de la civilisation tirer parti de ces précieux filaments que nous fournit le règne végétal. Ce fait nous conduit à présenter ici une observation assez intéressante. L'industrie européenne n'emploie couramment que quatre textiles retirés des plantes : le *lin* et le *chanvre* qui sont cultivés dans nos contrées; le *coton*, que l'Europe ne produit qu'en très-petites quantités, la majeure partie de ce qui est mis en œuvre dans nos usines provenant d'Amérique ou d'Asie; enfin le *jute,* qui depuis quelques années a pris une si large place dans l'industrie. Ce dernier produit nous est fourni en totalité par les Indes. Nous voyons, d'un autre côté, dans l'ouvrage de Forbes Royle sur les filaments végétaux de cette dernière contrée, que le lin et le chanvre n'y sont pas cultivés comme plantes textiles. On ne demande au lin que sa graine et on ne tire aucun parti des tiges. Le chanvre fournit une substance narcotique nommée *hashisch,* qui s'y rencontre sous forme de poussière adhérente aux fleurs et aux feuilles. Ce produit est le seul qu'on en retire. Pour en favoriser le développement, la plante est cultivée par pieds isolés, afin que l'air et le soleil la prennent de tous les côtés. Elle croît alors comme un arbuste garni de branches, et il serait difficile de l'utiliser dans cet état comme plante textile. Mais, en échange, nous trouvons mentionnés dans l'ouvrage dont nous venons de parler près de deux cents espèces différentes de filaments employés, dans ces pays, aux usages pour lesquels nous avons un nombre si restreint de matières premières. Il suffit de mentionner ces faits pour faire comprendre qu'il y a un intérêt véritable à étudier les fibres dont ces peuples savent tirer un si grand parti, et à se rendre compte de leur valeur comparée à celle des quatre textiles dont nous nous servons presque exclusivement. Il serait intéressant de rechercher si quelques-unes de ces plantes pourraient être acclimatées chez nous. Enfin nous croyons que l'on devrait se livrer aux mêmes études sur les végétaux de nos pays qui fournissent des fibres que l'industrie pourrait utiliser pour la corderie, les tissus, ou la fabrication du papier.

**7. — Position occupée par les fibres textiles dans les plantes.** — Les deux plantes textiles cultivées en Europe, le lin et le chanvre, produisent des fibres souples, longues et très-tenaces, qui se trouvent placées dans l'écorce. Toutes celles que fournissent les dicotylédonées et qui sont utilisées, soit pour la corderie, soit pour le tissage, occupent la même position. Elles sont quelquefois disséminées irrégulièrement dans le parenchyme de l'écorce, mais le plus souvent elles se trouvent disposées en groupes, en faisceaux ayant la forme d'un prisme triangulaire dont la base ou la face la plus large est appuyée sur la zone du cambium et l'angle opposé dirigé vers l'épiderme. La valeur d'une plante comme textile dépend de la proportion plus ou moins considérable de ces faisceaux dans l'écorce, de la longueur, de la flexibilité et de la ténacité des fibres. Lorsqu'elles sont composées de cellulose pure, et nous indiquerons le moyen de le reconnaître, elles sont souples et fortes; lorsqu'elles sont lignifiées, c'est-à-dire imprégnées d'une matière azotée que l'on ren-

contre en abondance dans les fibres ligneuses, elles se rapprochent du caractère de ces dernières, c'est-à-dire qu'elles
sont roides et cassantes.

Dans les plantes monocotylédonées, la position de ces fibres
utilisées comme textiles est complétement différente. Elles
sont disséminées dans la tige et, le plus souvent, dans les feuilles. Généralement elles font partie des faisceaux fibro-vasculaires qui se trouvent répandus dans ces deux organes des
monocotylédonées ; dans quelques-unes, comme le *Stipa
tenacissima*, elles remplissent presque entièrement le corps
de la feuille, en dehors des faisceaux fibro-vasculaires.

On sait que les feuilles des monocotylédonées se distinguent
par le parallélisme de leurs nervures, tandis que, chez les dicotylédonées, ces nervures sont réticulées et forment un réseau
irrégulier dont les mailles sont remplies de parenchyme.

On peut se rendre compte de la distribution des fibres dans
l'écorce par l'inspection des planches I, II et III, et des figures 1 et 2 de la planche IV, qui représentent des sections
transversales pratiquées dans l'écorce de diverses dicotylédonées.

Les pl. IV, fig. 3, pl. V, fig. 3, et pl. VI, fig. 1 à 4,
font voir comment les faisceaux fibro-vasculaires sont disséminés au milieu du parenchyme qui remplit l'intérieur des
feuilles monocotylédonées, tandis que la pl. V, fig. 1 et 2,
nous montre les masses de fibres très-fines qui remplissent
les feuilles du *Stipa tenacissima* et du *Lygeum spartum* et
qui sont complétement distinctes de celles qui composent les
faisceaux fibro-vasculaires. Ces dernières sont désignées par
la lettre *f* dans ces deux figures, les autres sont marquées *f'*.

**8. — Différences présentées par les fibres des
monocotylédonées et celles des dicotylédonées. —**

**Rouissage**. — On désigne, en Angleterre, les filaments produits par les monocotylédonées sous le nom de *fibres blanches* (*white fibres*) par opposition à celles que fournissent les dicotylédonées, qui sont toujours plus ou moins colorées. Les premières nous viennent presque exclusivement des pays chauds et sont généralement blanches ou d'une teinte fauve très-claire. Cette belle couleur est due au mode de préparation de ces fibres, qui sont séparées du reste de la plante par des moyens mécaniques seulement. On écrase entre deux pierres les tiges ou les feuilles ; puis par des lavages abondants on débarrasse les filaments de tout ce qui y était adhérent, et on les obtient ainsi dans un état de pureté plus ou moins grande, suivant le soin avec lequel on les a préparés.

Ces *fibres blanches* forment des faisceaux qui sont rarement d'une grande finesse ; ils peuvent supporter un effort de traction assez considérable, mais ils cassent souvent lorsqu'on les noue ; on dit alors qu'ils se *coupent aux nœuds*. Ces filaments sont remarquables par leur légèreté.

Les fibres contenues dans l'écorce des dicotylédonées et qui ont été utilisées jusqu'à ce jour, se distinguent généralement des précédentes par une longueur beaucoup plus considérable, une souplesse remarquable et une grande ténacité.

Les faisceaux ou cordons de fibres juxtaposées et enchevêtrées, se trouvent dans la plante fortement attachés au tissu cellulaire qui les enveloppe ; ils sont empâtés, en outre, par des sécrétions mucilagineuses, résineuses ou autres. Il faut les débarrasser de ces corps étrangers avant de pouvoir les utiliser. Pour activer cette opération, qui serait souvent longue et difficile si on avait recours seulement aux moyens mécaniques et aux lavages, on emploie la macération dans l'eau. Cette opération, vulgairement connue sous le nom de *rouissage*, a pour but de détruire partiellement par la fermentation les matières et les tissus qui enveloppent les fibres et qui sont atteints beaucoup plus vite qu'elles par cette décomposition. Mais ce moyen offre de graves inconvénients. Le D$^r$ Hunter, qui a beaucoup étudié cette question, a constaté que chaque jour de macération faisait perdre de la force aux filaments et leur communiquait une teinte de plus en plus foncée qui ne pouvait plus être enlevée que par des agents chimiques (blanchiment).

Les filaments qui ne subissent pas cette opération, mais qui sont débarrassés mécaniquement des corps étrangers qui les entourent, et presque immédiatement après que la plante a été coupée, sont plus forts, plus blancs et plus soyeux.

Le rouissage par l'exposition à l'air et au soleil fait perdre aussi de la force aux filaments et leur donne une teinte plus foncée. Ils deviennent généralement plus cassants, et ils sont colorés en brun ou en gris.

Quelle que soit la nature des plantes que l'on soumet au rouissage, cette opération doit être conduite avec un soin et une surveillance extrêmes. Si elle est arrêtée trop tôt, les filaments ne sont pas débarrassés des matières étrangères qui les entourent ; ils sont sales et tellement adhérents entre eux, qu'on ne peut les diviser par les moyens dont l'industrie dispose aujourd'hui. Mais si l'opération, au contraire, est prolongée trop longtemps, la substance encore peu connue, qui maintient les fibres agglutinées dans les faisceaux, se décompose tout à fait ; ces fibres deviennent indépendantes les unes des autres, et la filasse se résout en une masse d'étoupes de peu de valeur.

Lorsque l'opération a été bien conduite, les filaments se présentent sous forme de rubans plus ou moins étroits, propres, souples, brillants ; les fibres qui les composent conservent leur parallélisme, tout en se divisant en faisceaux de plus en plus fins, sous l'action des instruments. Elles doivent toujours conserver une certaine adhérence qui empêche la formation d'une trop grande proportion d'étoupes. Leur surface, lisse et brillante, présente une sorte de vernis qui leur permet de glisser facilement entre les aiguilles des métiers à filer.

Cette question du rouissage a une très-grande importance, et depuis longtemps déjà elle occupe l'attention. Il y a là un champ d'études qui présente le plus grand intérêt. Nous ne doutons pas que, si les personnes intelligentes qui dirigent leurs recherches de ce côté, appelaient à leur aide le microscope, elles en retireraient un grand secours.

**9.— Usages auxquels ces filaments sont employés.** — Les filaments fournis par le règne végétal sont employés à des usages nombreux et variés. Les plus grossiers, ceux qui présentent une grande ténacité, servent à faire des *cordages*. Lorsque leur finesse le permet, on les transforme, par la torsion, en *fils* dont l'emploi principal est dans la confection des *tissus*. Ces tissus eux-mêmes servent à des usages très-variés. Les plus communs sont employés comme abris, soit sous forme de tentes, soit pour protéger des intempéries les produits de la terre ou de l'industrie. Ils servent aussi pour les tentures et les ameublements de nos maisons. Enfin leur usage le plus spécial est pour le vêtement et les besoins du corps dans les pays civilisés. Les fils servent encore pour confectionner les instruments de pêche, et pour réunir ensemble les tissus et les peaux employés pour la couverture, l'ameublement et le vêtement.

Lorsque les tissus provenant du règne végétal sont détériorés et hors d'usage, l'industrie humaine s'en empare encore ; elle isole complétement les fibres, les broie, les divise sous l'eau, de manière à les réduire en une bouillie avec laquelle elle fabrique le papier, ce produit dont le développement a toujours suivi celui de la civilisation. La consommation du papier est devenue tellement considérable, que le chiffon recueilli dans tous les pays d'Europe et d'Amérique ne suffit plus pour alimenter les usines ; aussi cherche-t-on de tous les côtés des succédanés pour ces précieux débris. Une foule de plantes ont été essayées pour en retirer directement les fibres utilisables et les transformer en papier. Il reste beaucoup à faire de ce côté pour tirer parti de tous les éléments que nous avons sous la main. La flore de nos pays offre certainement de grandes ressources à ce point de vue. Il est indubitable que la question avancerait beaucoup si des études microscopiques venaient apporter des données bien positives sur la nature et l'abondance des fibres contenues dans nos plantes indigènes. Nous savons que ces données seules ne seraient pas suffisantes et que l'on doit tenir compte aussi de considérations d'un autre ordre, mais un grand pas serait fait si ce point de la question était élucidé.

Les rubans flexibles que procurent certaines feuilles ou certaines écorces sont encore utilisés d'une manière différente. Ils servent à faire des *nattes* de différentes finesses, depuis le tissu souple et serré connu sous le nom de *panama,* jusqu'aux paillassons grossiers avec lesquels on emballe certains produits.

Ces considérations font ressortir encore tout l'intérêt que présentent ces recherches, dont nous offrons les premiers résultats. Puisse ce travail engager de plus habiles que nous à consacrer leur temps et leur talent à des études qui ne peuvent manquer de devenir fécondes !

**10.—Utilité des recherches qui permettent de faire apprécier la valeur des différentes fibres que nous présente le règne végétal.** — Nous ne saurions trop insister sur l'utilité pratique des études que nous allons présenter. Le passage suivant, extrait de l'ouvrage de Forbes Royle dont nous avons déjà parlé, vient encore confirmer notre opinion sur ce sujet. Cet ouvrage a été publié en 1855, époque déjà éloignée ; mais un rapport cité par l'auteur et dont nous allons donner un extrait, conserve toujours son actualité. Ce rapport a été présenté à la Société des Arts de Londres par M. Dickson, industriel de Deptford, considéré comme très-compétent en matière de textiles.

« D'après les expériences que j'ai faites sur un grand nom-
« bre de filaments, » dit M. Dickson, « je puis affirmer sans
« crainte que nous pouvons trouver aux Indes des textiles
« grossiers et fins, propres aux cordages et à toute espèce de
« fils. Le D$^r$ F. Royle a rendu compte, avec beaucoup
« d'exactitude, de la supériorité, comme force, que présente
« le chanvre de l'Himalaya sur celui de Russie. Mais ce n'est
« pas le seul avantage qu'il possède. J'ai pu rendre le chan-
« vre de l'Himalaya tellement souple, fin et blanc, qu'il peut
« remplacer, non-seulement le meilleur chanvre de Russie,
« valant actuellement 1,500 fr. la tonne, mais encore le lin
« de Hollande, coté en ce moment 2,000 fr. Ma longue ex-
« périence en cette matière me permet d'affirmer qu'on pour-
« rait le filer jusqu'au n° 60.

« Le *Rhea* d'Assam (Urtica nivea) est une variété de
« *china grass* qui, préparée par des moyens mécaniques et
« chimiques, sous ma direction, donne une filasse encore
« plus fine et d'une plus grande valeur. Cette filasse vaut le
« china grass de 2,500 fr. la tonne. Le *Yercum* (Calotropis
« gigantea), qui ressemble au lin de Belgique, peut atteindre

« le même prix. L'*Ortie des monts Neilgherry* (Urtica hete-
« rophylla) est une plante fort extraordinaire ; son écorce
« est composée presque totalement de fibres, et l'étoupe
« qu'elle produit ressemble à de belle laine de mouton. Le
« *Chanvre de Bombay* ou *Sunn* (Crotalaria juncea) acquer-
« rait sur nos marchés une valeur de 1,000 fr. à 1,250 fr. la
« tonne s'il était convenablement traité par les indigènes. Ce
« produit ne se vend que 600 fr. la tonne, à cause de sa
« mauvaise préparation. Lorsqu'il a été travaillé par moi, il
« devient souple et se divise tellement bien au peignage,
« qu'il peut être comparé à du lin de 2,000 fr. la tonne. Il
« est supérieur au meilleur lin de Russie pour la fila-
« ture. »

Cette citation fait voir quelles richesses nous aurions sous
la main, si nous savions tirer parti des produits que la nature
nous offre avec tant de libéralité. Une étude préalable des
fibres elles-mêmes, pour en déterminer les caractères et la
conformation, serait fort utile pour apprécier la valeur de ces
divers filaments. On saurait ainsi quels sont ceux qui méritent
de fixer l'attention, et lesquels, au contraire, ne peuvent
offrir qu'une application restreinte.

Nous citerons encore un exemple qui permettra d'apprécier
l'importance des recherches dont nous allons nous occuper.

Le *jute* est une filasse provenant du Corchorus olitorius,
plante cultivée aux Indes en telle abondance que son produit
ne se vend sur les marchés d'Europe que la moitié environ
du prix du chanvre. Son emploi a pris, dans ces derniers
temps, une extension prodigieuse en Europe. Ce filament
long, soyeux, brillant, se filant et se tissant avec une grande
facilité, prenant à la teinture les couleurs les plus vives, a
nécessairement attiré l'attention des industriels. On a voulu
l'employer dans des tissus fins destinés aux usages du corps,

mais un obstacle s'est présenté qui en a restreint l'usage. Les fils et les tissus de jute ne peuvent résister au lessivage. Dès que cette matière est maintenue mouillée pendant quelque temps, elle perd toute sa ténacité, et les objets qui en sont fabriqués sont mis ainsi promptement hors d'usage. Les fils à l'état sec et écru ont une certaine ténacité et résistent à une tension assez forte ; mais, si on leur fait subir une flexion brusque, ils se cassent immédiatement ; c'est ce qui arrive en tirant sur un nœud, ou bien en pressant fortement un fil de cette matière entre les ongles du pouce et de l'index de chaque main et en cherchant à le rompre par un mouvement latéral brusque.

Diverses théories ont été proposées pour expliquer cette fragilité du jute sous certains efforts. On a cru lui donner de la ténacité et de la flexibilité en le soumettant à des traitements chimiques qui devaient enlever les éléments auxquels on attribuait les défauts signalés. Rien n'y fit, et aucune préparation n'a pu l'améliorer. L'étude de ce filament au microscope nous a démontré qu'il est composé de fibres normales excessivement courtes ; elles ont en moyenne *deux* à *trois millimètres* de longueur. On comprend, dès lors, que la filasse peut avoir une certaine force tant que ces fibres, s'entre-croisant dans le sens de la longueur, se trouvent fortement agglutinées entre elles par la substance qui les réunit. Dès que, par une humidité prolongée, cette matière s'amollit, la moindre traction fait glisser les fibres les unes sur les autres, et, comme elles sont très-courtes, un tissu ou un écheveau de fil tout entier se rompra immédiatement au point où sera appliquée la force. Il est évident que la torsion au moyen de laquelle on enchevêtre les fibres longues les unes dans les autres, de manière à empêcher leur glissement, ne peut avoir aucun effet en présence d'une contexture pareille.

Si l'on s'était bien rendu compte de la nature des fibres du
jute par un examen au microscope, on aurait évité toutes ces
recherches et tous ces désappointements ; on aurait compris
enfin, depuis longtemps, la nécessité de proscrire ce filament
de tous les tissus devant être soumis à l'humidité.

On voit donc que ces études sur les filaments peuvent offrir
plusieurs buts différents à ceux qui veulent s'y livrer.

L'industriel pourra se proposer de rechercher la nature et
la valeur des filaments utilisés aujourd'hui, soit dans nos contrées, soit dans les pays étrangers. Il y trouvera un moyen
sûr de les distinguer les uns des autres. Il pourra encore se
rendre compte de la nature des fibres contenues dans des
plantes dont on ne s'est pas servi jusqu'ici. Enfin le savant
sera frappé par la persistance des caractères de ces fibres libériennes dans les mêmes espèces, et il tirera de ces études
des déductions qui lui offriront un grand intérêt.

# CHAPITRE II.



INSTRUMENTS, LIQUIDES ET RÉACTIFS NÉCESSAIRES POUR L'ÉTUDE
DES FIBRES VÉGÉTALES.

**11**. — **Microscopes et accessoires**. — Nous allons
donner d'abord quelques détails sur les instruments qui sont
nécessaires pour entreprendre ces recherches, et sur les liquides et les réactifs, peu nombreux du reste, dont nous
nous servons.

Un microscope composé pouvant donner un grossissement
de 300 diamètres environ, est tout à fait suffisant. Il est
utile de pouvoir obtenir avec le même instrument et à l'aide
d'un objectif plus faible, un grossissement ne dépassant pas
100 diamètres.

Nous n'exposerons pas la théorie et la disposition du
microscope, non plus que la manière de s'en servir. Nous
supposons que le lecteur possède l'un des ouvrages que nous
avons signalés et qu'il a déjà acquis une certaine habitude de
la manœuvre de l'instrument. Nous recommandons surtout
aux commençants le petit ouvrage de Frey, intitulé *le Microscope,* traduit par Spillman, et celui du D<sup>r</sup> Schacht, portant
le même titre, traduit par Dallimier.

Le lecteur trouvera dans ces deux traités les instructions
les plus claires et les plus nettes pour apprendre à se servir
de cet instrument.

Un microscope simple à dissections est également indispensable pour séparer les filaments, mesurer la longueur des fibres et faire les préparations. Cet instrument doit être disposé de telle façon que les deux mains puissent être appuyées commodément pendant que l'on travaille avec les aiguilles. Deux doublets, grossissant dix et vingt fois environ, suffisent pour ces préparations. Il sera utile néanmoins d'en avoir un troisième grossissant quarante ou cinquante fois.

Divers accessoires doivent en outre accompagner ces deux instruments :

1° Une *presselle* en cuivre, fine et bien faite.

2° *Deux aiguilles emmanchées*. Celles qu'on livre habituellement avec les microscopes sont trop grosses, et il est difficile de les remettre en état quand elles sont oxydées ou émoussées. Nous préférons des porte-aiguilles avec anneau coulant, dans lesquels on peut introduire les aiguilles fines et courtes dont on se sert pour coudre les gants. Dès qu'elles sont hors de service pour une cause quelconque, on les remplace avec la plus grande facilité.

3° Une *loupe d'horloger*, de force moyenne, montée dans un cône en corne. Il faut acquérir l'habitude de la fixer dans la cavité de l'œil, ou la placer dans une monture de lunettes à verres ronds, dégarnie de ces derniers.

4° Un *rasoir* à lame mince et étroite pour faire les coupes de filaments.

5° Un *petit étau à main* à mâchoires évidées intérieurement, de manière à présenter une cavité cylindrique lorsqu'elles sont fermées.

6° Un assortiment de *bandes de verre* bizelées ou *porte-objets*, du format anglais, longues de 78 millimètres et larges de 27 millimètres. Il est bon d'en avoir quelques-unes qui soient garnies dans leur milieu de cellules rondes en bitume.

On doit y joindre des *verres minces à recouvrir,* ronds et carrés.

7° Une *bande de glace,* de 8 à 10 centimètres de long sur 4 à 5 centimètres de large, portant gravée en son milieu une *échelle divisée en centimètres et en millimètres.* Cette échelle sert à mesurer la longueur des fibres.

8° Un *micromètre oculaire,* s'adaptant au microscope composé et permettant de mesurer le diamètre des fibres. Il suffit qu'il porte un centimètre divisé en 100 parties.

9° Il est utile de pouvoir se rendre compte du grossissement du microscope suivant différentes combinaisons et de connaître la valeur des divisions du micromètre oculaire, selon l'objectif dont on se sert; nous croyons donc qu'il est indispensable d'avoir un *micromètre objectif,* consistant en une petite plaque de glace dans une monture en cuivre et portant un millimètre divisé en 100 parties.

10° Une *chambre claire* pouvant se monter sur le microscope composé. Cet instrument est indispensable à celui qui veut faire des recherches sérieuses. Il est souvent difficile de faire comprendre les caractères que l'on a constatés dans une préparation et qui exigeraient des descriptions longues et embrouillées, tandis que l'on peut arriver plus sûrement au même but par la simple inspection d'un dessin. En reproduisant ce que l'on voit, avec la chambre claire, on apprend à observer avec précision et on retient mieux ce qu'on a vu. Nous ne saurions trop recommander à tous ceux qui s'occupent de recherches microscopiques de se familiariser avec l'usage de la chambre claire. Il faut un peu de travail et de patience pour apprendre à se servir de cet instrument, mais celui qui aura assez de persévérance pour en acquérir l'habitude, en sera amplement récompensé.

Nous devons mentionner ici les appareils appelés *micro-*

*tomes,* employés pour faire des coupes des objets que l'on doit étudier au microscope. Bien que ces instruments ne soient pas indispensables, nous croyons utile de les signaler, parce qu'ils permettent d'obtenir des coupes plus grandes et plus parfaites que celles qu'on peut faire à la main avec le rasoir. Les tranches, plus larges, plus minces et d'une épaisseur uniforme qu'on obtient ainsi, permettent de faire des observations plus complètes et plus précises; elles conviennent mieux aussi pour les préparations que l'on veut conserver.

Le plus simple est l'*appareil de Topping,* qui se compose essentiellement d'un tube en laiton dont l'intérieur, parfaitement cylindrique, doit avoir de $0^m,005$ à $0^m,010$ de diamètre. A la partie inférieure se trouve une vis à pas très-fins et à tête molletée assez large. Cette vis pousse une sorte de piston mobile formant le fond de la cavité cylindrique. L'objet à couper doit être enfoncé dans ce cylindre creux, jusqu'à ce qu'il s'appuie sur la base supérieure du piston. La vis permet de le pousser en avant d'une quantité aussi petite que l'on veut. L'objet peut être entouré de liége ou de moelle de sureau, s'il est trop petit pour garnir la cavité cylindrique; mais, afin de lui donner une certaine fixité nécessaire à la perfection des coupes, une vis placée à angle droit avec la première permet de pousser sur l'objet une partie de la paroi verticale supérieure du cylindre creux. Il se trouve alors pressé comme s'il était dans les mâchoires d'un étau. La partie supérieure du tube est terminée par une tablette en cuivre, dont la surace bien dressée est perpendiculaire à son axe. Enfin le tout est fixé dans l'un des angles d'une planchette en T, dont l'autre angle s'applique sur les faces horizontale et verticale d'une table ou d'un établi auquel il faut la fixer solidement.

Lorsque l'échantillon a été introduit et maintenu dans le

cylindre, on coupe la partie qui dépasse la table de cuivre en promenant de biais, sur cette table, un rasoir qu'on y maintient à plat sur une de ses faces. En élevant l'objet au moyen de la vis verticale par un mouvement aussi faible qu'on le veut de la tête molletée, on obtient des sections de l'épaisseur qu'on jugera convenable. On facilite cette opération en mouillant, à l'aide d'un pinceau, la tranche supérieure de l'échantillon.

*L'appareil Rivet* est plus compliqué. Sur un bloc en bois dur sont disposées deux coulisses dans lesquelles glissent deux petits chariots en bois dur également. L'un d'eux porte une lame en acier disposée en biais par rapport à la direction du mouvement ; l'autre est muni d'une petite presse à ressort dont les mâchoires sont évidées pour contenir l'objet dont on veut faire des coupes. La coulisse qui porte ce second chariot n'est pas horizontale comme l'autre, mais le fond de cette coulisse s'élève suivant un plan incliné, de telle sorte qu'en poussant le chariot on le fait monter, ainsi que la préparation qu'il porte, d'une quantité aussi petite qu'on veut.

L'appareil étant bien d'aplomb sur une table, on saisit avec la main gauche le chariot qui porte la presse à ressort, et avec la main droite le porte-lame. On pousse le chariot de gauche jusqu'à ce que la partie supérieure de l'essai se trouve un peu au-dessus du niveau de la lame d'acier, puis on attire à soi le chariot qui porte cette dernière. La lame attaque la préparation par un mouvement en biais et enlève une tranche. On repousse la lame devant soi, puis on fait avancer le chariot de gauche de la quantité jugée nécessaire pour élever un peu la préparation ; en tirant à soi le chariot de droite, on détache une nouvelle tranche.

**12. — Liquides neutres.** — Les filaments, comme presque tous les objets qui doivent être examinés par transparence, doivent toujours être vus dans un milieu liquide doué d'un pouvoir réfringent aussi voisin que possible de celui de l'objet transparent lui-même. M. Bourgogne père compose plusieurs de ces liquides dont l'usage est parfait. A leur défaut, on peut se servir d'une dissolution de *chlorure de calcium,* ayant la consistance d'un sirop clair, ou mieux encore de *glycérine,* que l'on emploie pure ou additionnée d'*eau* saturée de *camphre* et de quelques gouttes d'*acide acétique*. La glycérine anglaise de Price, qui est pure et très-concentrée, nous a toujours donné d'excellents résultats. Ces liquides sont appelés *neutres* parce qu'ils sont sans action apparente sur les préparations qui y sont plongées.

**13. — Dissolution d'iode.** — Les seuls réactifs dont nous nous servions sont l'*iode* et l'*acide sulfurique*. Ils doivent être préparés avec un soin minutieux, et nous engageons ceux qui veulent les employer à suivre exactement les indications que nous allons donner.

La *dissolution d'iode* se prépare ainsi : on fait dissoudre un gramme d'*iodure de potassium* bien pur dans 100 grammes d'eau distillée, puis on ajoute un excès d'*iode*, de manière que le liquide se maintienne toujours saturé de ce dernier. Conserver dans des flacons bouchés à l'émeri, en ayant soin de veiller à ce qu'il y ait toujours au fond du liquide quelques morceaux d'iode pour en assurer la saturation constante. Cette dissolution s'altère au bout de plusieurs mois, aussi recommandons-nous d'en préparer peu à la fois et de renouveler la provision lorsque les réactions ne sont plus aussi nettes.

**14. — Acide sulfurique étendu**. — L'*acide sulfurique,*
employé concurremment avec l'iode, a pour but de colorer en
bleu la cellulose des fibres ; les substances azotées qui accompagnent souvent la cellulose prennent une coloration jaune,
plus ou moins foncée, sous l'action des mêmes réactifs. L'a-
cide sulfurique ne doit pas être trop concentré, parce qu'il
désagrégerait la cellulose en la gonflant et déformerait complétement les préparations. Trop étendu, au contraire, son
action serait nulle. Voici la composition qui nous a donné les
meilleurs résultats :

Mélangez dans un flacon deux volumes de glycérine concentrée de Price et un volume d'eau distillée ; plongez le flacon dans l'eau froide jusqu'au niveau du liquide qu'il contient, et ajoutez peu à peu, en agitant toujours le flacon,
trois volumes d'acide sulfurique du commerce à 66°. On continue d'agiter jusqu'à ce que le mélange soit complet, puis on
laisse refroidir. On abandonne au repos et on décante ensuite
le liquide clair dans des flacons bouchés à l'émeri.

Ce liquide s'altère aussi avec le temps et n'agit plus avec
la même énergie sur la cellulose. On y ajoute alors, avec précaution, de petites quantités d'acide sulfurique concentré jusqu'à ce qu'on obtienne une coloration bien marquée sur le
lin, comme nous l'expliquerons plus tard.

L'effet de la glycérine dans cette préparation est très-
remarquable ; elle modère l'action de l'acide de manière à ne
pas déformer les préparations, tout en leur donnant une coloration bien marquée, lorsqu'on l'applique après avoir impré-
gné les fibres d'iode. Cette action ne modifie en rien les formes et fait ressortir certains détails de structure avec une
netteté parfaite.

**15**. — **Flacons compte-gouttes**. — Pour faciliter
l'emploi de tous ces liquides, nous conseillons l'usage de petits flacons de verre qu'on trouve dans le commerce et qu'on
appelle *compte-gouttes*. Le bouchon en verre rodé est creux
et terminé vers le bas par un tube effilé qui descend jusqu'au
fond du flacon. La partie supérieure se termine par une boule
creuse percée d'un très-petit trou. Le liquide monte par la
capillarité dans la cavité supérieure. Il suffit de boucher le
petit trou avec le doigt, pour qu'en enlevant le bouchon il se
trouve rempli de liquide ; en soulevant ensuite le doigt avec
précaution, on laisse tomber quelques gouttes sur le porte-
objet. On trouve ces petits flacons chez MM. Alvergniat
frères, rue de la Sorbonne, à Paris. Ils ont d'autres modèles
de compte-gouttes également fort commodes.

**16**. — **Encollage**. — Nous nous servons d'un *encollage*
spécial pour réunir ensemble les filaments dont on doit faire
des coupes perpendiculairement à leur axe. M. Bourgogne père
compose un encollage excellent pour cet usage ; nous engageons l'étudiant à s'en procurer. A défaut de cette préparation,
on peut faire soi-même un mélange qui, au besoin, la rem-
placera. On fera fondre une partie de colle à bouche, de la
meilleure qualité, dans une partie et demie d'eau distillée. On
ajoutera, pendant que la dissolution est encore chaude, une
partie de sucre, ou mieux de glucose ayant la consistance du
miel. Lorsque le mélange est complet, on verse dans des
flacons de 100 grammes au plus, à large goulot et à bouchon
de liége ; on met ensuite dans chacun d'eux un morceau de
camphre de la grosseur d'un pois, pour empêcher les moisis-
sures de se former. Cet encollage devient solide par le froid.
Avant de l'employer, il faut le mettre auprès du feu ou le
chauffer au bain-marie, pour lui rendre sa fluidité

# CHAPITRE III.



**17. Préparations à faire subir aux filaments.** — Les caractères des fibres végétales ne peuvent se reconnaître qu'en soumettant ces dernières à des préparations qui permettent de les isoler et de les étudier après les avoir séparées des tissus au milieu desquelles elles se trouvent.

Si l'échantillon à examiner est à l'état de filaments plus ou moins bruts, de filasse ou de fils, il faut le faire bouillir pendant une demi-heure, au moins, dans une lessive contenant environ dix pour cent de carbonate de soude ou de potasse. Nous n'employons jamais les alcalis caustiques, dont l'action est trop forte sur la cellulose et attaque les fibres. Nous repoussons l'emploi des agents oxydants, bien que plus énergiques et agissant avec plus de rapidité, parce que le blanchiment ainsi produit ne permet plus d'établir une distinction aussi tranchée entre les fibres qui se colorent en bleu par les réactifs et celles qui deviennent jaunes.

Lorsque la désagrégation des faisceaux est arrivée à un point convenable, ce qu'on reconnaît à la facilité avec laquelle on peut les diviser avec les aiguilles, on lave l'échantillon à grande eau, et on le presse fortement entre deux linges pour en retirer le plus de liquide possible, puis on le fait sécher.

Si le lessivage ne suffisait pas pour désagréger les faisceaux, il faudrait broyer le filament avec un peu d'eau, dans un mortier de porcelaine, à l'aide d'un pilon en bois dur et poli. On chassera ainsi, par le battage et par des pressions répétées sous l'eau, les fragments de parenchyme et autres matières qui restent adhérentes aux fibres.

L'emploi du mortier et du pilon est absolument nécessaire lorsqu'on traite des écorces sèches ou vertes, ou bien des feuilles de monocotylédonées, pour en retirer les fibres. Il faut, après un fort lessivage, avoir recours à ce moyen pour les débarrasser aussi complétement que possible des substances qui les enveloppent.

On prélève, sur la masse de filaments ainsi obtenue, trois échantillons destinés aux études que nous allons décrire.

Le premier servira pour l'examen des fibres dans leur longueur, à l'aide d'un liquide composé ou simplement de la glycérine. Si l'on doit employer ce dernier milieu, on mettra de suite les fibres à macérer dans un mélange d'eau et de glycérine.

Le second, destiné également à l'examen en long, mais avec l'aide des réactifs, sera mis de côté après avoir été bien séché.

Le troisième devra subir une préparation qui permettra de faire des *coupes* des fibres, c'est-à-dire d'en détacher des tranches excessivement minces, perpendiculaires à leur axe. Ces coupes fournissent les caractères les plus importants pour apprécier la forme, la structure des fibres et les distinguer les unes des autres. Cet échantillon devra être dressé, aussi bien que possible, afin de rétablir le parallélisme des fibres, puis on le fera sécher.

**18. Préparation des filaments pour l'examen en long dans les liquides neutres.** — On détache, avec les

presselles, quelques brins de l'échantillon qui a été mis à
macérer dans la glycérine, et on les porte sur une plaque de
verre que l'on place sur la platine du microscope à dissection. On les fait baigner dans une quantité suffisante de glycérine pure et concentrée, puis, à l'aide de la loupe ou du
doublet le plus faible, et en se servant des aiguilles emmanchées, on sépare de la masse deux ou trois fibres bien entières et bien isolées. On les dresse parallèlement l'une à
l'autre, et dans toute leur longueur, sur une plaque de verre
recouverte d'une couche assez épaisse de glycérine concentrée,
dont la viscosité les maintient en place. Il faut, à l'aide du
doublet le plus fort, s'assurer que les extrémités sont intactes
et que les fibres sont bien entières. Si le grossissement des
loupes n'était pas suffisant pour faire ces constatations d'une
manière bien exacte, on aurait recours au microscope composé, muni de son plus faible objectif.

**19. Détermination de la longueur des fibres. —**
Lorsqu'on s'est assuré que les deux ou trois fibres ainsi iso
lées sont bien entières, on en prend la longueur. Il suffit, pour
cela, de mettre la glace portant l'échelle divisée en millimètres (11 — 7°) sous la plaque de verre portant la préparation. On aperçoit, à travers cette dernière, les divisions de
l'échelle, et il est facile alors de mesurer la longueur des
fibres, si elles se sont toujours maintenues bien droites dans
le liquide. On note immédiatement les chiffres obtenus.

Il faut se servir, pour cette détermination, du doublet le
plus faible, parce que les autres ont un foyer trop court pour
qu'on puisse voir en même temps les fibres et les divisions de
l'échelle.

On mesure ainsi un certain nombre de fibres que l'on sépare de la masse de filaments qui se trouvent sur la platine

du microscope à dissection, puis on prélève de nouveaux échantillons sur ceux qui ont été mis à macérer dans la glycérine étendue d'eau, et on continue à opérer de la même manière.

Il faut prendre note des longueurs extrêmes obtenues et de la longueur moyenne. Cette moyenne peut être calculée de deux manières. La première consiste à additionner tous les chiffres obtenus et à diviser la somme par le nombre des déterminations qui ont été faites; la seconde, que nous employons de préférence, se borne à prendre pour la longueur moyenne celle qui se rencontre le plus grand nombre de fois dans la série des observations.

Prenons pour exemple les chiffres suivants, trouvés en mesurant la longueur des fibres du *jute* (Corchorus capsularis) :

$2^{mm}$. — 2. — 5. — 2. — 1,5. — 2. — 2. — 2. — 3. — 1,5. — 4. — 3. — 1,5. — 2. — 2. — 2. — 2. — 3. — 1,5. — 3,5.

Les longueurs *extrêmes* sont $1^{mm},5$ et 5 millimètres.

Si la *moyenne* est déterminée par le premier procédé, on obtiendra le chiffre $2^{mm},3$. Mais, si l'on considère que la longueur 2 millimètres se présente plus fréquemment que les autres, il paraîtra rationnel d'admettre que 2 millimètres est la longueur moyenne.

Le caractère tiré de la longueur des fibres a une grande importance; il faut donc en mesurer le plus grand nombre possible, et apporter le soin le plus minutieux dans ces déterminations.

**20. Examen des fibres dans leur longueur**. — L'attention doit ensuite se porter sur les caractères que pré-

sentent les fibres à l'extérieur et dans leur constitution intime.

Dans ce but, on fait tomber quelques gouttes d'un des liquides indiqués plus haut (12) sur une bande de verre ou
porte-objet. Au moyen d'une aiguille, on enlève une ou deux
fibres bien entières et bien isolées, et on les dépose dans la
goutte de liquide qui s'est étalée sur le porte-objet. Comme il
faut recouvrir d'un verre mince, on enroule ces fibres en spirale, quand elles sont très-longues, afin qu'elles occupent
moins de place ; puis on pose dessus, avec précaution, un
verre à recouvrir rond ou carré. On porte alors cette préparation sous le microscope composé, muni de son plus fort grossissement.

On observera si ces fibres sont pleines ou aplaties en ruban,
si elles semblent arrondies ou prismatiques, si elles sont lisses
ou bien si elles présentent des cannelures ou des stries. Il
faut examiner si la cavité intérieure est apparente, si elle est
large, continue ou interrompue. L'attention doit aussi se porter sur la forme des pointes. Ce dernier caractère a une
certaine importance. Toutes ces observations doivent être no-
tées avec soin. Il est inutile de dire qu'elles doivent être répétées sur le plus grand nombre possible de fibres.

**21. Détermination du diamètre des fibres.** — Il
reste maintenant à déterminer le diamètre ou la grosseur de
ces fibres. On se sert pour cela de l'oculaire-micromètre que
l'on introduit dans le microscope.

On doit, une fois pour toutes, se rendre compte de la valeur des divisions de ce micromètre avec tous les objectifs dont
on se sert. Dans ce but, on place sur la platine du microscope
composé le micromètre-objectif dont nous avons parlé (11-9°).
Lorsque les divisions gravées sur le verre apparaissent dans

le champ et sont bien mises au point, on aperçoit l'une au-dessus de l'autre les deux échelles, celle de l'oculaire et celle qui est sur la platine. On dispose les deux images côte à côte, en ayant soin que les traits des divisions soient dans la même direction. On met deux divisions prises sur l'une et l'autre échelle, bien exactement sur la même ligne, de telle sorte qu'elles semblent former la continuation l'une de l'autre, puis on cherche deux autres divisions qui soient aussi sur la même ligne et semblent n'en former qu'une seule.

Supposons que vingt divisions du micromètre de la platine, c'est-à-dire deux dixièmes de millimètres, égalent soixante-dix divisions du micromètre-oculaire, il en résultera l'équation suivante :

$$70 \text{ div. microm. ocul.} = 0^{mm},2,$$

d'où   1 div.   —   —   $= 0^{mm},00285$, ou en chiffres ronds $0^{mm},003$.

Lors donc qu'on aura relevé le nombre de divisions du micromètre-oculaire, couvertes par l'épaisseur d'une fibre, il faudra multiplier ce chiffre par $0^{mm},003$ pour avoir cette épaisseur en fractions de millimètre. Prenons comme exemple une fibre qui ait donné à l'observation les chiffres suivants, sur différents points de sa longueur, en l'examinant d'un bout à l'autre, mais en s'arrêtant à une certaine distance des pointes qu'on ne mesure pas :

$$1 \text{ div.} - 2. - 2,5. - 3. - 3,5. - 3. - 2. - 1.$$

Ces chiffres, multipliés par $0^{mm},003$, donnent pour les épaisseurs prises à différents points de la fibre :

$$0^{mm},003. - 0^{mm},006. - 0^{mm},0075. - 0^{mm},009. - 0^{mm},015.$$
$$- 0^{mm},009. - 0^{mm},006. - 0^{mm},003.$$

On prend note du diamètre maximum qui est de $0^{mm},015$ ;

puis, pour avoir la moyenne, on additionne ces 8 déterminations et on divise la somme par 8, ce qui donne $0^{mm},0074$.

On remarquera que le coefficient $0^{mm},003$ sera toujours le
même tant qu'on se servira du même objectif et avec la même
longueur de tube. Si on changeait l'une ou l'autre de ces conditions, il faudrait chercher le coefficient donné par la nouvelle combinaison et le noter avec soin. On fera bien de calculer les coefficients afférents à toutes les combinaisons dont
on peut avoir occasion de se servir, et d'en former un tableau
qui permettra d'obtenir en fractions de millimètre toutes les
mesures que l'on prendra. Nous conseillons, pour donner
plus de précision aux observations consignées sur les notes,
de faire précéder chaque série de mesures d'une formule
qui indique l'objectif et l'oculaire dont on s'est servi pour
les prendre. Admettant, par exemple, qu'on se soit servi d'un
micromètre introduit dans l'oculaire n° 2 de Hartnack et que
l'objectif soit le n° 3 de Nachet, que, de plus, le microscope sur lequel se trouve cette combinaison possède un tube
à tirage qui a été mis à sa plus grande longueur, on fera précéder les déterminations que l'on obtiendra dans ces condi-
tions, de la formule suivante : $\dfrac{2\ \text{Har.}}{3\ \text{Nach.}}$ TT. ; ce qui veut dire :
oculaire n° 2 Hartnarck, sur objectif n° 3 Nachet, tube tiré
(dans toute sa longueur).

Les déterminations que nous venons de faire ont pour but
de constater si les fibres examinées ont un diamètre régulier
sur une longueur relativement considérable, ou bien si le
diamètre extrême ne règne que sur une petite longueur, la
fibre diminuant brusquement de grosseur vers les pointes ;
elles servent encore à reconnaître si cette fibre a une disposi-
ion fusiforme régulière, ou si, au contraire, elle est d'une

grosseur inégale, présentant successivement des renflements et des étranglements.

Bien que les diamètres des fibres d'une même espèce ne varient que dans des limites assez étroites, il est utile cependant de relever la grosseur moyenne d'un grand nombre de ces fibres. Il serait trop long, dans ce cas, d'opérer comme nous venons de l'indiquer, pour chaque fibre isolée. Il suffira alors de noter pour chacune d'elles le diamètre moyen qu'il sera facile d'apprécier après un examen rapide. La série des déterminations ainsi obtenues permettra de consigner les diamètres extrêmes, c'est-à-dire celui de la fibre la plus fine et celui de la plus grosse, et le diamètre moyen en opérant comme nous l'avons indiqué ci-dessus (19) pour déterminer la longueur moyenne.

La détermination du diamètre des fibres a une certaine importance et permet de constater des caractères qui ne doivent pas être négligés. Les données que cette opération fournit servent aussi à calculer le rapport de la longueur moyenne au diamètre moyen. Ce rapport présente un grand intérêt, tant au point de vue industriel qu'au point de vue purement scientifique. Il serait important de rechercher s'il ne pourrait pas permettre de déterminer les genres et même les espèces des plantes.

On comprend que ces mesures ne doivent jamais être prises que lorsque les fibres se trouvent dans un liquide neutre, c'est-à-dire n'ayant aucune action sur elles. Les réactifs peuvent quelquefois les gonfler ou les déformer, aussi ne doit-on jamais mesurer celles qui sont soumises à leur action.

**22. — Examen des fibres en long, avec l'emploi des réactifs.** — L'examen des fibres dans leur longueur doit être complété par l'emploi des réactifs dont nous avons indiqué plus haut la préparation, la *dissolution d'iode et l'a-cide sulfurique étendu de glycérine*. La petite manipulation que nécessite leur application a besoin d'être faite avec beaucoup de soin pour donner le résultat attendu ; nous la décrirons donc très-minutieusement. On nous pardonnera les redites et les détails qui pourront paraître futiles ; notre excuse se trouvera dans la nécessité de suivre exactement toutes ces indications pour ne pas rencontrer de déceptions.

On prend sur le deuxième échantillon (17), bien sec, quelques brins qui paraissent dans l'état de division le plus complet. Il est bon de froisser fortement la petite mèche entre les doigts pour produire mécaniquement la séparation des fibres et faire ressortir par les plis de flexion certains détails de leur structure.

On dépose quelques-uns de ces brins bien divisés et bien froissés, sur un porte-objet, et on y laisse tomber deux ou trois gouttes de *dissolution d'iode* (13), de manière que les fibres en soient recouvertes et baignent dans la liqueur. On laisse le liquide pénétrer complétement les filaments et on l'aspire ensuite au moyen de petits morceaux de papier buvard. On achève d'enlever l'excès d'iode en pressant un morceau de ce papier sur les filaments avec le bout du doigt. On place alors sur l'essai un petit verre à recouvrir, qu'il vaut mieux prendre carré, puis on fait tomber quelques gouttes de la préparation d'*acide sulfurique* (14) le long d'un des côtés du verre à recouvrir. Le liquide pénètre entre les deux verres en vertu de la capillarité et continue à s'avancer vers le côté opposé. Le long de ce dernier, on place, bien en contact avec l'arête du verre à recouvrir, un petit carré de papier buvard, qui aspire le liquide dès qu'il est arrivé jusqu'à ce point. Un courant s'établit, dès lors, d'un bord à l'autre du verre à recouvrir, chassant devant lui la dissolution d'iode qui pourrait se trouver encore libre dans l'essai. On active ce courant en rajoutant quelques gouttes d'acide sulfurique et en changeant les petits carrés de papier buvard dès qu'ils sont trop mouillés.

Les fibres ne tardent pas à se colorer sous la double action de l'iode et de l'acide sulfurique. Partout où la cellulose est pure, elle prend une teinte bleue ou violette. Lorsqu'elle est lignifiée, ou pénétrée de matières étrangères, elle se colore en jaune. Cette coloration, qui varie du jaune clair au brun-jaune, se rencontre aussi dans les fragments de tissus qui accompagnent les fibres et dans les substances que l'on observe quelquefois dans leur cavité intérieure.

La coloration doit apparaître de suite, d'une manière nette et tranchée; elle fait ressortir divers détails de structure qui échapperaient sans cela à l'observation. La fibre ne doit avoir subi aucune déformation, autrement il faudrait modifier la dissolution d'acide sulfurique qui serait trop concentrée. On reconnaît que l'action de ce réactif est trop énergique lorsque les fibres se trouvent gonflées par endroits, surtout là où les plis de flexion les ont un peu désagrégées. Si au contraire l'application de l'acide sulfurique sur un échantillon bien imbibé d'iode ne produisait aucune coloration ou une coloration indécise, il faudrait en conclure que le réactif est trop étendu d'eau ou de glycérine et y ajouter, avec précaution, quelques gouttes d'acide concentré.

Pour s'assurer de l'état convenable de cette dissolution, nous conseillons de l'essayer de temps en temps sur une préparation de lin que l'on conserve comme échantillon d'épreuve; on pourra prendre pour cela une mèche de filasse de lin bien propre et bien nette; on devra la faire bouillir deux fois dans de la lessive de soude ou de potasse pour la débarrasser des corps étrangers. On pourrait encore se servir d'une échevette de fil simple n° 30 lin, blanchi à un degré qui est désigné dans le commerce sous le nom de *crêmé*. On la fait bouillir dans une lessive légère ; puis, après l'avoir lavée à grande eau et l'avoir fait sécher, on la conservera pour ces vérifications. La préparation d'acide sulfurique est dans un état de concentration convenable, lorsqu'elle donne aux fibres du lin une légère coloration bleue, faisant bien ressortir les détails de structure et accusant nettement la présence d'une matière grenue que contient ordinairement la cavité intérieure ; elle donne à cette dernière substance une teinte d'un jaune d'or.

La coloration bleue n'est pas permanente, elle disparaît au bout de quelques heures ; il faut donc avoir soin de compléter toutes ses observations le plus promptement possible et peu de temps après avoir fait la préparation. La coloration jaune persiste plus longtemps, mais elle finit aussi par disparaître au bout d'un jour ou deux.

**23. — Importance des caractères dus à la coloration par les réactifs.** — Nous avons dit que l'emploi combiné de l'iode et de l'acide sulfurique faisait ressortir de nouveaux caractères dans les fibres. On remarquera, tout d'abord, que les unes se colorent en *bleu*, les autres en *jaune*. On les divise ainsi en deux classes bien tranchées. Il en est dont la cavité intérieure est complétement vide, d'autres où on y rencontre une matière grenue qui s'accuse par une teinte jaune plus ou moins foncée. Quelques-unes, comme celles du chanvre, prennent une teinte bleue bien prononcée, mais elles sont presque toujours accompagnées d'une enveloppe ou gaîne excessivement mince dont on constate très-bien la présence, parce que cette enveloppe se colore en jaune ; aussi les fibres du chanvre, vues dans leur longueur, présentent-elles souvent un aspect verdâtre qui est dû à la combinaison des deux couleurs. L'action des réactifs fait encore ressortir des stries ou lignes transversales d'une nuance plus foncée provenant généralement de plis résultant de la flexion brusque et violente de la fibre. Quelques auteurs ont cru voir dans ces lignes, lorsqu'elles sont très-fines, des pores qui établissent la communication entre l'intérieur de la fibre et le dehors. Quelle qu'en soit l'origine, ces lignes transversales donnent quelquefois des indications utiles pour reconnaître la nature des fibres soumises à l'examen.

Nous recommandons de ne jamais négliger l'application des réactifs et de se familiariser avec leur emploi. On peut, à la rigueur, se passer de l'examen dans les liquides neutres, mais l'essai, à l'aide des réactifs, est indispensable.

**24. — Instructions pour faire les coupes ou sections.** — Après avoir étudié les fibres dans leur longueur, il faut se rendre compte de la forme des *coupes* ou tranches minces, détachées avec un rasoir ou un instrument spécial, perpendiculairement à l'axe de la fibre. Les caractères tirés de cet examen ont une grande importance et donnent les indications les plus précises sur la forme, la structure et l'épaisseur des parois des fibres végétales. Ces caractères permettent de les reconnaître presque toutes, ou du moins de déterminer la famille ou le genre auxquels elles appartiennent.

La préparation des filaments, pour les mettre dans un état qui permette de faire ces sections excessivement minces, est assez minutieuse ; nous la décrirons avec le plus de soin possible, sans craindre d'entrer dans trop de détails.

On prend pour cette préparation le troisième échantillon (17), dont les brins ont été bien dressés. Cette mèche doit être assez fournie pour qu'en la tordant elle forme une cordelette à peu près de la grosseur d'une plume d'oie. On en coupe une longueur d'environ 3 centimètres, et on l'attache fortement par le milieu avec un fil qui servira plus tard à la suspendre pour la faire sécher. On verse, sur une plaque de verre ou de porcelaine, une quantité d'encollage suffisante pour imprégner un des bouts de la mèche ; on imbibe bien ce dernier en le frottant dans le liquide avec le doigt, en ayant soin de maintenir le paralléllisme des fibres ; lorsqu'il est complétement pénétré, on verse encore de l'encollage et l'on procède de même pour l'autre bout de la mèche. On prend alors ce faisceau entre le pouce et deux doigts de chaque main, et on le comprime en le faisant glisser entre les doigts, de manière à coller ensemble les filaments, chasser l'air qu'ils peuvent contenir et faire sortir l'excès d'encollage. Pour faciliter cette opération, on donne une légère torsion qui transforme le faisceau en un petit bâtonnet compacte et cylindrique. On le suspend alors par le fil qui sert à l'attacher en son milieu, et on le fait sécher. Il faut au moins douze heures en été, vingt-quatre heures et plus en hiver, pour qu'il acquière une consistance suffisante.

Lorsque le bâtonnet ainsi formé est assez dur pour pouvoir être coupé sans fléchir, on le fixe dans la cavité cylindrique de l'étau à main (11-5°), et avec le rasoir on fait une section aussi nette que possible perpendiculairement à l'axe du faisceau ; sur cette tranche ainsi dressée on détache avec le même rasoir des coupes très-minces qui doivent servir à l'examen, et on les fait tomber à mesure sur le porte-objet. Pour bien réussir ces coupes, ce qui exige une certaine habitude, on promène de biais le tranchant du rasoir sur la surface bien dressée du bout du bâtonnet, en détachant des copeaux aussi ténus que possible, ou une fine poussière blanche. Si on entame trop la préparation et si les tranches ont une épaisseur sensible, on les rejette, et on ne prend que celles qui sont dans de bonnes conditions.

Lorsque l'encollage n'est pas assez durci, les filaments fléchissent sous le rasoir et les coupes ne valent rien. Lorsque, au contraire, il est trop dur, le rasoir s'ébrèche et donne encore des résultats imparfaits. Il faut, dans ce dernier cas, projeter l'haleine humide sur la tranche de la préparation pour ramollir la surface. Les meilleures coupes s'obtiennent quand elles se détachent en copeaux excessivement minces ayant la consistance de la cire. Il est bon de se servir, pour faire ces coupes, de la loupe d'horloger que l'on fixe dans la cavité de l'œil, ou, ce qui est moins fatigant, que l'on adapte à une monture de lunettes, comme nous l'avons expliqué (11-3°).

Il faut repasser le rasoir sur un cuir après chaque préparation ; le tranchant doit en être maintenu dans l'état le plus parfait, à l'aide d'une pierre d'Amérique à grain très-fin.

Nous recommandons d'encoller plusieurs échantillons du même filament, pris sur différents points du lot à essayer, et, pour chaque préparation, il faut avoir soin de faire des coupes aux deux bouts du bâtonnet.

**25. — Examen des coupes dans les liquides neutres.** — On examine d'abord ces coupes dans l'un des liquides neutres que nous avons indiqués (12). Si l'encollage paraissait ne pas se dissoudre dans ce liquide, on ferait tomber les coupes dans une capsule contenant de l'eau distillée, que l'on chaufferait pour faciliter la dissolution de la gélatine. Retirées de l'eau, puis séchées entre des doubles de papier buvard, elles seraient alors soumises à l'examen, en les déposant sur le porte-objet dans le liquide dont on veut se servir. Cet examen, qui doit se faire avec le plus fort grossis-

sement, donne des indications précises sur la forme des
fibres. On peut en prendre le diamètre au moyen du micromètre oculaire ; on contrôle ainsi les résultats dèjà obtenus.
Les fibres sont quelquefois aplaties et leurs sections ont une
forme oblongue ; il faut alors mesurer les coupes dans les
deux sens.

**26. — Examen des coupes dans les réactifs. —**
On procède ensuite à l'application des réactifs. Il faut pour
cela déposer deux ou trois gouttes d'iode sur un porte-objet,
puis laisser tomber dans ce liquide les copeaux ou la fine
poussière obtenus comme nous venons de l'expliquer. Lorsque
le temps est froid, on chauffe doucement la lame de verre
sur une petite lampe à alcool ou sur un poêle, pour faciliter
la dissolution de l'encollage. Il faut, pour que la préparation
réussisse, que les copeaux détachés avec le rasoir se laissent
aller dans l'iode, et que les coupes apparaissent comme une
poudre disséminée dans le liquide ; on enlève alors ce dernier
en mettant deux bords opposés de la goutte étalée sur la
bande de verre, en contact avec deux petits carrés de papier
buvard de deux à trois centimètres de côté. Le papier doit
être approché avec précaution, de crainte que le liquide ne
se précipite brusquement pour l'imbiber, entraînant avec lui
la poussière qu'il tient en suspension. La dissolution d'iode
doit être absorbée doucement, sans mouvements tumultueux,
laissant les coupes répandues aussi uniformément que possible sur le porte-objet. Lorsque l'un des carrés de papier est
complétement imbibé, on le remplace par un autre, jusqu'à ce
que tout l'iode en excès ait disparu. On ajoute encore deux
gouttes d'iode, on y délaye le dépôt, en chauffant de nouveau, s'il y a lieu, et on fait absorber l'excès de liquide par
des morceaux de papier buvard, en terminant comme nous

l'avons indiqué pour les filaments en long (22). Le porte-objet est bien essuyé tout autour du dépôt restant, et ce dernier est recouvert avec un petit verre mince carré. On introduit alors l'acide sulfurique entre les deux verres, comme nous l'avons indiqué plus haut (22), et en suivant les mêmes prescriptions; il faut avoir soin seulement de donner quelques petits mouvements au verre mince pour bien étaler le dépôt qu'il recouvre. La préparation est prête alors à être soumise au microscope.

On constatera d'abord si les coupes se colorent en bleu ou en jaune. On observera la forme extérieure des coupes, l'épaisseur des parois de la fibre, la forme de l'ouverture centrale. Les réactifs font ressortir, de plus, des détails de structure très-importants : quelques fibres semblent formées d'une substance homogène et compacte; d'autres montrent des couches concentriques qui se colorent quelquefois en bleu de teintes différentes. Il en est qui présentent des fissures ou des stries perpendiculaires aux deux surfaces, intérieure et extérieure, et qui semblent rayonner à partir du centre. Enfin beaucoup contiennent une substance grenue jaune dans leur intérieur, tandis que d'autres sont complétement vides. Quelques-unes, comme celles du chanvre, sont bordées d'un filet jaune.

**27. — Observations relatives aux coupes des filaments.** — Nous attachons la plus grande importance aux caractères présentés par les coupes; aussi conseillons-nous de ne jamais omettre cet examen.

Il arrive parfois que l'encollage qui adhère aux coupes ne se dissout pas dans l'iode ou dans les liquides neutres. Cela se produit lorsque la préparation est déjà ancienne; dans ce cas la gélatine a subi une modification qui la rend insoluble, même à chaud. Cet effet est dû probablement à l'action de la matière organique des filaments, qui contient peut-être un peu de tannin. L'échantillon ne doit pas être considéré comme perdu ; on peut l'utiliser encore. Il suffit, pour cela, de le faire bouillir, soit dans l'eau, soit dans une lessive légère, après l'avoir fortement attaché par le milieu avec un fil. L'encollage se ramollit, et, en frottant la mèche de filaments sous l'eau, on chasse mécaniquement la gélatine qui ne s'est pas dissoute. On fait sécher, puis on encolle de nouveau.

Lorsqu'on est pressé d'examiner les coupes d'un filament, et qu'on ne peut attendre que l'encollage sèche complétement, on peut employer le moyen suivant, qui est plus expéditif, mais qui donne des résultats moins nets.

On fait fondre, dans une petite capsule de porcelaine, de la *paraffine* pure ou additionnée de *stéarine*. Lorsque le mélange est fondu, on y plonge la mèche de filaments, longue de trois centimètres environ et maintenue par un fil enroulé tout autour. A mesure que la mèche ainsi ficelée est pénétrée par le mélange en fusion, on voit s'échapper une quantité de petites bulles d'air ; leur disparition indique que la mèche est bien saturée. On la retire alors et on la laisse refroidir. Au bout d'une heure au plus, elle est assez dure pour qu'on puisse faire des coupes. Ces dernières sont introduites dans un petit tube à essais, long de trois à quatre centimètres ; on y verse de la *benzine rectifiée,* puis, fermant avec un bouchon, on agite le mélange. La paraffine et la stéarine se dissolvent promptement dans la benzine. On laisse tomber au fond les coupes qui doivent apparaître sous forme d'une poudre fine, et on décante le liquide surnageant. Une nouvelle quantité de benzine est ajoutée dans le tube ; on agite pendant quelque temps pour assurer le lavage complet des coupes, puis le contenu du tube est versé sur un tout petit filtre. Après évaporation de la benzine qui imprègne encore le papier lorsque la filtration est terminée, on trouve sur ce dernier les coupes qu'il faut faire macérer pendant quelques instants dans un verre de montre, avec de l'alcool absolu. Il ne reste plus qu'à les dessécher entre des doubles de papier buvard et à les déposer sur le porte-objet, pour les préparer comme nous l'avons expliqué plus haut.

Ce procédé donne des résultats moins satisfaisants que lorsqu'on se sert de l'encollage de gélatine.

**28. — Coupes faites sur les plantes fraîches ou desséchées.** — Il est du plus haut intérêt d'étudier les fibres en place, c'est-à-dire dans la plante même où elles se trouvent. On se rend compte ainsi de la position qu'elles occupent, de leur abondance relative et des différentes espèces de fibres qu'une plante peut contenir. Il faut alors faire des coupes dans l'écorce de cette plante, ou dans les feuilles, si c'est une monocotylédonée. Les indications que nous venons de donner pourront être utilisées pour faire des coupes sur des échantillons de cette nature. Nous allons compléter ces conseils en donnant quelques détails qu'il est nécessaire de connaître.

Si la plante est à l'état frais, on pourra faire immédiatement les coupes avec le rasoir sur l'écorce, le rameau ou la feuille que l'on veut examiner. Si les échantillons sont secs, il faut les ramollir en les faisant macérer dans l'eau.

Il est souvent utile, pour les recherches de cette nature, de se procurer des coupes plus larges et d'une épaisseur plus uniforme qu'on ne peut les obtenir avec un rasoir se manœuvrant à la main ; il faut alors avoir recours aux microtomes que nous avons décrits plus haut (11).

Le plus simple et le plus commode de ces appareils est celui de Topping. On introduit le rameau, le fragment

d'écorce, ou la feuille coupée en lanières si elle est épaisse,
enroulée sur elle-même si elle est mince, dans le tube en cuivre, en ayant soin de bien enfoncer l'échantillon jusqu'à ce
qu'il appuie sur l'extrémité du petit piston qui doit le faire
monter. S'il ne remplit pas complétement le tube, on le comprime légèrement avec la vis latérale. Il sera facile alors de
détacher des coupes aussi minces que l'on voudra et de tout le
diamètre de l'échantillon, en promenant de biais la lame du
rasoir sur la plaque de cuivre. En soulevant l'objet au moyen
de la vis de renvoi, on le fera dépasser de la quantité qu'on
jugera nécessaire et on détachera des coupes de l'épaisseur
voulue.

Ces coupes, qu'elles aient été obtenues à la main ou à l'aide
d'une machine, sont mises dans un mélange d'eau et de glycérine, où on les laisse macérer pendant plusieurs heures. On
les dépose ensuite dans la cellule en bitume d'un porte-objet,
avec quelques gouttes de glycérine concentrée. On dresse avec
soin les coupes au fond de la cellule, en se servant du microscope simple. Il faut les disposer côte à côte au moyen des
aiguilles, en étalant bien celles qui sont larges et pourraient
être repliées sur elles-mêmes. On pose alors sur la cellule un
petit verre à recouvrir rond, et on appuie légèrement avec les
presselles pour tasser les coupes, répartir uniformément la
glycérine et en chasser l'excès, s'il y a lieu.

La préparation s'améliore avec le temps ; elle devient plus
transparente à mesure que la glycérine concentrée la pénètre,
et les détails apparaissent avec plus de finesse. Les préparations faites ainsi contiennent moins de bulles d'air et sont
plus transparentes que par tout autre moyen.

Ces coupes doivent être examinées également à l'aide des
réactifs. Dans ce cas, on ne les fait pas macérer dans la glycérine étendue, mais dans de l'alcool, afin d'éliminer les

4

matières résineuses qui peuvent s'y trouver. On les dessèche
entre des doubles de papier buvard avant de les traiter par
l'iode.

On peut trouver quelquefois de l'avantage à se servir de
l'appareil de Rivet pour faire ces coupes. Quand il s'agit des
feuilles plus ou moins charnues des monocotylédonées ou
de tiges molles et herbacées, on peut avec cet instrument
obtenir des coupes excellentes et beaucoup plus grandes que
celles faites à la main ou même avec l'appareil de Topping.
Il conviendra surtout pour obtenir des coupes de brins très-
fins ou de feuilles trop minces pour pouvoir être coupées par
un autre procédé. Il faut alors prendre les précautions que
nous allons décrire.

On façonne un morceau de liége ou de bois de manière à
lui donner la même forme que la cavité présentée par la mâ-
choire de la presse à ressort dans laquelle on assujettit les
objets, mais en lui donnant des dimensions un peu plus fortes.
Autour de ce mandrin on enroule une bande de fer-blanc ou
de laiton très-mince qui s'applique bien exactement sur tout
son pourtour; on la fixe dans cette position avec un fil, puis
on retire le mandrin et on place l'objet dont on veut faire des
coupes dans le moule ainsi formé; on y verse alors de la paraffine fondue et aussi peu chaude que possible. Lorsque le
tout est refroidi, on déroule la feuille métallique et on obtient
une petite masse de paraffine pouvant se fixer solidement dans
la cavité de la pince à ressort, englobant toutes les parties
de l'objet et soutenant celles qui sont ténues et délicates, de
telle sorte qu'on peut en faire des coupes avec la plus grande
facilité. Les copeaux de paraffine que détache l'instrument
contiennent les coupes des parties végétales qui y sont res-
tées adhérentes. On fait tomber le tout dans un tube à essais
rempli de benzine rectifiée, et on opère comme nous l'avons

expliqué pour les coupes des filaments empâtés dans la paraffine (27).

On devra employer celui des moyens que nous venons d'indiquer qui paraîtra à l'opérateur convenir le mieux suivant la nature des objets dont il voudra faire des coupes, et aussi selon le but qu'il se propose. La sagacité de l'observateur trouvera là un champ où elle pourra s'exercer, et nul doute que des modifications utiles et importantes ne lui soient suggérées par l'expérience.

**29. — Manœuvre du microscope pendant les observations.** — Avant de quitter ce sujet, nous croyons devoir appeler l'attention sur un détail auquel nous attachons une grande importance. Les personnes qui n'ont pas l'habitude des observations microscopiques se bornent à mettre la préparation au point et à l'examiner dans cet état de repos. Il faut se rappeler que les forts grossissements ne donnent d'une manière nette que les détails situés sur un plan très-mince, presque mathématique, passant à travers la préparation et parallèle au plan des lentilles. Or les fibres que nous étudions ont une épaisseur sensible et le microscope ne montre que les détails situés sur un plan qui les traverse, comme nous venons de le dire; pour bien se rendre compte de la contexture de la fibre dans toute son épaisseur, il faut élever, puis abaisser le tube du microscope de manière à examiner cette fibre par tranches successives. Ces sondages répétés donnent une idée beaucoup plus exacte de l'objet que l'on étudie. L'observateur doit donc avoir constamment la main sur la tête molletée de la vis qui donne le mouvement lent et la tourner à droite, puis à gauche, par des mouvements doux et alternatifs, de manière à voir la fibre successivement dans toute son épaisseur. Lorsqu'on a acquis l'habitude de cette petite manœuvre, l'objet qu'on examine ainsi paraît en relief et l'on aperçoit en même temps les détails les plus minutieux de sa structure intérieure.

Nous engageons aussi à commencer toujours par examiner les préparations avec les loupes ou doublets du microscope simple, dans l'ordre de leur force de grossissement, puis de passer au microscope composé, en regardant d'abord avec le plus faible objectif; les observations sont ensuite complétées avec l'objectif le plus fort.

**30. — Unité de mesure adoptée dans cet ouvrage**. — L'unité de mesure dont se servent les micrographes français est le *millimètre;* c'est aussi celle que nous emploierons toujours; nous la désignerons par les deux lettres, mm, placées à la droite et un peu au-dessus du chiffre des unités. Exemple : $3^{mm},25$, ce qui veut dire, trois millimètres et vingt-cinq centièmes de millimètre.

# CHAPITRE IV.

——

**31. — Divisions adoptées pour classer les fibres.**
— Pour faciliter les études qui vont suivre, il importe de ne
pas les présenter d'une manière confuse ou dans un ordre
arbitraire. Les deux grandes divisions établies dans les plantes
par les botanistes : les Monocotylédonées et les Dicotylédonées, devaient naturellement s'imposer à nous. Ces divisions
conviennent d'autant mieux pour les recherches qui nous occupent, que les fibres textiles produites par les plantes de
chaque division ont des caractères communs qui correspondent à des qualités et à des usages qui ont les plus grands
rapports.

Nous avons cru devoir, en outre, séparer chacune de ces
grandes divisions en deux classes, caractérisées par la manière
dont les fibres se comportent avec les réactifs. Ainsi, dans la
première classe de chaque division, nous mettrons les plantes
dont les fibres se colorent en *bleu* par les réactifs ; dans la
seconde, celles qui se colorent en *jaune* dans les mêmes circonstances. Ces classes correspondent elles-mêmes à des propriétés ou caractères qui méritent de fixer l'attention d'une
manière toute particulière. Les fibres qui se colorent en bleu
sont composées de cellulose presque pure ; elles sont plus
souples, plus fortes et généralement plus longues que celles
qui prennent une couleur jaune. Ces dernières sont roides,

très-courtes et cassantes, surtout lorsqu'on tire sur un faisceau de fibres après y avoir fait un nœud.

Nous établirons donc quatre grandes divisions qui correspondront à quatre chapitres dont voici les titres.

CHAPITRE IV. — Dicotylédonées. A. — Plantes dont les fibres libériennes sont colorées en *bleu* par les réactifs :

*Lin, Chanvre, Houblon, Ortie dioïque, Ortie de Chine, Mûrier à papier, Sunn, Genêt commun, Genêt d'Espagne, Mélilot blanc de Sibérie, Coton.*

CHAPITRE V. — Dicotylédonées. B. — Plantes dont les fibres libériennes sont colorées en *jaune* par les réactifs :

*Hibiscus, Tilleul, Jute, Daphné, Saule.*

CHAPITRE VI. — Monocotylédonées. A. — Plantes dont les fibres analogues aux fibres libériennes sont colorées en *bleu* par les réactifs :

*Alfa, Sparte, Ananas.*

CHAPITRE VII. — Monocotylédonées. B. — Plantes dont les fibres analogues aux fibres libériennes sont colorées en *jaune* par les réactifs :

*Phormium tenax, Yucca, Sansevière, Pite* ou *Aloès, Abaca* ou *chanvre de Manille, Palmiers.*

Nous examinerons les plantes que nous venons de nommer et dont les fibres ont été utilisées pour les besoins de l'homme, soit en Europe, soit dans les pays étrangers, ou bien, qui, n'étant pas encore employées d'une manière régulière, nous ont présenté, par l'étude que nous en avons faite, des qualités ou des caractères qui permettraient d'en tirer un parti utile.

Ces études n'embrassent qu'un nombre restreint de fibres ; ce sont les plus intéressantes que nous ayons rencontrées. L'observateur qui prendrait goût à ce genre de recherches trouverait un vaste champ où moissonner, et il pourrait être assuré de faire des découvertes du plus grand intérêt.

Nous devons dire que les caractères consignés dans cet ouvrage, surtout ceux relatifs aux dimensions des fibres, sont le résultat d'observations très-nombreuses, mais qui n'ont pu être faites quelquefois que sur un petit nombre d'échantillons. Il se pourrait que des échantillons d'une autre provenance ne fussent pas tout à fait identiques. Il n'y a rien d'absolu dans la nature. Le climat et la culture modifient quelquefois les organes d'une même espèce végétale, mais il n'en est pas moins incontestable que, malgré quelques variations dans les détails, l'ensemble des caractères des fibres se maintient d'une manière remarquable dans ces espèces.

DICOTYLEDONEES.


**A. — Plantes dont les fibres libériennes sont colorées
en bleu par les réactifs.**

———

# FAMILLE DES LINÉES.

———

### LIN.

Αἴνον, *grec*; Linum, *latin*; Flax, Lint, *anglais*; Lein, Flachs, *allem.*; Lyn,
Vlas, *holl.*; Len, Lon, *russe*; Haer, *danois*; Lin, *suéd.*; Linho, *portug.*;
Lino, *esp. et ital.*; Atasee, *sanscrit*; Atees, Ulsee, *hindou*; Mushina,
*bengale*; Kutan, *persan*.

**32. — Considérations générales.** — Cette plante a
été cultivée par les nations les plus anciennes, pour en retirer
cette précieuse filasse connue de tous, et dont l'emploi si général ne le cède en importance qu'au coton, qui n'a été utilisé
que postérieurement en Europe. Le coton a détrôné le lin dans
une grande partie du monde civilisé, à cause de la facilité
avec laquelle le premier produit peut se récolter, se préparer
et se tisser. Aux Indes, où le coton est employé depuis un
temps immémorial, le lin y est également cultivé, mais en vue
seulement de sa graine dont on retire un mucilage et surtout
une huile siccative très-employée dans les arts. Le coton, originaire de cette contrée, fournit, par la simple récolte de ses
capsules, une fibre fine et blanche, alors que le lin ne peut
donner la sienne qu'après des préparations difficiles et fort
longues.

Il faut reconnaître cependant que le lin est le roi des textiles tirés du règne végétal. La longueur de ses fibres, leur grande régularité, leur souplesse, leur ténacité, la facilité avec laquelle sa filasse peut s'affiner au peignage, toutes ces qualités lui constituent une supériorité incontestable sur tous les autres.

La qualité du lin varie beaucoup suivant la provenance, et la différence est due surtout au climat sous lequel il s'est développé. Il semble pouvoir se cultiver dans toutes les régions et sous toutes les latitudes. Mais on a reconnu que, pour obtenir une fibre de qualité supérieure, il fallait un climat doux, humide et égal. Là où ces conditions ne sont pas remplies, le lin peut se développer, mais certaines de ses qualités lui font défaut. Ainsi les lins de l'Égypte et de l'Inde sont très-inférieurs aux autres malgré la richesse du sol qui les produit. Cela vient des chaleurs très-grandes qui saisissent inévitablement la plante pendant sa croissance, et qui donnent à sa filasse cette sécheresse et ce manque de ténacité que l'on reproche aux lins de ces pays. La Russie, qui en produit de si énormes quantités, ne fournit guère qu'une qualité commune, avec laquelle on ne peut faire de tissus fins. On attribue cette particularité aux étés chauds, mais très-courts, de ce pays, qui ne permettent pas ce développement régulier et graduel que prend le lin dans les contrées mieux favorisées.

**33. — Répartition de la culture du lin dans les différentes parties de l'Europe**. — Lorsqu'on jette les yeux sur la carte de l'Europe, on remarque que la culture du lin prend surtout de l'extension dans les contrées voisines de la mer, où les conditions climatériques indiquées plus haut se trouvent presque toujours réunies.

Cette plante est cultivée avec succès en Portugal ; puis, re-

montant vers le Nord, elle se montre dans le Poitou, acquiert
une grande importance au nord de la Bretagne, dans la Nor-
mandie, la Picardie, l'Artois, la Flandre française. Elle passe
ensuite en Belgique, en Hollande, s'étend dans la Westphalie,
le Hanovre et le Danemark. Elle reparaît ensuite dans la
Prusse orientale. Puis elle entre en Russie par la Courlande,
la Livonie, l'Esthonie et Saint-Pétersbourg. La culture du lin
pénètre dans l'intérieur de l'Europe par deux bandes distinctes. L'une d'elles embrasse la Saxe, la Silésie, la Bohême,
la Moravie, et s'arrête aux monts Krapacks, où cette culture
acquiert un développement considérable. La seconde bande,
située en Russie, s'étend jusqu'au gouvernement de Viatka.
Ce développement méditerrané est dû à des causes particulières. Le lin cultivé dans ces dernières contrées est d'une
infériorité reconnue quant à la finesse et à la souplesse de sa
filasse. La Russie ne produit guère que des lins communs;
tandis que les plus belles qualités de lin proviennent des provinces maritimes du nord de la France, de la Belgique et de
la Hollande.

**34. — Obstacles à la culture du lin**. — La culture
de cette précieuse plante devrait être encouragée en France,
où elle réussit si bien, mais elle présente des difficultés qui
nuisent à son développement. Elle exige beaucoup de main-
d'œuvre et des soins attentifs pour que la plante arrive à maturité dans de bonnes conditions; puis elle nécessite toute une
série de travaux difficiles et délicats pour amener la filasse
dans l'état où elle peut être livrée au commerce. Mais un reproche plus grave encore lui a été adressé par les agriculteurs;
on dit qu'elle épuise beaucoup la terre.

Pour répondre à cette dernière objection, qui semble admise
par tous les agronomes qui ont écrit sur la matière, nous

croyons utile de faire connaître le résultat des analyses qui ont été faites par des chimistes irlandais : sir Robert Kane, D^r Hodges et autres.

D'après les expériences auxquelles se sont livrés ces chimistes, le lin produit sur un hectare de terre enlève en moyenne au sol :

56 kilog. d'alcalis (potasse et soude),

27 kilog. d'acide phosphorique.

M. Way, chimiste anglais, a trouvé, comme résultat d'un nombre considérable d'analyses, que le blé retire du sol par hectare :

34 kilog. d'alcalis (potasse et soude),

31 kilog. d'acide phosphorique.

On voit donc que cette dernière culture, moins épuisante sous le rapport des alcalis, l'est davantage quant à la quantité d'acide phosphorique assimilé.

D'un autre côté, il résulte des expériences de M. Hodges, que 1,000 kilog. de lin en paille, séché à l'air libre, donnent :

125 kilog. de long brin,
 33  »  d'étoupes fines,
 48  »  d'étoupes communes.
------
206 kilog.

Ces derniers produits, après avoir été brûlés, ont donné en cendres :

1^k10 pour le long brin,
0,52 pour l'étoupe fine,
0,64 pour l'étoupe commune.
------
2^k26

On a trouvé que le lin en paille laisse une proportion de

cendres qui est, en moyenne, de 1,73 pour 100 de son poids. Les 1,000 kilog. de lin produiront donc 17$^k$30 de cendres en tout.

On voit alors que, sur les 17$^k$30 de substances minérales retirées du sol par les 1,000 kilog. de lin, 2$^k$26 seraient enlevés par le produit textile utilisé, et que 15 kilog. au moins pourraient être rendus immédiatement à la terre en y répandant les déchets du teillage et l'eau de rouissage.

De ces faits, sir Robert Kane conclut « que, tandis que les « substances minérales retirées du sol par le blé ou les cé- « réales en général, deviennent une partie constituante de la « nourriture des hommes et des animaux, entrant ainsi dans « une sorte de circulation d'où elles ne sont retirées que plus ou « moins imparfaitement et après un temps assez considérable, « la partie ligneuse du lin et celles qui ne sont pas utilisées « peuvent rendre immédiatement au sol la plus grande partie « des matières minérales que cette plante a retirées de la « terre. Le fermier peut donc les utiliser à l'instant même et « rétablir à peu de frais dans le sol l'équilibre qui a été dé- « truit.

« La culture du lin présente sous ce rapport une grande « analogie avec celle de la canne à sucre, dont nous retirons « un produit qui ne contient guère que les éléments fournis « par l'atmosphère. Les substances inorganiques enlevées à la « terre par la plante ne sont que des instruments nécessaires « pour sa production, et on doit les conserver avec soin « comme les machines d'une usine, afin de les faire servir à « la production d'une nouvelle récolte. »

Nous avons cru utile de reproduire ces considérations, qui méritent l'attention des agriculteurs. Si elles étaient sérieusement écoutées et mises en pratique, la culture du lin verrait disparaître un des obstacles qui s'opposent à sa propagation.

**35. — Examen des filaments et des fibres du lin dans leur longueur.** — Le lin est peut-être, de tous les filaments végétaux, celui qui se présente sous la plus grande variété d'aspects. Entre les lins grossiers de la Russie et les produits fins et soyeux de la Belgique, il existe des différences telles que l'on pourrait croire qu'ils proviennent de plantes différentes. Dans un même pays, la culture et le rouissage modifient aussi considérablement l'aspect de sa filasse. On serait tenté de croire que les lins souples, soyeux, d'un gris bleu, de la province d'Anvers, ne proviennent pas de la même plante que la filasse jaune, nerveuse, un peu roide, des lins de la Lys. Nous ajouterons encore que, parmi les fibres végétales, il y en a bien peu qui se prêtent à des usages aussi variés.

Le lin, tel qu'on le rencontre sur nos marchés, présente donc des différences très-grandes quant à la longueur de ses filaments, leur couleur, leur finesse, leur force, mais toujours il se fait remarquer par ce caractère, qu'en froissant fortement entre les doigts un faisceau de lin de provenance quelconque, ce faisceau se divise avec la plus grande facilité ; il devient alors doux et d'une souplesse extrême, tout en conservant une grande ténacité.

Lorsque les filaments du lin ont été lessivés et broyés dans un mortier, ils se divisent sans peine sur le porte-objet, au moyen des aiguilles et surtout dans la glycérine. On peut alors isoler les fibres sans la moindre difficulté, pour les soumettre à l'observation.

Ces fibres, examinées d'abord au plus faible grossissement, puis avec celui de 300 diamètres, paraissent indépendantes les unes des autres, très-transparentes et d'un diamètre uniforme sur une grande longueur ; elles offrent l'aspect d'un tube de verre à parois épaisses, ayant en son milieu un canal capillaire d'une finesse extrême. Ces fibres sont quelquefois tellement pleines, que ce canal n'est pas apparent. Quand on a eu soin de froisser fortement les filaments entre les doigts avant de les préparer, on aperçoit, sur différents points, des renflements qui indiquent, dans la fibre, les plis de flexion produits par ce froissement. En examinant ces parties renflées avec un très-fort grossissement, on aperçoit des fissures très-fines parallèles à l'axe de la fibre. Lorsque le lin a été fatigué par de fréquents lessivages et un usage prolongé, ces fissures sont beaucoup plus allongées et plus visibles. Elles indiquent que la fibre du lin possède une texture fibreuse qui est mise en évidence par l'écrasement ou par une flexion pratiquée d'une manière violente. Elle éprouve alors une sorte de désagrégation ; les fibrilles qui la composent s'écartent l'une de l'autre et produisent ces renflements que nous venons d'indiquer. On se rendra compte de cet effet en pliant avec force une tige d'osier très-souple. En la remettant droite, on remarquera qu'elle ne s'est pas cassée, mais qu'elle s'est fendillée sur son pourtour au point de flexion.

Cette structure fibreuse, qui est très-marquée dans les fibres du liber, explique leur grande ténacité ; chacune d'elles résiste aux efforts auxquels elle peut être soumise, comme le ferait un faisceau de fils séparés et parallèles, sur lesquels se partagerait l'effort à supporter.

Ce sont les renflements que nous venons de mentionner qui ont été vus par plusieurs observateurs, et qui, par suite d'un examen incomplet de leur part ou à cause de l'insuffisance de leurs instruments, ont été décrits comme des nœuds analogues à ceux du bambou. Nous n'avons jamais vu de cloisons d'aucune nature dans les fibres libériennes ; ce sont des cellules très-étroites et très-allongées, mais entières d'un bout à l'autre ; les couches d'épaississement qui les remplissent ne présentent également aucune division ou solution de continuité dans leur longueur.

Les pointes des fibres du lin sont longues, fines, pointues, en forme d'aiguilles. Cette fibre présente un type parfait de la cellule libérienne allongée et fusiforme.

**36. — Détermination de la longueur et du diamètre des fibres**. — Nous avons mesuré la longueur d'un nombre très-considérable de fibres de lin de diverses provenances. Les limites trouvées par nous sont $4^{mm}$ et $66^{mm}$. Cette dernière longueur, que l'on rencontre rarement, a été constatée dans un échantillon de lin de la Mayenne. La moyenne paraît varier entre $25^{mm}$ et $30^{mm}$.

Le diamètre nous a paru compris entre $0^{mm},015$ et $0^{mm},037$. La moyenne est de $0^{mm},020$ à $0^{mm},025$, suivant les provenances.

Il en résulte que le rapport de la longueur moyenne au diamètre moyen est de 1200 environ.

**37. — Examen des fibres en long dans les réactifs**. — Les fibres du lin traitées par les réactifs, comme nous l'avons expliqué dans le chapitre III, se colorent en *bleu* et se font remarquer par une grande transparence ; on en peut conclure que la substance qui les compose est de la cellulose pure, qui n'est imprégnée d'aucune matière azotée. Elles paraissent pleines et lisses, quelquefois finement striées parallèlement à la longueur. Leur diamètre est très-régulier. Les plis de flexion sont accusés par des lignes transversales d'un bleu plus foncé, se croisant très-souvent en forme de X. Ces lignes transversales, examinées à un fort grossissement, paraissent formées par une succession de petites fissures excessivement fines et courtes, qui indiquent un déchirement dans le corps fibreux de la cellule. La substance de la fibre se trouvant entamée sur ce point, les réactifs l'attaquent avec plus de facilité ; de là la coloration bleue plus intense de ces lignes. Aux deux extrémités de l'X, la fibre présente un renflement (pl. VII, fig. 1, *b*). Nous avons donné plus haut l'explication de ce fait.

Lorsque le canal intérieur de la fibre n'a pas été rempli par les couches d'épaississement qui finissent quelquefois par l'oblitérer, il apparaît sous forme d'une ligne *jaune* plus ou moins fine. Cette ligne jaune est très-apparente lorsque le lin n'a pas subi un degré de blanchiment trop avancé. Cette coloration provient de la présence, dans cette cavité allongée, d'une substance grenue azotée colorable en jaune par l'iode ; cette ligne jaune très-fine, au milieu du corps bleu et transparent de la fibre, est très-caractéristique pour le lin (pl. VII, fig. 1, *b*).

Les pointes ont été décrites et ne donnent pas lieu à de nouvelles observations. Elles se trouvent représentées dans la pl. VII (fig. 1, *c*, *c*).

**38. — Examen des coupes faites dans les tiges de lin.** — Il est intéressant d'étudier des coupes ou sections minces pratiquées en travers de la tige du lin, afin de se rendre compte de la position que les fibres y occupent. La fig. 1 de la pl. I représente un segment du cercle que l'on obtient par une coupe faite dans la tige perpendiculairement à son axe. La partie qui constitue l'écorce est désignée par la lettre *a,* tandis que *b* indique la partie ligneuse. On voit que l'écorce est presque entièrement composée de fibres agglomérées en groupes ou faisceaux dont les coupes affectent des formes allongées, ainsi qu'on le voit dans la figure. Ces groupes, assez fournis généralement, ne sont séparés les uns des autres que par la prolongation d'un rayon médullaire. Ils montrent que les faisceaux de fibres forment autour de la tige une enveloppe relativement épaisse et presque continue qui enserre la partie ligneuse de la plante. Cette tige, pendant les quatre mois que dure sa croissance, n'acquiert qu'un diamètre relativement très-petit, lorsqu'on le compare avec celui des autres plantes textiles, du chanvre, par exemple. Ce développement lent et graduel de la tige du lin ne refoule pas les fibres nouvellement formées vers l'épiderme, ainsi que cela a lieu pour le chanvre, dont la tige acquiert dans le même laps de temps un diamètre qui est souvent dix fois plus considérable. Les fibres du lin sont donc doucement pressées les unes contre les autres pendant la croissance et pendant qu'elles se remplissent intérieurement. Elles acquièrent ainsi ces formes prismatiques que l'inspection des coupes nous permet de constater, et rarement elles se trouvent déformées par une compression violente.

Les sections des fibres qui composent ces groupes que nous venons de décrire sont polygonales, à côtés droits et à angles généralement vifs; ces angles sont néanmoins quelquefois émoussés ou arrondis du bout. La cavité centrale est représentée le plus souvent par un point, quelquefois par une ligne très-courte. Les fibres de dernière formation ont presque toujours une ouverture plus large. Les sections qui dans les groupes se trouvent à l'extérieur, c'est-à-dire du côté de l'épiderme, sont pleines et petites; celles qui sont situées à l'opposé, ou du côté du ligneux, sont ordinairement plus grandes et accusent une cavité centrale plus large. L'écorce du lin ne contient qu'une seule zone de fibres.

**39. — Examen des coupes des fibres du lin dans les liquides neutres**. — Les coupes pratiquées sur de la filasse ou sur des fils de lin, préparés comme nous l'avons expliqué au chapitre III (24) et vues au grossissement de 300 diamètres, dans la glycérine ou autre liquide n'ayant aucune action sur la cellulose, se présentent sous forme de groupes ou agglomérations de sections polygonales, accolées les unes aux autres suivant leurs côtés droits. Le contact n'est pas très-intime, quelquefois même les côtés sont légèrement convexes. Au centre du polygone, on voit un point très-petit qui indique la cavité centrale. Dans certains échantillons, on aperçoit faiblement des couches concentriques d'accroissement indiquées par des ombres légères.

**40. — Examen des coupes dans les réactifs**. — Les coupes du lin traitées par les réactifs se colorent en *bleu* pur ; elles se présentent par groupes plus ou moins fournis. Les sections des fibres se distinguent beaucoup mieux, grâce à cette coloration, et accusent, ainsi que nous l'avons dit, des formes polygonales, à angles saillants, à côtés droits ou légèrement convexes. La coloration permet d'apercevoir un peu plus facilement les couches concentriques d'accroissement. Au centre se trouve un point jaune très-apparent, indiquant la cavité intérieure remplie d'une matière grenue, colorable en *jaune* par l'iode. On ne remarque jamais de bordure jaune autour des tranches des fibres (pl. VII, fig. 1, *a*).

Les fragments jaunes ou bruns qui sont attachés aux fibres ou qui nagent dans le liquide, appartiennent à l'épiderme ou au parenchyme de l'écorce.

Lorsque les réactifs ne sont pas suffisamment concentrés pour donner aux fibres une coloration bleue bien sensible, le point central devient néanmoins toujours jaune.

Les coupes du lin se présentent ordinairement par groupes
lorsqu'il est écru. Suivant le degré de blanchiment auquel il
a été soumis, les groupes sont composés d'un plus ou moins
grand nombre de sections, et les coupes isolées se rencontrent plus fréquemment. On remarque, dans les groupes, que
les côtés des polygones qui sont juxtaposés ne sont pas en contact intime, mais qu'il existe souvent entre eux un certain
espace.

Il est important ici, comme dans tous les autres cas, de ne
s'attacher qu'à l'examen des coupes qui paraissent bien perpendiculaires à l'axe, et de ne pas prendre en considération
celles qui sont obliques; la section se trouve un peu différente
dans ce dernier cas et les caractères mis en évidence pourraient quelquefois induire en erreur. Lorsqu'on a acquis l'habitude de ces observations, on ne s'y trompe jamais.

**41. — Examen des fibres du collet de la plante.** —
Les fibres situées dans le voisinage du collet de la plante présentent des sections qui diffèrent de celles que nous venons de
décrire. Elles ont des formes très-irrégulières; les angles sont
arrondis, rentrants quelquefois; la cavité intérieure est très-
grande et les parois de la fibre relativement minces. Un examen superficiel pourrait les faire confondre avec celles du
chanvre, que nous décrirons tout à l'heure; mais on remarquera que les tranches de ces fibres ne sont pas pressées les
unes contre les autres de manière à se trouver en contact
intime, ou enchevêtrées les unes dans les autres. Le périmètre
extérieur n'est jamais circonscrit par un filet jaune, ce qui
les distingue de celles du chanvre; enfin l'intérieur contient
ce dépôt jaune grenu qu'on ne trouve jamais dans cette
dernière fibre et que le lin présente presque toujours (pl. VII,
fig. 1. *a′*).

Ces mêmes fibres, vues dans leur longueur, offrent des caractères tout particuliers sur lesquels nous appelons l'attention; elles sont aplaties, larges et marquées de stries obliques à leur axe qui proviennent, sans doute, de la disposition en spirale de la substance formant les couches d'accroissement intérieures.

**42. — Déductions tirées de l'examen des fibres du lin.** — Les observations que nous venons de faire nous montrent que la fibre du lin est longue, fine, pleine, très-souple, formée de cellulose pure et présentant une texture fibreuse. Ces caractères expliquent les qualités éminentes de ce textile. Sa ténacité remarquable est due à sa contexture fibreuse et à l'épaisseur de ses parois. La souplesse de la substance qui la compose, unie à ces dernières qualités, lui permet de supporter une flexion brusque. Enfin leur longueur, jointe à cette souplesse déjà signalée, donne aux filaments la faculté de se lier ensemble par la torsion, ainsi que cela se pratique dans la filature; cette facilité de s'enrouler en spirale l'un autour de l'autre d'une manière serrée, les empêche de glisser les uns sur les autres et permet au fil de résister à des efforts de traction comme le ferait un faisceau dont les fibres seraient agglutinées ensemble.

La disposition des fibres prismatiques en groupes ou cordons, dans lesquels elles se trouvent simplement accolées par leurs faces planes, explique aussi pourquoi la filasse du lin se divise si facilement au peignage. Lorsqu'un faisceau de fibres de lin tombe sur la dent du *seran* et que celle-ci pénètre au travers, l'ouvrier, en le tirant à lui, sépare les fibres qui ne sont que juxtaposées, et les rubans se divisent avec la plus grande facilité, si le rouissage a opéré une décomposition suffisante de la matière qui agglutine les fibres entre elles. On arrive ainsi à rendre les faisceaux de plus en plus fins, sans détacher une quantité bien considérable de ces brins courts que l'on nomme *étoupes*, et qui se produisent surtout par le déchirement violent des rubans. A moins, toutefois, que le rouissage n'ait été poussé trop loin, de manière à détruire complétement la matière qui agglutine les fibres ; auquel cas, les faisceaux n'existant plus par le fait, le moindre travail que l'on fait subir à la filasse la résout en ses fibres composantes, et le tout devient une masse d'étoupes.

Nous verrons plus loin que le chanvre, composé de fibres dont les formes sont toutes différentes, présente un obstacle mécanique à cette division des faisceaux et ne peut s'affiner sous le peigne de la même manière que le lin.

Lorsqu'on examine des lins de qualités très-tranchées, on remarque que ces différences de qualité ne peuvent provenir de la grosseur des fibres, dont la moyenne ne varie que dans des limites très-étroites, mais on ne tarde pas à constater que ces différences sont dues surtout à leur longueur moyenne, à l'épaisseur de leurs parois et aussi à la manière dont elles sont agglutinées entre elles dans les faisceaux. Les deux premières causes d'infériorité sont dues aux conditions de climat et de culture dans lesquelles la plante s'est développée; la troisième provient surtout du rouissage qui, suivant le procédé employé et le soin avec lequel il a été conduit, donne des résultats très-différents.

Il est évident que des lins à fibres courtes et creuses ne pourront pas être employés aux mêmes usages que ceux dont les fibres sont longues et pleines; mais il est également certain qu'un rouissage bien fait permet de tirer un parti plus avantageux des premiers, tandis que si cette opération est mal conduite, les seconds perdront une grande partie de leurs avantages. Pour les cordages et les ouvrages grossiers, il faut préférer un lin dont le rouissage incomplet maintienne les fibres agglomérées en faisceaux relativement volumineux, tandis que celui qui est destiné à fabriquer des fils très-fins doit avoir subi un rouissage aussi parfait que possible qui permette aux filaments de se diviser sous le peigne avec une grande facilité. On doit conclure encore de ces observations, que les lins courts et creux doivent subir un rouissage moins avancé que ceux dont les fibres sont longues et pleines. On comprendra dès lors l'importance capitale de cette opération qu'on appelle le *rouissage*. On ne saurait attirer l'attention avec trop d'insistance sur ce point, encore très-négligé. Savants et industriels devraient réunir leurs efforts pour résoudre ce problème, posé depuis si longtemps et qui est encore si peu avancé.

Nous avons vu que les fibres du lin sont lisses, brillantes et transparentes comme des tubes de verre. Lorsque ces tubes sont enroulés côte à côte dans un fil, et que le blanchiment en a retiré tous les corps étrangers, l'extérieur de ce fil reflète la lumière comme le fait une surface lisse et polie; de là le brillant des tissus de lin. Nous verrons, lorsque nous étudierons le chanvre et le coton, pourquoi le premier est toujours plus terne que le lin, et pourquoi les tissus de coton, du blanc le plus pur, ont toujours un aspect mat.

La structure fibreuse du lin nous conduit à des considérations d'un autre ordre qui ne sont pas sans intérêt. Cette structure des fibres se montre surtout lorsque l'usure a favorisé leur désagrégation. Examinons-les lorsqu'elles se trouvent dans cette dernière condition et alors que les pointes ont été cassées ou usées; on remarquera que ces tronçons sont terminés par des houppes de fibrilles en forme de pinceaux; le corps même de ces fibres est fortement fissuré et semble quelquefois se séparer complétement en fibrilles nombreuses. Ne doit-on pas attribuer à cette disposition particulière la préférence donnée à la *charpie* de vieille toile de lin? Cette masse fibreuse et spongieuse doit absorber le pus avec facilité, à mesure qu'il se forme, et l'empêcher de rester en contact avec les plaies. La charpie de coton, au contraire, ne doit pas jouir des mêmes propriétés. Le coton n'est pas une fibre libérienne comme le lin, sa nature est toute différente, c'est un poil qui se trouve implanté sur une graine. La texture de ses parois, relativement très-minces, n'est pas fibreuse comme celle du lin ou du chanvre; cette fibre est plutôt membraneuse, très-élastique, et elle ne se divise pas en fibrilles comme les premières. La charpie du coton n'a donc pas le même pouvoir d'absorption que la masse fibreuse des premières.

Il nous semble que cette explication d'un fait admis généralement par les médecins est plus rationnelle que celle mise en avant par divers auteurs, savoir : les formes arrondies du lin qui n'irritent pas les plaies comme les fibres *anguleuses* du coton. Le microscope fait justice de ces théories peu sérieuses. Nous verrons, en effet, que les formes du coton sont toujours arrondies, tandis que le lin est ordinairement prismatique et que le chanvre est hérissé de côtes roides et aiguës qui devraient irriter les plaies bien autrement que le coton.

La disposition fibreuse des cellules libériennes du lin les rend aussi éminemment propres à la fabrication du papier, surtout lorsqu'elles sont prises dans des étoffes usées et fatiguées par un long service. Ces tissus, recueillis sous forme de chiffons, après avoir été triturés dans les machines du papetier, se résolvent en fibrilles d'une finesse extrême, ayant une tendance à se contourner sur elles-mêmes ou à se friser, ce qui favorise leur agrégation en un tissu feutré dans lequel ces fibrilles s'accrochent les unes dans les autres. C'est ainsi que s'explique la qualité supérieure des chiffons de lin pour cette fabrication.

# FAMILLE DES CANNABINÉES.

---

## 1° CHANVRE.

### (*Cannabis sativa*).

Κάνναβις, *grec*; Cannabis, *latin*; Hemp, *angl.*; Hanf, *all.*; Canape, *ital.*; Konopel, Konapli, *russe*; Konopo, *polonais*; Kemp, *flam.*; Hennip, *holland.*; Hampa, *suédois*; Cañamo, *espagn.*; Canhamo, *portug.*; Bhanga, Ganjica, *sanscrit*; Ganja, *ind.*; Bung, *persan*; Assa, *japon.*; Chu-tsao, *chin.*; Gandja, *malais*; Ginjeh, *javan.*; Kinnub, *arabe*.

**43. — Considérations générales.** — Cette plante, qui partage avec le lin l'honneur d'être considérée comme le type des végétaux textiles, est cultivée en Europe depuis un temps immémorial. Forbes Royle la croit originaire d'Asie, et il fait remarquer l'analogie qui existe entre son nom latin et grec, *Cannabis*, et le nom arabe *Kinnub*.

Le chanvre, plus encore peut-être que le lin, semble s'accommoder de tous les climats et de toutes les latitudes. Nous le voyons cultivé avec un égal succès au nord de la Russie et dans le midi de l'Italie. On se rendra compte de ce fait, en apparence singulier, en réfléchissant que cette plante se développe et arrive à maturité en quelques mois, trois ou quatre au plus. Or la température moyenne de l'été, à Moscou et à Saint-Pétersbourg, est de 15° à 17° centigrades. A Milan et à Rome, cette moyenne est de 20° à 21°. La différence est donc assez faible pour faire comprendre que, les autres conditions nécessaires à sa végétation étant réunies, le climat de Saint-Pétersbourg puisse lui convenir aussi bien, pendant la saison de son développement, que celui de Bologne ou des Romagnes.

Il est assez remarquable que le chanvre, qui semble originaire de l'Asie où on le rencontre à l'état sauvage, et qui acquiert dans les montagnes de l'Himalaya une ténacité double de celle du chanvre d'Europe, n'y soit pas recherché pour sa fibre et que les populations de ces contrées le remplacent par d'autres produits de qualités diverses, mais presque toujours inférieurs au véritable chanvre. Bien que cette précieuse plante soit cultivée avec le plus grand soin dans le sud de l'Asie, ce n'est que dans le but unique d'en retirer une résine douée de propriétés narcotiques très-célèbres. Tout le monde a entendu parler du *Hashish* des Arabes. C'est une drogue enivrante, confectionnée avec un enduit pulvérulent, d'une odeur particulière, qui est sécrétée par les feuilles et les sommités fleuries du chanvre dans les pays chauds. Cette matière résineuse, nommée *Churrus* aux Indes et *Hushish* par les Arabes, est excessivement recherchée par les Orientaux. Les Indiens nomment *Gunja* le produit qu'ils ont l'habitude de fumer. Il se compose de la feuille du chanvre et de quelques autres parties de la plante que l'on fait sécher en y laissant l'exsudation résineuse qui s'y trouve. *Bhang, Subjee* ou *Sidhee*, sont les noms donnés aux feuilles et aux capsules conservées dans les mêmes conditions, mais dans le but de les faire infuser pour produire une liqueur enivrante.

Le *churrus* est la résine elle-même séparée de la plante. Le moyen employé pour la recueillir est assez curieux. Pendant les grandes chaleurs et alors que la sécrétion paraît arrivée au point convenable, des hommes couverts de vêtements de cuir se lancent dans les champs de chanvre, agitant les tiges avec violence. La résine s'attache à leurs vêtements, d'où on la retire en les grattant avec soin. On pétrit ensuite cette résine en boules qui sont livrées au commerce. Dans d'autres localités on supprime le vêtement de cuir, des coolies complétement nus sont chargés de l'opération, et la résine est détachée de leur peau comme nous venons de l'expliquer tout à l'heure.

Pour faciliter le développement de cette résine, il faut que la plante soit librement exposée à l'action de l'air et du soleil. Aussi les Indiens espacent-ils les pieds destinés à produire le *churrus,* à 3 mètres environ les uns des autres. La tige alors développe des rameaux qui rendraient fort difficiles l'extraction des fibres, si ces dernières conservaient leur valeur. Mais il n'en est pas ainsi. L'action de l'air, de la chaleur et de la lumière modifie leur nature ; elles se lignifient et deviennent roides, dures et cassantes. Les Indiens se bornent donc à retirer de cette précieuse plante la résine et la graine, et sacrifient complétement les fibres.

Lorsque les plantes sont cultivées à l'abri du soleil ou très-serrées les unes contre les autres, le tissu en est moins dense et les sécrétions ne se forment pas avec autant d'activité. Le chanvre cultivé dans ces conditions, c'est-à-dire semé très-dru, pousse des tiges longues et effilées, il semble s'élancer à la recherche de l'air et de la lumière. A l'extrémité seulement de ses tiges, s'épanouit un bouquet de feuilles, seul point de la plante où les fonctions des parties vertes puissent s'exercer. Il ne se développe pas de rameaux, la séve n'est plus évaporée avec la même activité à la surface, les fibres libériennes ne se lignifient pas ; elles sont plus longues, plus souples, plus flexibles et elles se séparent plus facilement des tissus environnants ; on constate, en outre, que l'écorce en contient davantage, à volume égal.

Il est impossible de ne pas être frappé ici par les admirables ressources de la Providence, dans les œuvres de la création. La destination des fibres libériennes contenues dans l'écorce est évidemment de soutenir la tige, de lui donner de la roideur et de l'élasticité. L'observation nous a permis de constater que ces fibres sont d'autant plus abondantes que les tiges sont plus faibles et contiennent moins de ligneux. Elles forment alors autour de la tige une enveloppe ferme, souple, élastique qui lui permet de résister au vent et aux chocs plus ou moins violents. Lorsque le chanvre se développe isolé, il prend le port d'un arbrisseau ; le ligneux acquiert une extension plus considérable et un tissu plus serré ; il donne à la tige une rigidité qui lui permet de résister aux assauts auxquels elle pourra être exposée. Le rôle des fibres libériennes perd alors de son importance. Aussi remarque-t-on que, dans ces conditions, elles sont relativement moins abondantes ; elles perdent cette souplesse, cette élasticité qui les fait rechercher, elles se rapprochent enfin de celles que nous trouvons dans les écorces des arbres. Lorsque, au contraire, la plante est étiolée par une culture serrée qui exclut l'air et la lumière autour des tiges, ces dernières n'ont plus besoin d'être aussi rigides pour résister aux coups de vent ; elles se soutiennent les unes les autres, et la partie supérieure seule se développe pour profiter de l'air et de la lumière. Le ligneux, dont le rôle devient à peu près inutile, prend une extension très-restreinte, tandis que l'écorce acquiert une grande importance pour fournir à la partie superieure les liquides nourriciers qu'elle aspire du sol avec plus d'énergie ; elle devient alors relativement plus épaisse. En outre, l'absence du ligneux nécessite le développement des fibres libériennes dont le rôle, comme soutien de la tige, devient plus important. L'activité de la végétation se porte donc sur ces organes et l'on obtient, par ce moyen, ces fibres précieuses dont l'industrie a tiré un si grand parti.

**44. — Examen des filaments et des fibres du chanvre.** — Le chanvre, tel qu'il se présente sur nos marchés, est plus long, plus roide et plus grossier que le lin ; il forme des rubans plus ou moins larges et de couleurs très-

variées. Certains chanvres sont d'un jaune paille très-clair,
presque blanc, d'autres sont verts; il en est enfin de bruns et
de gris foncé, quelquefois presque noirs. L'aspect et la couleur de ce filament dépendent de la manière dont il a été
roui, et aussi du mode de dessiccation qui a été employé. En
le froissant entre les doigts, il ne s'affine pas autant que le lin;
il se divise, mais très-irrégulièrement, et il devient plus souple.

Avant de le soumettre au microscope, il faut le lessiver et
le broyer dans un mortier, pour séparer les fibres le mieux
possible, ce qui ne peut se faire que par des moyens mécaniques. Quelque bien préparé qu'il soit, la séparation de ses
fibres sur le porte-objet avec les aiguilles, présente toujours
une certaine difficulté. Les fibres sont agglomérées en faisceaux compactes et elles ne peuvent, quelquefois, être isolées
sans qu'on ne les déchire. Ces fibres sont moins transparentes que celles du lin, très-irrégulières de largeur, quelquefois pleines et presque lisses, plus souvent fortement
cannelées. On en rencontre beaucoup qui sont plates, en
forme de rubans. Le canal intérieur, qui est pourtant assez
large généralement, est difficile à apercevoir, à cause du
grand nombre de stries que présentent les fibres dans le
sens de leur longueur. On voit souvent, à la surface, des
lignes transversales, mais elles sont peu marquées, très-fines,
et ne produisent pas de renflement sur le corps de la fibre.
Des lignes transversales analogues se font remarquer dans
les groupes ou rubans fortement agglomérés, et elles semblent alors se prolonger d'un travers à l'autre du ruban,
comme si elles provenaient d'un pli dans cette sorte de
vernis, dont la nature est mal définie, qui recouvre les fibres
et paraît les tenir agglutinées ensemble.

On aperçoit presque toujours des fibrilles qui se détachent du corps des fibres ; elles proviennent évidemment des

nervures ou côtes saillantes qui se déchirent lorsque le filament est soumis à un traitement mécanique un peu violent. Nous n'avons jamais rencontré ces fibrilles dans le lin, dont les fibres sont lisses et unies, et ne présentent jamais de nervures saillantes comme le chanvre. Enfin les fibres plates et rubanées n'ont jamais l'aspect réticulé de celles que l'on remarque quelquefois dans le lin provenant du collet de la plante.

Les pointes des cellules sont généralement aplaties, très-minces sur un côté, relativement larges sur l'autre ; elles sont arrondies du bout et présentent des contours très-variés : ainsi l'on en rencontre qui sont en forme de spatules, de fers de lance, ou qui possèdent des profils très-irréguliers (pl. VII, fig. 2, *c,c*).

Schacht, dans son ouvrage sur l'examen des tissus que l'on rencontre dans le commerce (*Die Prüfung der im Handel vorkommenden Gewebe*), donne comme caractère distinctif du chanvre la forme souvent fourchue de ses pointes. Nous ne pouvons admettre ce caractère. Nous avons bien trouvé, assez rarement toutefois, des pointes dont l'extrémité paraissait se diviser en deux branches fort courtes, mais nous n'avons rencontré cette forme particulière que dans les fibres du pied de la plante, et elle n'est pas spéciale au chanvre.

**45. — Détermination des dimensions des fibres du chanvre.** — Les longueurs des fibres varient beaucoup selon la provenance. Nous avons trouvé que pour les chanvres d'Europe les extrêmes étaient compris entre $5^{mm}$ et $55^{mm}$. La moyenne paraît varier entre $15^{mm}$ et et $25^{mm}$ ; soit $22^{mm}$.

Les diamètres présentent aussi de grandes différences ; nos déterminations nous ont donné comme limites $0^{mm},016$ et $0^{mm},050$ ; la moyenne peut être prise à $0^{mm},022$.

Le rapport de la longueur moyenne au diamètre moyen serait donc de 1000.

**46. — Examen des fibres en long dans les réactifs.** — Ces fibres, qui se présentent presque toujours agglomérées en faisceaux, se colorent en bleu ou en violet lorsqu'elles sont traitées par les réactifs. Quelquefois elles ont une teinte verdâtre tirant plus ou moins sur le jaune. Cette dernière coloration provient d'une enveloppe jaune qui les recouvre entièrement comme une gaîne, et qui ne disparaît que par un blanchiment complet; cette enveloppe excessivement mince se moule sur tous les détails de la surface.

Les fibres isolées sont peu transparentes et très-irrégulières dans leur diamètre, même sur une petite longueur : elles sont tantôt pleines et presque lisses à la surface, tantôt striées ou cannelées longitudinalement; beaucoup sont plates et rubanées. La cavité intérieure ne présente pas de dépôt coloré en jaune; elle n'est pas plus facile à distinguer que dans les liquides neutres. Les lignes transversales signalées plus haut deviennent plus apparentes; elles sont presque noires, mais d'une finesse extrême. Les faisceaux ont très-souvent une teinte verdâtre, due à l'enveloppe jaune des fibres dont la couleur se mélange avec le bleu de la cellulose (pl. VII, fig. 2, *b*).

Nous signalerons encore ici les fibrilles irrégulières qui se détachent du corps des fibres et qui existent en grandes quantités, quand les filaments ont été soumis à des frottements réitérés.

Il est inutile de répéter ce que nous avons dit des pointes qui se montrent d'une manière plus nette avec les réactifs (p. VII, fig. 2, *c*, *c*).

**47. — Examen des coupes faites dans les tiges de chanvre.** — La pl. I (fig. 2) représente un segment de la

coupe circulaire d'une tige de chanvre; $a$ est la partie corti-
cale; $b$, le ligneux. L'écorce présente deux zones de fibres, $z^1$
et $z^2$. Celles qui composent la première zone sont pleines et polygonales et, sous ce rapport, elles ont certaines analogies avec
celles du lin; mais nous voyons dans la seconde zone, la plus
rapprochée du ligneux, des formes tout-à-fait différentes des
premières, et que nous appellerons le second type des fibres
libériennes. Elles ont des formes arrondies, mais irrégulières,
tourmentées, à angles rentrants, remplis souvent par les parties
saillantes de la fibre voisine. Les parois sont relativement plus
minces, et la cavité intérieure très-grande. Les fig. 2, pl. I $(z^2)$
et fig. 2, pl. VII. $(a')$ font comprendre cette disposition; elle
s'explique par la rapidité du développement et le diamètre
relativement considérable de la tige, acquis dans un temps
très-court. Tant que cette tige est encore jeune et tendre, la
première zone $(z^1)$ se développe sans difficulté; les fibres se
remplissent peu à peu, la végétation intérieure les comprime
doucement les unes contre les autres; elles perdent leurs
formes cylindriques et deviennent prismatiques, comme nous
le voyons dans la figure. Mais, lorsqu'une nouvelle zone intérieure se forme $(z^2)$, la végétation est plus active, la plante se
hâte de prendre son développement normal, la zone $z^2$ se
trouve comprimée entre la zone extérieure déjà résistante et
le cylindre rigide de ligneux déjà formé. Ce développement
est tellement rapide que les fibres encore tendres et dans un
état presque gélatineux se trouvent violemment pressées les
unes contre les autres, alors que leurs parois sont encore
minces. On comprend que cette pression doit déterminer des
plissements qui forment des sillons à la surface des fibres,
tandis que les fibres voisines, également comprimées, remplissent ces sillons qui se sont formés à côté d'elles. C'est
alors qu'elles prennent ces formes irrégulières et tourmen-

tées que nous avons représentées dans les pl. 1 et VII. L'activité de la végétation rend l'enchevêtrement de ces fibres tellement intime que les faisceaux se trouvent fortement agglomérés, et que les opérations chimiques et mécaniques auxquelles la filasse est ensuite soumise ne peuvent parvenir à les désagréger. Nous verrons cette même disposition dans d'autres plantes, mais dans aucune nous ne la trouverons aussi fortement accentuée.

**48. — Examen des coupes des fibres de chanvre dans les liquides neutres.** — Les coupes de fils et de filasse de chanvre, vues dans la glycérine, se présentent sous deux formes différentes, comme nous l'avons expliqué. Tantôt ce sont des groupes composés de polygones à angles saillants et à côtés droits, comme ceux du lin (fig. 2. *a,* pl. VII), tantôt ce sont des figures irrégulières, à angles rentrants et à contours généralement arrondis (fig. 2, *a'*, pl. VII). Dans les groupes, ces dernières figures sont enchevêtrées les unes dans les autres, leur contact est très-intime et la ligne de séparation souvent peu visible. L'ouverture centrale, indiquant la cavité intérieure, a une forme très-irrégulière qui se rapproche ordinairement de celle du contour extérieur. La cavité centrale des fibres polygonales et pleines est rarement arrondie ; elle est presque toujours linéaire et fréquemment étoilée ou a plusieurs branches. On remarque souvent des solutions de continuité dans les parois, elles proviennent de fissures perpendiculaires aux deux surfaces, intérieure et extérieure.

Les coupes présentant le premier type appartiennent à la zone externe, comme nous l'avons dit plus haut ; les secondes, appartiennent à la zone intérieure de nouvelle formation. L'une et l'autre font voir les couches concentriques d'accroissement qui sont souvent très-apparentes.

Lorsque le chanvre a subi un degré de blanchiment, même très-avancé, on remarque cependant que les groupes sont presque aussi fournis qu'à l'état écru.

**49. — Examen des coupes du chanvre dans les réactifs.** — Les réactifs font ressortir de nouveaux caractères dans les coupes, qui permettent de reconnaître le chanvre avec la plus grande facilité. Les sections des fibres se colorent bien franchement en bleu ou en violet, mais elles sont entourées d'un mince filet jaune qui les circonscrit. Cette fine bordure, qui donne à chaque groupe l'aspect d'un émail cloisonné, fait reconnaître au premier coup d'œil les tranches du chanvre, même lorsqu'elles sont mal réussies. De plus, l'intérieur ne présente jamais de dépôt granuleux jaune. Les réactifs font ressortir d'une manière bien nette les couches concentriques d'accroissement, qui prennent souvent des teintes différentes (pl. VII, fig. 2, $a, a'$)

Tous ces caractères permettent de distinguer le chanvre du lin avec la plus grande facilité et sans erreur possible.

**50. — Déductions tirées de l'étude des fibres du chanvre.** — Nous venons de faire une connaissance plus intime avec ce remarquable produit qui est cultivé sous toutes les latitudes et qui, dans nos contrées, rivalise avec le lin ; cette étude nous permettra de nous rendre compte de la valeur de ce textile et de résoudre quelques questions qui sont agitées depuis longtemps.

Nous avons vu que les fibres du chanvre sont de même longueur à peu près que celles du lin ; la cellulose qui les constitue paraît s'y trouver à un degré de pureté égal ; les parois sont généralement aussi épaisses. Ces deux fibres doivent donc offrir des qualités à peu près identiques. Cepen-

dant deux des caractères que nous avons constatés dans le
chanvre doivent en modifier les propriétés. Cette fibre, au lieu
d'être toujours pleine et prismatique comme le lin, présente
des côtes, des cannelures et des sillons qui doivent rendre la
fibre moins souple et moins flexible; en second lieu, l'union
intime des fibres dans les faisceaux, par suite de leurs formes
tourmentées qui les font s'enchevêtrer les unes dans les autres,
se maintient avec persistance et n'est qu'incomplétement détruite par les lavages et l'usure. Cette adhérence toute mécanique des faisceaux doit donner aux fils et aux tissus de chanvre
plus de roideur, mais aussi une ténacité plus grande et plus
durable. Il en résulte que ce textile ne peut guère convenir
pour les tissus fins. En effet, on le file rarement au-delà du
n° 20. Il est évident que la petite différence que nous avons
observée entre les diamètres moyens des fibres du lin et du
chanvre ne suffirait pas pour expliquer ce fait.

C'est cette adhérence mécanique des fibres qui empêche
la filasse du chanvre de s'affiner comme celle du lin. Que
l'on jette, en effet, une poignée de cette filasse sur les dents
d'acier du peigne ou seran, l'aiguille qui aura pénétré dans
les interstices d'un faisceau ne séparera pas toujours les
fibres les unes des autres, lorsque l'ouvrier retirera à lui cette
poignée de chanvre; les fibres contiguës qui sont enchevêtrées ne peuvent se séparer sans déchirements. Si donc on veut
pousser le peignage trop loin pour affiner la filasse, on déchire les faisceaux et l'on produit des quantités considérables
d'étoupe. Le long brin ne deviendra jamais régulier; les faisceaux seront toujours de grosseurs très-inégales, et le filament,
hérissé de fibrilles déchirées par le peigne, n'aura jamais la
douceur et la souplesse du lin.

Doit-on renoncer pour cela à employer cette fibre pour les
tissus fins? Nous ne le croyons pas, et nous sommes convaincu

qu'à l'aide de moyens chimiques et mécaniques habilement combinés, on pourrait arriver à vaincre la nature rebelle de ce filament. On voit déjà ce que les moyens mécaniques peuvent produire par la préparation qu'on lui fait subir maintenant et qu'on appelle le *moulageage*. Le chanvre est disposé dans une auge circulaire, et un cône excessivement lourd, doué d'un mouvement rapide, froisse vigoureusement les poignées de chanvre étendues dans l'auge et retournées continuellement. Cette opération mécanique doit avoir pour résultat d'opérer la désagrégation des faisceaux. Le chanvre ainsi traité se peigne avec plus de facilité ; on le comprendra facilement.

Mais, avant d'entreprendre des recherches de ce côté, il faudrait bien se rendre compte des avantages qui peuvent en résulter. Ne vaut-il pas mieux laisser au lin et au chanvre les rôles spéciaux pour lesquels la nature semble avoir destiné ces deux plantes ? Serait-il profitable et utile de faire violence au chanvre pour le plier à des usages que le lin remplit beaucoup mieux ? Nous laissons cette question à la méditation des personnes compétentes et intéressées.

Il est encore deux points que nous pouvons examiner dès à présent et qui ont soulevé bien des discussions.

Le chanvre est-il préférable au lin pour les tissus employés au vêtement et aux besoins des ménages ? Leur mélange dans un même tissu présente-t-il des inconvénients ?

Le dynamomètre a prouvé depuis longtemps que les cordages de chanvre ont plus de résistance que ceux de lin, et aujourd'hui le premier est employé presque exclusivement en Europe pour cet usage. Nous avons vu à quelles causes il fallait attribuer cette plus grande ténacité du chanvre.

Nous avons expliqué pourquoi ces mêmes causes ne permettaient pas d'utiliser le chanvre pour les tissus très-fins.

Mais la grande consommation porte surtout sur des tissus plus communs qui, suivant les lieux ou les habitudes, sont fabriqués en lin ou en chanvre. La première question que nous avons posée plus haut porte sur cette dernière classe de toiles.

L'expérience a démontré depuis longtemps que le chanvre résiste mieux à l'usure dans le linge plat qui n'est jamais repassé, tel que les draps et le linge de table et de toilette ; mais qu'il dure moins longtemps que le lin lorsqu'il est soumis à de fréquents repassages, comme dans le linge de corps. Il se coupe plus vite que le lin dans cette circonstance. Ces faits peuvent s'expliquer maintenant que nous connaissons la texture de ces deux fibres. Celles du lin, pleines et souples, se séparant facilement et glissant l'une sur l'autre lorsque les blanchissages et les opérations mécaniques ont commencé à désagréger les faisceaux, doivent résister assez longtemps à cette flexion brusque et violente que leur imprime le fer chaud de la repasseuse. Le chanvre, au contraire, toujours fortement aggloméré en faisceaux, présentant souvent des nervures saillantes, ne peut supporter aussi bien un effort de cette nature ; les fibres ne peuvent pas se séparer et glisser les unes sur les autres. Les faisceaux rigides, soutenus par les contre-forts des nervures, étant pliés brusquement de manière à ramener l'une sur l'autre les deux parties qui sont de chaque côté du pli, il en résulte que les fibres extérieures de chacun de ces faisceaux éprouvent un effort plus considérable que les autres, et elles finissent par se rompre.

Les observations que nous avons faites sur les filaments du lin et du chanvre viennent donc corroborer et expliquer en même temps l'opinion émise depuis longtemps par nos ménagères, et l'on peut admettre aujourd'hui en principe qu'on ne doit jamais employer le chanvre pour les objets qui

doivent être soumis à une aussi rude épreuve que le repassage
avec un fer chaud et lourd, surtout avec emploi d'amidon, ce
qui donne encore plus de roideur au tissu.

La seconde question est encore discutée de nos jours; elle
mérite d'être examinée, et nous avons également toutes les
données nécessaires pour la résoudre.

Le Maine produit depuis longtemps des toiles de lin et des
toiles de chanvre. C'était une opinion bien arrêtée autrefois
parmi les maîtresses de maison de cette contrée que le mélange du lin et du chanvre dans un même tissu donnait de
mauvais résultats et devait être proscrit. Cette opinion, résultat d'une longue expérience acquise à bonne source, mérite de fixer l'attention. Aujourd'hui il n'est plus aussi
facile de la vérifier. La toile ne se fabrique plus, comme
autrefois, sous les yeux du consommateur, avec le lin ou
le chanvre récolté par lui et qu'il a fait filer lui-même.
L'introduction des fils mécaniques a tout changé. La toile
s'achète toute blanchie, telle qu'elle sort des usines. La
femme de ménage la plus habile ne peut se rendre compte de
la nature et de la composition de la toile qu'elle se procure dans les magasins. Cette expérience de nos mères se
trouve donc perdue pour les générations nouvelles, et on
ne songe plus guère à ce détail qui avait autrefois une
si grande importance. Il faut ajouter, en outre, que depuis l'introduction de la filature mécanique, on est arrivé à
mélanger avec la plus grande facilité les deux textiles dans
un même fil. Il est même rare de trouver des fils de chanvre
qui ne contiennent pas une proportion plus ou moins considérable de lin, introduit tantôt pour modifier le prix de revient selon le cours de la matière première, tantôt, et le plus
souvent, parce que le mélange d'un peu de lin facilite le
travail du chanvre. Il serait donc assez difficile aujourd'hui

de faire directement des expériences pour résoudre la question qui nous occupe.

Nous pouvons cependant nous former une opinion par induction, et, bien que les conclusions qu'on puisse tirer d'un pareil raisonnement ne soient pas péremptoires, elles méritent cependant de fixer l'attention.

Nous avons vu que les faisceaux du lin se divisent facilement, et l'on peut admettre qu'après un certain nombre de blanchissages et un usage fréquent de la toile, les fibres deviennent tout à fait indépendantes les unes des autres; le tissu de lin paraît alors mou et souple comme celui de coton. Les fils de chanvre, au contraire, conservent leurs faisceaux anguleux et rigides, qui restent agglomérés malgré l'usure et les lavages. Deux textiles de nature si différente, alliés dans un même tissu, ne peuvent évidemment faire bon ménage : l'un finira par user et couper l'autre, et le caractère revêche et brutal du chanvre viendra promptement à bout du lin. L'effet deviendra d'autant plus marqué et s'accentuera d'autant plus fortement que le tissu aura servi plus longtemps; le raisonnement, d'accord ici avec l'expérience de nos mères, doit donc nous conduire à proscrire ce mélange dans tous les tissus qui doivent avoir une grande durée.

On reconnaît facilement, par l'examen de tissus de chanvre très-usés, que la contexture de ce textile est fibreuse comme celle du lin. On voit en effet que ses fibres, lorsqu'elles sont brisées et tronquées par l'usure, se terminent par une houppe de fibrilles d'un aspect tout à fait analogue; le corps des cellules est aussi fendillé dans le sens de la longueur. On en conclut que le vieux linge de chanvre est tout aussi convenable que celui de lin pour faire de la charpie. Il peut aussi remplir le même but pour la fabrication du papier, telle qu'elle est pratiquée en France.

Enfin les fibres du chanvre, presque toujours striées ou cannelées et hérissées de fibrilles, doivent donner des fils et des tissus qui ne peuvent être lisses et brillants comme ceux du lin.

## 2° HOUBLON.

*(Humulus lupulus.)*

**51. — Produits du houblon. —** Cette plante, très-voisine du chanvre par ses caractères botaniques, constitue avec lui la famille des Cannabinées. Elle possède, comme le chanvre, la propriété de sécréter une matière résineuse amère ; cette dernière est employée depuis des siècles pour la fabrication de la bière. Cette exsudation résineuse se trouve sur les bractées vertes qui accompagnent la fleur.

Le houblon a été souvent indiqué comme contenant une quantité assez considérable de fibres libériennes pouvant être utilisées. La masse énorme de tiges de houblon, jetées au rebut dans les pays où on le cultive pour ses fleurs, devrait engager les industriels à faire des essais pour en utiliser les fibres.

On en retire, en effet, une filasse très-fine et très-douce dont il serait possible de tirer parti. Elle conviendrait pour la fabrication de certains papiers. Les frais de culture du houblon se trouvant payés par la récolte des fleurs, les tiges sont dès lors un produit supplémentaire qui n'occasionne aucune dépense; la filasse qui en serait extraite ne coûterait donc que la manutention nécessaire pour l'isoler.

**52. — Examen en long des fibres du houblon. —** Lorsqu'on cherche à isoler les fibres du houblon avec les aiguilles, on éprouve une certaine difficulté, alors même que les filaments ont été soumis au lessivage et au broyage dans un mortier. Ce fait indique que ces fibres sont fortement agglomérées dans les faisceaux ; elles sont fines, très-souples et douées d'une ténacité assez grande ; elles ont, de plus, une tendance à se contourner sur elles-mêmes, ou à se friser.

On en rencontre de deux sortes : les premières sont très-fines, pleines et lisses, présentant souvent un canal central très-fin, mais bien marqué. La surface est quelquefois striée et même fissurée dans la longueur. La structure intime est évidemment fibreuse. Dans les points où la fibre a été brusquement pliée, on aperçoit des renflements très-marqués. Les pointes sont effilées, longues et aiguës.

Les secondes sont plus larges, rubanées et plissées ; ce sont des cellules à parois minces qui se sont affaissées sur elles-mêmes ; peut-être aussi ces cellules ont-elles été comprimées dans l'écorce pendant la végétation. Les pointes de ces dernières sont plus larges, arrondies du bout ou terminées en lames de sabre.


**53. — Détermination des dimensions des fibres du houblon.** — La longueur des fibres du houblon a été mesurée sur un assez grand nombre d'échantillons. Nous avons trouvé pour limites extrêmes 4$^{mm}$ et 19$^{mm}$. La moyenne est de 10$^{mm}$ environ.

Les diamètres des fibres pleines sont compris entre 0$^{mm}$,012 et 0$^{mm}$,018 ; la moyenne peut être prise à 0$^{mm}$,016. Les fibres larges et rubanées atteignent 0$^{mm}$,026 dans leur plus grande dimension.

Le rapport de la longueur moyenne au diamètre moyen est de 620 environ.


**54. — Examen en long, dans les réactifs.** — L'action des réactifs sur les fibres développe une couleur bleue ou violette, lorsqu'elles sont débarrassées de l'enveloppe qui les recouvre. Cette dernière se colore en jaune vif, et, comme elle est généralement très-épaisse, elle modifie la couleur de toutes les fibres sur lesquelles elle existe encore. Ces dernières ont quelquefois une teinte violet sale tirant sur le brun, surtout dans les groupes. Les fibres pleines sont lisses par endroits, striées longitudinalement sur d'autres parties. Dans presque toutes les fibres isolées, la gaîne qui les enveloppe est tellement épaisse, qu'elle forme de chaque côté du corps de la fibre une bordure d'un jaune vif. Les pointes des fibres pleines sont très-allongées, généralement aiguës, quelquefois en lame de sabre.

Le plissement des fibres larges et rubanées ressort mieux par l'action des réactifs. Les caractères des pointes mentionnés plus haut deviennent aussi plus apparents.

**55. — Coupe de la tige de houblon**. — Une coupe faite dans une tige de houblon, dont nous avons reproduit un segment, fig. 3, pl. I, présente d'abord une couche épaisse de parenchyme du côté de l'épiderme. Puis vient une première zone de fibres libériennes, très-peu épaisse, et formée de groupes composés d'un petit nombre de fibres ; ces groupes sont très-rapprochés les uns des autres et forment une première gaîne autour de la tige, présentant des interruptions peu considérables. Les sections des fibres sont polygonales à angles émoussés, ou de formes irrégulières à angles rentrants. Le plus souvent elles sont ovalaires et étroites avec une large cavité représentée par une ligne, comme le serait la coupe d'un cylindre creux à parois minces qui se seraient affaissées sur elles-mêmes. On remarque ensuite une couche épaisse de parenchyme dans laquelle se trouvent disséminées des coupes de fibres très-petites, pleines, arrondies ou polygonales à angles émoussés ; elles sont rarement déformées ou à angles rentrants. Ces dernières fibres sont tantôt isolées, tantôt par petits groupes assez compactes.

Il semble résulter de cet examen que les premières fibres se sont formées pendant un développement rapide de la plante. Elles ont alors été comprimées entre l'épiderme et les couches intérieures de la tige, par cette végétation active ; celles qui se sont formées ensuite ont pu se développer dans un parenchyme épais qui leur a donné toute latitude pour leur accroissement, sans qu'une pression s'exerçât sur elles de manière à les déformer. Cette disposition a beaucoup d'analogie avec celle du chanvre quand il pousse à l'air libre et que sa tige peut se développer d'une manière normale ; l'écorce du chanvre présente alors plusieurs zones intérieures de fibres plus fines que celles de la zone de première formation et disposées par petits groupes isolés. Il semblerait que la première végétation du houblon, au printemps, tendrait à produire des fibres plus grosses qui se trouvent gênées dans leur développement par la croissance trop rapide de la tige ; celle de l'été paraît se faire d'une manière plus lente et produire des fibres plus fines, à mesure que cette activité se ralentit et que la partie ligneuse se développe pour soutenir la tige.

**56. — Examen des coupes du houblon dans les réactifs.** — Les coupes des fibres du houblon sont colorées en bleu par les réactifs ; celles de la zone extérieure sont les plus grosses, souvent aplaties et à parois minces. La cavité intérieure contient fréquemment une matière grenue jaune. Lorsque les parois sont épaisses, les couches concentriques d'accroissement sont très-marquées. Les sections des fibres sont entourées d'une bordure jaune, brillante et épaisse. Elles sont peu adhérentes à cette enveloppe ; malgré leurs formes tourmentées, elles s'en détachent facilement, mais le réseau jaune formé par ces gaînes semble indiquer que ces dernières ont entre elles une très-grande adhérence.

D'autres groupes plus petits, à coupes de dimensions moindres, polygonales ou arrondies et très-pleines, proviennent de la zone intérieure. Le canal central est excessivement petit. On voit que ces fibres ont pu se développer à l'aise ; elles se sont épaissies en conservant leurs formes. Leur coloration est moins intense que celle des coupes de la première zone.

**57. — Conclusions.** — Cet examen nous a permis de reconnaître que les fibres du houblon, souples et flexibles, pourraient être utilisées pour les tissus ; mais il faut remarquer qu'elles sont courtes et qu'elles présentent deux types très-différents l'un de l'autre ; il se pourrait que ces deux circonstances ne permissent pas d'en tirer un parti très-avantageux pour cet usage. Leur emploi dans la fabrication du papier paraît au contraire tout naturellement indiqué, surtout si cette industrie se décidait à tenter la fabrication du papier composé de fibres longues et neuves, dont les Chinois et les Japonais tirent un si grand parti. On sait qu'avec les fibres du *mûrier à papier* (Broussonetia papyrifera), que nous étudierons tout à l'heure, ils confectionnent un papier tellement tenace et résistant, tout en étant d'une souplesse extrême, qu'il est employé, comme les tissus, pour faire des rideaux et même des vêtements de femme. Mais, dans les conditions actuelles de fabrication du papier, ne pourrait-on pas déjà utiliser cette fibre ? Il serait possible de l'obtenir à un prix de revient très-peu élevé, puisqu'elle serait retirée de débris végétaux sans utilité et mis de côté comme rebut dans les pays de grande culture du houblon. Nous croyons pouvoir recommander cette plante d'une manière toute spéciale aux industriels que cette question peut intéresser.

---

# FAMILLE DES URTICÉES.

---

### 1° ORTIE DIOIQUE, ORTIE COMMUNE.

#### (*Urtica dioica.*)

Nettle, *angl.*; Nessel, *allem.*; Netel, *holl.*; Nelde, *danois*; Oestla, *suéd.*; Ortiga, *esp.* et *port.*; Ortica, *ital.*

**58. — Considérations générales.** — L'ortie commune, que nous pourchassons de nos jardins comme une mauvaise herbe, possède une fibre douce, souple, assez abondante, dont l'emploi a été souvent proposé. Tous les efforts tentés dans ce sens ont été sans résultat. Ce n'est cependant pas le seul produit qu'on puisse en retirer : ses graines sont mangées avec avidité par la volaille ; ses jeunes tiges, avant d'être lignifiées, forment un excellent fourrage pour les bestiaux ; on prétend qu'on peut le leur donner comme nourriture et comme condiment. Nous avons pu nous assurer que l'homme même pourrait l'utiliser pour sa table ; les jeunes pousses, coupées au printemps, se mangent comme des brocolis, alors que les légumes verts ne paraissent pas encore.

Toutes les qualités que présente cette humble plante ont été méconnues ; il semble que l'arme brûlante dont elle a été garnie par le Créateur en ait fait pour l'homme un objet repoussant et qui lui inspire toujours de la méfiance.

Nous sommes ainsi faits ; les moindres difficultés nous

rebutent, et nous n'acceptons volontiers que les produits qui se présentent à nous sans exiger d'efforts de notre part pour être utilisés. La routine joue aussi un grand rôle dans nos affaires, il faut bien l'avouer. Nous nous contentons des produits que nous ont légués nos pères, et cependant nous ne craignons pas de nous créer des besoins nouveaux. L'héritage paternel ne suffit plus pour satisfaire ces nouveaux besoins, et alors nous accusons le ciel de parcimonie, et nous appelons ingrate cette terre qui, depuis des siècles, étale devant nous des trésors que nous affectons de ne pas voir.

Ces réflexions se présentent à nous avec une force toute nouvelle, lorsque nous songeons à tout le parti que l'on pourrait tirer de cette plante vivace qui, malgré nos mauvais traitements, persiste à venir attirer notre attention, autour de nos maisons, le long de nos haies, partout où nous négligeons de cultiver un coin de terre qui pourrait être utilisé.

**59. — Examen de la filasse et de la fibre de l'ortie.** — La filasse, retirée de l'ortie par un rouissage convenable, est douce, très-souple, assez longue, mais d'une ténacité peu considérable, du moins lorsqu'elle provient de plantes qui se sont développées à l'état sauvage. La culture améliorerait peut-être ses qualités déjà fort remarquables. Il en serait peut-être de l'ortie comme du lin et du chanvre, qui, abandonnés à eux-mêmes, ne produisent que des filaments de qualité inférieure, mais qui, soumis à une culture raisonnée, nous donnent des produits si précieux.

L'examen des fibres, dans leur longueur, montre qu'elles sont très-grosses et d'une longueur remarquable. Les unes sont pleines et lisses, ou finement striées dans la longueur ; le canal central est très-visible, mais paraît assez étroit. Le plus grand nombre présente des formes toutes différentes ;

elles sont larges, aplaties, fortement striées et souvent fissurées. Avec un grossissement de 350 à 400 diamètres, on constate que, dans ces fibres larges et creuses, les stries ont une direction oblique, indiquant qu'elles sont disposées en spirale. Le canal central, très-apparent, est fort large. Les cellules libériennes de l'ortie ont une structure fibreuse bien marquée.

Les pointes sont souvent effilées, mais le bout est toujours arrondi ; dans certains cas elles se terminent brusquement, et l'extrémité montre quelquefois une tendance à se bifurquer ; mais les branches ou lobes sont très-courts. Le diamètre du corps des fibres pleines paraît assez régulier sur une grande longueur.

**60. — Dimensions des fibres de l'ortie.** — Les longueurs mesurées par nous ont varié entre $4^{mm}$ et $55^{mm}$ ; la moyenne paraît être de $25^{mm}$ à $30^{mm}$.

La largeur est aussi très-variable, et nous avons trouvé pour limites extrêmes $0^{mm},02$ et $0^{mm},07$. La grosseur le plus communément observée est de $0^{mm},05$ environ ; on voit qu'elle dépasse beaucoup celle du chanvre cultivé en Europe. Il faut remarquer que ces chiffres élevés proviennent de la forme que cette fibre affecte le plus souvent, qui est celle. d'un tube aplati à parois minces.

Le rapport de la longueur moyenne au diamètre moyen est de 550 environ.

**61. — Examen des fibres de l'ortie en long, dans les réactifs.** — Les fibres vues en long, dans les réactifs, sont colorées en bleu. Leurs formes sont très-irrégulières : les unes sont rubanées, plissées et sans apparence de corps étrangers dans leur intérieur ; d'autres, très-larges et à parois

minces, contiennent dans leur cavité intérieure une substance
colorée en jaune-brun, qui tantôt remplit cette cavité, tantôt
tapisse seulement les parois par plaques irrégulières. Enfin,
on en voit qui sont très-épaisses et dont le canal intérieur,
beaucoup plus étroit que dans les précédentes, est rempli de
granulations d'un jaune-brun. Elles ont quelque analogie avec
les fibres du lin, mais elles sont plus grosses et plus irrégulières. La ligne jaune du centre n'est jamais aussi fine que
dans le lin et prend quelquefois une largeur assez considérable. Les fibres portent, comme le lin, des lignes transversales
d'un bleu plus foncé, qui proviennent des plis de flexion.
Ces lignes se croisent souvent en X, et la fibre est renflée en
cet endroit. Dans celles qui sont plates et creuses, on rencontre plus rarement ces lignes transversales d'un bleu plus
foncé, et, dans ce cas, elles ne sont pas accompagnées d'un
renflement dans le corps de la fibre. On comprend que celles
qui sont à parois minces et affaissées sur elles-mêmes ne se
fissurent pas comme celles qui sont pleines ; la flexion ne
doit pas produire une désagrégation aussi marquée de leurs
fibrilles.

Les réactifs rendent plus apparents les caractères des
fibres que nous avons décrits plus haut (59).

**62. — Coupes des tiges et des filaments de l'ortie.**
— Les coupes faites dans une tige d'ortie, perpendiculairement à son axe, indiquent que l'écorce est asssez épaisse.
Cette dernière est formée presque entièrement de parenchyme
à larges mailles et à parois excessivement minces. Les fibres,
peu abondantes, sont disséminées dans ce parenchyme d'une
manière irrégulière. La majeure partie des coupes des fibres
sont très-larges, aplaties ou d'une forme ovalaire et à parois
relativement peu épaisses. La cavité intérieure est très-

grande. Ces fibres sont le plus souvent isolées (pl. I, fig. 4). Elles sont quelquefois réunies en groupes peu fournis, dans lesquels elles ne se touchent que par une ou deux de leurs faces. On en rencontre aussi dont la forme est polygonale, à côtés droits ou légèrement convexes, ou bien qui ont des formes contournées à angles rentrants. Sur certains points de l'écorce, on en trouve qui sont presque pleines ou à parois très-épaisses.

L'aspect de la coupe de la tige indique que les fibres disséminées en petit nombre, dans une couche épaisse de parenchyme, ne doivent subir par le développement de la tige qu'un aplatissement qui les fait apparaître larges et souvent rubanées.

Les coupes prises sur les filaments préparés avec l'encollage présentent tous les caractères que nous venons de décrire. Les couches concentriques d'accroisssement sont très-apparentes au grossissement de 300 diamètres.

Nous devons signaler un caractère que nous avons rencontré dans toutes les urticées : les couches intérieures d'accroissement sont très-souvent marquées de stries fines, normales aux contours intérieurs et extérieurs de ces couches, c'est-à-dire, ayant une disposition radiée, leur direction partant du centre de la cellule et se rendant à la circonférence.

Parmi les fibres à coupes polygonales, les unes ont les angles vifs et les côtés droits, se touchant sur toute leur longueur lorsque deux sections sont en contact ; d'autres ont les angles arrondis et les côtés convexes.

**63. — Examen des coupes d'ortie dans les réactifs.** — Les coupes se colorent en bleu sous l'action des réactifs. Les unes sont pleines, polygonales, à côtés droits, à angles vifs, et garnies dans leur intérieur d'une substance qui se colore

en jaune brun. D'autres, plus larges et à parois plus minces,
ont des formes généralement allongées, à angles arrondis;
dans leurs cavités, qui sont très-larges, on aperçoit des fragments d'une matière jaune grenue qui semblent attachés sur
quelques points de leur contour intérieur. On en rencontre
qui sont déformées comme celles du chanvre, avec des angles
rentrants; elles sont, quelquefois aussi, tourmentées que ces
dernières, mais elles ne sont pas enchevêtrées les unes dans
les autres.

Les groupes formés de fibres pleines et polygonales sont
quelquefois entourés d'une bordure d'un jaune-brun qui paraît
provenir des cellules du parenchyme dans lequel ces groupes
se sont développés. Cette bordure colorée n'existe pas entre
les côtés des coupes qui sont en contact; ce contact est toujours immédiat et très-rapproché.

Dans toutes ces coupes, les couches concentriques d'accroissement sont très-marquées. Celles qui sont larges et à parois
relativement minces montrent d'une manière très-apparente
ces stries radiées que nous avons décrites plus haut.  On ne
les aperçoit que dans les couches d'accroissement de l'intérieur; la plus externe, qui est très-mince, ne paraît pas
en avoir; cette dernière semble se détacher facilement des
couches intérieures.

Les groupes formés de coupes polygonales pleines, à angles
vifs et à côtés droits, portant un point jaune en leur milieu,
ressemblent à ceux du lin et pourraient quelquefois être pris
pour ces derniers. Mais on remarquera que le point central
jaune est beaucoup plus gros; les sections des fibres montrent
presque toutes des couches concentriques d'accroissement
nettement indiquées; enfin on rencontre presque toujours, soit
dans le même groupe, soit dans le voisinage, des coupes mieux
caractérisées, à couches concentriques très-accentuées, mar-

quées de stries radiées, et présentant une ouverture centrale large et irrégulière.

**64. — Autres variétés de l'ortie.** — Nous avons étudié également l'*Urtica urens* et l'*Urtica pilulifera,* que l'on rencontre dans nos contrées. La première contient des fibres analogues à celles de l'urtica dioïca, mais leurs parois sont tellement minces qu'elles ne peuvent guère être utilisées comme textiles. Celles de l'urtica pilulifera ont encore moins d'épaisseur et ne paraissent pas mériter de fixer l'attention.

**65. — Conclusions.** — Il résulte de l'examen que nous venons de faire des filaments contenus dans l'écorce de l'ortie dioïque indigène, qu'il serait possible de les utiliser, soit pour la fabrication du papier, soit pour les tissus. Ils sont souples, brillants, et se blanchissent facilement. Le seul reproche qu'on puisse leur adresser est leur peu de ténacité. Il faut remarquer cependant que tous les essais que nous avons faits ont porté sur des plantes venues librement à l'état sauvage. Ne pourrait-on pas espérer que la culture parviendrait à améliorer la qualité de ces fibres? Leur longueur si remarquable est un caractère d'une grande importance et qui doit encourager à faire des essais qui très-probablement donneraient des résultats favorables. Une culture bien entendue parviendrait peut-être aussi à faire disparaître les branches latérales qui sont un véritable inconvénient, parce qu'elles produisent des solutions de continuité dans la filasse.

L'ortie a été employée autrefois en France pour faire certains tissus, et en Allemagne pour fabriquer le papier.

## 2° ORTIE DE CHINE, RAMIE OU RAMIÉ.

(*Urtica nivea* (Linné), *Bœhmeria nivea* (Gaudichaud), *Bœhmeria candicans*
(Blum.), *Urtica tenacissima* (Roxburgh), *Ramium majus* (Rhumphius).

China grass, *angl.*; Tsjo, Karao, *jap.*; Chû ou Tchou-ma, *chin.*; Ramée
ou Rami, *malais*; Caloe, Kloei, *Sumatra*; Gambe, *îles Célèbes*; Rhea,
*Assam.*; Cây-Gai, Pâ-Mâ, *Cochin.*; Pan, *Birm.*

**66**. — **Notice sur l'ortie de Chine.** — Depuis longtemps déjà l'attention a été attirée sur des tissus remarquables
venant de la Chine, possédant une blancheur éclatante et un
brillant comparable à celui de la soie. Les fibres qui donnent
ce beau produit appartiennent au règne végétal. On a
su, à une époque comparativement récente, que ce filament
provenait d'une urticée dont le port et l'aspect diffèrent considérablement des orties de nos contrées. C'est une plante
vivace, dont les tiges assez grosses sont garnies de feuilles
larges et ovales, d'un beau vert en dessus, et couvertes en
dessous d'un duvet blanc nacré qui lui a fait donner le nom
de *Urtica nivea*. Elle n'est pas armée de poils brûlants comme
les orties de nos pays. C'est cette particularité qui a porté
Gaudichaud à créer le genre *Boehmeria*. Cette belle plante
se rencontre aux Indes, dans le royaume de Siam, en Cochin-
chine, au Japon, en Chine et dans l'Archipel indien. Elle se
trouve à l'état sauvage dans l'Assam, où elle forme des *jungles*
ou fourrés impénétrables. Enfin, dans toutes les contrées que
nous venons d'énumérer, on la cultive avec un soin tout particulier. Les qualités les plus grossières servent pour faire
des cordages, des ficelles, des filets de pêche surtout; les
plus fines sont employées pour les tissus.

La ténacité de ce textile est remarquable. Le gouvernement
anglais a fait faire, à ce sujet, dans ses arsenaux, des expé-

riences qui présentent le plus grand intérêt. Ces essais ont eu lieu sur des faisceaux de filaments sans torsion aucune et dans des conditions identiques de longueur et de poids. Ces faisceaux étaient soumis à un dynamomètre, et on notait le point de rupture.

Le chanvre de Russie a supporté, avant de casser, un effort de. . . . . . . . . . . . . . . . . . . . . . . 80 kil.

L'ortie de Chine, ou china grass. . . . . . . . 125 »

Le Rhea d'Assam cultivé. . . . . . . . . . : . . 160 »

Le Rhea sauvage. . . . . . . . . . . . . . . . . 171 »

Dans une autre expérience, un faisceau de fil de carré a résisté à un effort de 126 kilogr., alors que la force réglementaire exigée pour le chanvre de Russie, dans les mêmes conditions, est de 41 kilogr.

Une corde de 15 fils en chanvre a cédé sous un poids de 79 kilogr, tandis que le ramie ou caloe a supporté 120 kilogr.

D'autres essais, faits par différentes personnes, ont conduit à cette conclusion, que le china-grass était trois fois plus fort que le chanvre.

Enfin des câbles de $0^m,12$ de diamètre, composés de 132 fils, ont résisté à un poids de 10,000 kilogr ; le chanvre de Russie dans les mêmes conditions supportait à peine la moitié de ce poids.

Ces qualités remarquables de l'ortie de Chine ont depuis plusieurs années attiré l'attention des Anglais. Il n'y a guère plus de quarante ans que cette plante a été signalée en France. Des essais de culture ont eu lieu dans le midi. M. Decaisne, le savant profeseur du Muséum de Paris, publia en 1845 un article dans le journal d'*Agriculture pratique,* où il s'efforça d'attirer l'attention des agriculteurs sur cette plante. M. Malartic en essaya la culture en grand dans les Bouches-du-Rhône. On peut consulter un article publié par lui dans le même journal en 1871. Enfin on trouvera dans le même recueil les notices de M. Vernejoul de la Rocque, année 1872, et celle de M. Victor Rendu qui a paru la même année.

Ces études si complètes et si intéressantes n'ont malheureusement amené aucun résultat pratique. Nous n'avons pas la prétention d'être plus heureux que des savants aussi autorisés; nous croyons néanmoins devoir présenter le résultat de nos études faites à un autre point de vue, mais qui viennent corroborer de la manière la plus complète les opinions de ces divers auteurs. Ces efforts infructueux ne doivent pas décourager ceux qui voudraient doter notre pays d'une aussi magnifique conquête. Les idées justes et fécondes, qui rencontrent souvent tant de difficultés pour se faire accepter, finissent toujours par prévaloir à force de persévérance et de publicité.

Les Anglais, plus pratiques que nous et comprenant mieux les questions économiques, ont cherché à utiliser dans l'industrie un textile aussi précieux et qui paraît réussir parfaitement sur beaucoup de points de leurs possessions des Indes. Plusieurs filateurs cherchèrent à s'en emparer, et des établissements furent même créés pour son exploitation spéciale. Ces essais semblent n'avoir pas réussi, et voici les causes qui peuvent expliquer en partie ce résultat fâcheux.

On ne tarda pas à reconnaître que les machines actuelles ne pouvaient convenir pour filer ce textile; cela vient sans doute de la longueur extraordinaire de ses fibres normales. Mais la difficulté la plus sérieuse vint de l'impossibilité où se trouvèrent les industriels de se procurer cette matière d'une qualité identique et en quantités suffisantes pour alimenter des usines. Ce résultat aurait pu être prévu dès l'abord et des mesures auraient dû être prises pour développer la culture de cette plante sur une grande échelle. L'espèce que l'on trouve à

l'état sauvage dans l'Assam donne une filasse grossière qui
ne peut convenir que pour les cordages. D'un autre côté, la
culture de cette ortie, quoique très-répandue en Chine et aux
Indes, ne se fait que sur une petite échelle et pour les besoins
du ménage. On la cultive dans un coin du jardin avec des soins
tout particuliers, mais pour l'usage exclusif de la famille. On
en retire plusieurs récoltes chaque année, et chacune d'elles
est d'une qualité différente. La première récolte donne une
filasse commune, la seconde est la meilleure sous tous les rapports ; enfin la troisième coupe, qui présente plus de finesse,
est d'une ténacité moins grande que les précédentes.

L'écorce est très-riche en filaments ; ils s'y trouvent répartis
en plusieurs couches concentriques. Celle qui avoisine l'épiderme est composée de fibres beaucoup plus grosses que
celles qui se rapprochent du cambium. Cette différence
dans la nature des fibres est encore un obstacle au travail de
la filasse dans les machines. Les Chinois, doués d'une patience et d'une dextérité merveilleuses, divisent avec leurs
doigts l'écorce en trois couches. Ils séparent ainsi les gros
filaments de l'extérieur de ceux, plus fins, et plus souples, qui
se rapprochent du centre. C'est ainsi qu'ils parviennent à obtenir ces merveilleux tissus, brillants et transparents, qu'ils
appellent *a-pou* et les Anglais *grass cloth*.

Malgré ces difficultés et ces insuccès, nous pensons qu'il
ne faut pas se décourager, mais persévérer dans des essais qui
ont déjà produit, paraît-il, des résultats satisfaisants aux
États-Unis. Pourquoi ne ferait-on pas en France des tentatives
dans les départements où la culture du lin et du chanvre est
déjà familière aux cultivateurs ? M. Decaisne assure que les racines, lorsque les tiges ont été coupées, peuvent résister parfaitement aux hivers de Paris. Nos horticulteurs devraient d'abord
tenter des essais sur différents points ; cette précieuse plante

en vaut bien la peine. Elle mériterait déjà d'être répandue comme plante d'ornement. Ses larges feuilles, d'un vert sombre en dessus, d'un blanc nacré en dessous, produisent un bel effet dans les massifs lorsqu'elles sont agitées par le vent. Il y aurait un grand intérêt à la faire connaître, à la répandre et à étudier ses allures sous notre climat.

Nous ne parlerons pas de la culture de l'ortie de Chine ; les mémoires que nous avons indiqués donneront à ce sujet tous les renseignements désirables. Nous expliquerons seulement comment les Chinois la préparent pour en retirer la filasse.

On coupe les tiges lorsqu'elles deviennent brunes vers le bas sur une longueur de 15 à 20 centimètres ; on les fend dans leur longueur, puis on enlève l'épiderme. On racle ensuite les fibres avec des couteaux de bambou pour les débarrasser le plus possible du parenchyme et des matières étrangères qui les entourent. On enlève alors l'écorce par une sorte de teillage, on attache les rubans en faisceau par leur pointe, et enfin on les jette dans l'eau bouillante.

Lorsque les filaments sont bien nettoyés et ont macéré quelque temps dans l'eau chaude, on les fait sécher, et la filasse peut être alors utilisée directement ; mais il vaut mieux la blanchir en l'exposant sur l'herbe à une forte rosée ou à des pluies d'été.

Dans quelques localités, on opère un certain rouissage en exposant les tiges sur le toit plat des maisons, afin de les soumettre à l'influence des rosées et du soleil. Au bout de quatre ou cinq jours, l'écorce est complétement blanche.

Suivant M. Decaisne, il existe deux espèces bien distinctes de china grass : l'*Urtica* ou *Boehmeria nivea*, cultivée surtout en Chine et dans les pays tempérés ; c'est le *Rhea* de l'Assam, caractérisé par le duvet blanc et argenté qui couvre le dessous des feuilles, et le *Boehmeria utilis*, qui se reconnaît par le duvet grisâtre de la face inférieure des feuilles. Cette dernière plante ne prospère que dans les contrées équatoriales ; c'est le *Ramié* ou *Caloë* des îles de la Sonde. Cette espèce est considérée comme bien supérieure à la première, quant à la finesse, au brillant, à la souplesse de ses fibres et à l'abondance de ses produits.

Forbes Royle ne peut admettre deux espèces distinctes, et ne voit dans les caractères par lesquels on les différencie que des accidents dus au climat et à la nature du sol.

Nous avons lieu de croire, avec M. Decaisne, qu'il existe plusieurs espèces de Boehmeria. Les faits que nous avons observés semblent donner à cette opinion une grande probabilité. Nous ne pouvons entrer dans les détails qui permettent d'expliquer cette opinion, nous serions forcés de sortir du cadre que nous nous sommes tracé. Du reste, les échantillons sur lesquels ont porté nos études ne sont pas encore assez nombreux. Notre intention est de publier une monographie de cette plante si remarquable, lorsque nous aurons recueilli un nombre suffisant de documents. Ce textile mérite plus que tous les autres d'être étudié sérieusement. Si la grande culture parvenait à l'acclimater dans nos colonies et dans quelques parties de la France, ce serait une des plus belles conquêtes de l'agriculture et de l'industrie.

**67. — Examen des filaments et des fibres de l'ortie de Chine.** — Les fibres que nous avons examinées dans leur longueur nous ont toutes présenté les mêmes caractères, bien qu'elles aient été prises sur des échantillons d'aspects bien différents. Les uns, à l'état brut, étaient sous forme de rubans roides et épais dans lesquels les fibres se trouvaient fortement agglomérées. Ces rubans étaient plus ou moins larges, et divisés, quelquefois, de manière à être réduits à l'état de filasse, mais ils conservaient toujours une très-grande roideur résultant d'une préparation imparfaite. D'autres avaient subi un nettoyage plus complet, il est probable même qu'ils avaient été soumis à un certain rouissage ; la teinte grise de la filasse donnait lieu de le croire. Ces derniers sont plus souples, plus fins et d'un aspect soyeux. Enfin, il vient de la Chine des échantillons d'un blanc parfait, doués d'un brillant égal à celui de la soie, dont ils semblent avoir la douceur et la souplesse.

Les premiers produits, après avoir été lessivés et broyés dans un mortier de manière à assurer un nettoyage complet, donnent un amas de fibres isolées pouvant se séparer les unes des autres avec la plus grande facilité au moyen des aiguilles. Lorsqu'on les fait sécher, on obtient, en dressant bien les fibres, des mèches présentant tous les caractères du dernier échantillon décrit, sauf la couleur, qui n'est pas d'un blanc aussi pur.

Les fibres préparées et vues dans les liquides neutres, sont très-longues, de dimensions et de formes très-irrégulières. On remarque, dans la même cellule, des parties pleines, lisses ou finement striées, laissant apercevoir un canal central vide ou rempli, par endroits, d'une matière grenue ; plus loin, la fibre s'élargit, les parois paraissent assez minces et la cavité intérieure très-large ; ailleurs encore, ce n'est plus qu'un ruban mince, plissé et très-large. Dans ces deux derniers cas, on remarque très-fréquemment des stries et des fissures disposées en spirales très-allongées. La texture est fibreuse, et les fibrilles qui composent les parois ont une disposition en spirale très-apparente. Ces caractères sont bien accentués.

Les pointes s'amincissent graduellement ; elles sont terminées en spatule, en pointe de sabre, quelquefois bifurquées.

**68. — Dimensions des fibres de l'ortie de Chine.**
—La longueur des fibres de l'ortie de Chine varie entre 60$^{mm}$

et 200$^{mm}$. Il en existe bien de très-courtes, mais la majeure partie présente une longueur considérable. Nous en avons trouvé
qui atteignaient 250$^{mm}$. Ces dernières étaient pleines et leur
grosseur ne dépassait pas la moyenne.

Le diamètre s'écarte aussi des dimensions observées dans
la plupart des fibres. Leurs formes sont souvent aplaties,
et cela les fait paraître d'une largeur extraordinaire. Les chiffres trouvés indiquent 0$^{mm}$,05, comme moyenne ; ils atteignent
souvent 0$^{mm}$,07 et 0$^{mm}$,08.

En admettant 120$^{mm}$ pour longueur moyenne , le rapport
de la longueur au diamètre serait de 2400.

**69. — Examen des fibres en long dans les réactifs.**
Les filaments de l'ortie de Chine, soumis à l'action des réactifs,
se colorent en bleu ou en violet sans que cette coloration semble
jamais être modifiée par une enveloppe extérieure. Les fibres
paraissent nettes et toujours isolées les unes des autres. On
est frappé tout d'abord par les différences énormes de grosseur
qu'elles présentent. Comme elles sont très-longues et que les
pointes commencent à s'amincir à une grande distance du
bout, il s'ensuit que le milieu de la fibre et les parties qui se
rapprochent des extrémités ont des diamètres dont la différence est très-considérable. Lorsqu'on aperçoit ces différences
énormes dans le champ du microscope, on serait tenté de croire
que les grosseurs des fibres varient dans des limites considérables, mais il n'en n'est rien : ce sont les différentes parties
d'une même cellule qui produisent souvent cet effet.

Les fibres se présentent sous différents aspects, ainsi que
nous l'avons déjà dit. Les unes sont pleines et montrent un canal intérieur contenant une substance grenue colorée en jaune-
brun ; d'autres, plus larges, ont des parois relativement minces
qui sont affaissées sur elles-mêmes ; l'intérieur est vide ou

garni par endroits de ce dépôt grenu que nous venons de mentionner. Il en est aussi qui sont plissées et rubanées, ces dernières sont généralement vides. Presque toutes sont couvertes de stries fines parallèles à l'axe ou disposées en spirale. Les fissures que l'on aperçoit dans les grosses fibres affectent surtout cette disposition (pl. VIII, fig. 2 *b.*).

Sur beaucoup de fibres on remarque des lignes transversales plus foncées de couleur, très-fines, et se croisant dans diverses directions de manière à former une sorte de marbrure. Lorsque ces lignes proviennent des plis de froissement, elles sont très-accentuées sur les fibres pleines et elles se croisent souvent en forme d'X, avec renflement des parois aux extrémités des deux branches.

Les pointes ne donnent lieu à aucune observation nouvelle ; elles sont représentées pl. VIII, fig. 2 *c, c.*

**70. — Coupes des tiges et des filaments de l'ortie de Chine.** — L'étude des coupes de l'écorce de l'ortie de Chine présente un certain intérêt. Nos essais ont porté sur des tiges d'*Urtica nivea*, cultivée par nous, et sur quatre espèces ou variétés provenant du jardin botanique d'Alger et portant les étiquettes suivantes : *Boehmeria nivea, B. utilis, B. tenacissima, B. candicans.* Ces tiges avaient toutes le même aspect extérieurement ; leur diamètre variait entre $10^{mm}$ et $20^{mm}$, et elles étaient recouvertes d'un épiderme de couleur brune identique dans toutes. Elles étaient très-légères et l'intérieur était garni par la moelle qui occupait une grande partie de la tige.

Le *Boehmeria nivea* d'Alger [et celui provenant de notre culture présentent le même aspect dans les coupes. L'écorce en est relativement mince et paraît formée de trois zones. La première comprend l'épiderme et une couche assez mince de parenchyme rempli d'une matière brune qui doit représenter la chlorophylle de la plante fraîche. Vient ensuite une zone plus épaisse que les deux autres et composée presque entièrement de fibres libériennes très-abondantes, le plus souvent isolées et indépendantes les unes des autres; elles sont entremêlées de groupes composés d'un très-petit nombre de fibres, où chacune se trouve en contact avec ses voisines sur un côté ou deux seulement. La troisième zone, qui s'appuie sur le cambium, est composée de parenchyme coloré souvent en brun et dans lequel on aperçoit, avec quelque difficulté, une seconde série de fibres libériennes. Les cellules de cette zone contiennent en abondance des cristaux arrondis et hérissés de pointes.

Les coupes des fibres contenues dans la seconde zone, la seule qui nous intéresse, sont ordinairement larges, en forme de polygones allongés, présentant souvent des angles rentrants. Elles sont quelquefois aplaties et le canal central n'est plus représenté que par une ligne ; les parois sont néanmoins assez épaisses. Les couches concentriques d'accroissement sont très-apparentes et les stries radiées s'y font remarquer comme dans l'ortie de notre pays. Les formes ressemblent souvent à celles du chanvre, mais elles sont moins tourmentées et les dimensions en sont plus considérables. On distinguerait du reste l'ortie de Chine du chanvre, s'il pouvait y avoir doute, au dépôt granuleux qui se trouve très-fréquemment dans l'intérieur de la première.

D'autres coupes très-pleines ont des formes polygonales à angles toujours saillants ; elles n'ont pas été comprimées ni déformées comme les précédentes. La cavité centrale est relativement petite ; elle est quelquefois représentée seulement par un point, comme dans le lin.

Le *Boehmeria utilis* présente les trois mêmes zones. Celle

du milieu est remplie de fibres dont les coupes sont presque toutes allongées, ovalaires ou aplaties avec des formes arrondies comme le serait celle d'un cylindre à parois minces et molles qui se seraient affaissées l'une sur l'autre. La cavité centrale est représentée par une ligne, les contours extérieurs sont presque toujours arrondis. Les groupes sont assez rares et composés généralement de deux ou trois fibres accolées par une ou deux de leurs faces. Les couches concentriques d'accroissement sont très-marquées.

La zone intérieure contient de nombreuses fibres disséminées sans ordre dans le parenchyme. Ces fibres, toutes différentes des premières, sont excessivement fines, presque complétement pleines et à contours anguleux.

Dans le *Boehmeria tenacissima,* la première zone est très-mince, celle du milieu relativement épaisse et remplie de fibres très-grosses, aplaties ou ovalaires, rappelant souvent celles du chanvre. Leur cavité intérieure est très-grande, bien que les parois soient épaisses. On y remarque des couches concentriques d'accroissement très-nombreuses.

La troisième zone est assez volumineuse ; elle contient quelques rares fibres disséminées dans le parenchyme ; elles sont fines et pleines comme dans l'espèce précédente.

La zone du milieu du *Boehmeria candicans* est remplie de fibres plus petites que dans les espèces précédentes ; elles sont généralement pleines, à formes polygonales bien tranchées, rarement allongées comme les deux premières. L'ouverture centrale est petite ; les groupes sont nombreux, mais peu fournis. Les fibres sont entassées dans cette couche, mais séparées les unes des autres. Quelques-unes ont des formes allongées, et alors les parois sont relativement minces ; il y a eu aplatissement. Cette zone, presque uniformément garnie et compacte, dans toute sa circonférence, se trouve interrompue, seulement de distance en distance, par des rayons médullaires très-minces.

La zone intérieure, très-peu épaisse, ne laisse apercevoir aucune fibre libérienne dans son parenchyme.

Nous avons cru devoir décrire ces caractères assez nettement tranchés que nous ont présentés ces quatre échantillons de Boehmeria. Nous voyons qu'ils se distinguent les uns des autres par la forme, la disposition de leurs fibres libériennes, et leur agencement dans l'écorce. Ces caractères différents semblent corroborer l'opinion qui admet plusieurs espèces différentes dans le genre Boehmeria ; pourvu toutefois qu'il soit reconnu que ces mêmes caractères se rencontrent dans les mêmes espèces provenant de différentes contrées.

**71. — Examen des coupes dans les réactifs. —** Les coupes préparées dans les réactifs se colorent en bleu ou en violet et font mieux voir les deux types de fibres que nous avons signalés plus haut. Elles sont isolées ou réunies en faisceaux peu fournis. Dans ces faisceaux les fibres paraissent juxtaposées l'une à côté de l'autre, elles ne se touchent que par des faces planes ou légèrement courbes ; elles peuvent être séparées les unes des autres avec la plus grande facilité. Celles qui sont à côtés droits et à angles saillants ont une cavité centrale petite et remplie le plus souvent d'une substance grenue colorée en jaune-brun. Les autres, et ce sont les plus abondantes, sont allongées, à contours arrondis, présentant des sinus ou des angles rentrants ; leurs parois sont relativement peu épaisses et souvent marquées de stries radiées qui deviennent quelquefois des fissures produisant une solution de continuité dans la coupe. Les couches concentriques d'accroissement y sont rendues beaucoup plus apparentes par la coloration ainsi que dans les premières ; l'action des réactifs fait toujours ressortir ce caractère d'une manière plus tranchée. La cavité intérieure est large, de formes irrégulières, suivant la déformation qu'a subie la cellule creuse. Lorsque des fibres sont accolées les unes aux autres, les parois en contact sont droites, et les angles adjacents, au lieu d'être arrondis, sont assez vifs. On y remarque des dépôts de matière jaune-brun adhérents à quelques points du contour intérieur ou formant, en dedans de ce contour, une bordure irrégulière qui ne remplit pas toute la cavité (Pl. VIII, fig. 2, *a*).

Les coupes de l'ortie de Chine ressemblent souvent à celles du chanvre, mais elles sont beaucoup plus grandes, ainsi que nous l'avons déjà dit ; on y remarque fréquemment la présence d'une substance grenue dans l'intérieur, et le contour extérieur n'est jamais bordé de jaune comme dans le chanvre.

**72. — Observations sur les fibres de l'ortie de Chine.** — L'étude que nous venons de faire de cette fibre remarquable doit encourager à continuer les efforts tentés depuis si longtemps pour doter la France de ce magnifique textile. La force de ses filaments, leur souplesse, leur brillant, la facilité avec laquelle ils se divisent, la longueur énorme de ses fibres normales, tous ces caractères bien constatés aujourd'hui, ne peuvent laisser aucun doute sur la préférence que l'ortie de Chine obtiendrait sur tous les autres textiles si on pouvait parvenir à la faire arriver sur les marchés d'Europe. Les calculs qui ont été faits sur le rendement de cette plante ne peuvent être bien exacts parce qu'elle n'a été cultivée que sur une très-petite échelle. Les chiffres indiqués, soit en France, soit aux États-Unis, établissent que le produit de chaque récolte peut être de 1,000 kilogrammes de filaments bruts par hectare. Il paraît avéré que certaines variétés peuvent donner annuellement trois coupes dans le midi de la France ; on pourrait donc ainsi obtenir un rendement de 3,000 kilogrammes par hectare. Admettant qu'il y ait là une exagération et qu'il faille réduire ces chiffres, il n'en resterait pas moins un rendement tellement considérable, qu'il est impossible de mettre en comparaison aucune autre plante textile cultivée dans notre pays.

Il n'est plus douteux, après l'examen que nous venons de faire de cette fibre, qu'elle ne puisse être employée pour les produits exigeant la force la plus considérable, aussi bien que pour des tissus d'une grande finesse. Il ne faudrait pas cependant s'attendre à pouvoir fabriquer en France, avec le china-grass, ces tissus brillants comme la soie et d'une transparence extrême, qui nous viennent de Chine et qui ont attiré l'attention sur ce magnifique produit. On emploie dans ce dernier pays un mode de préparation qui ne pourrait être appliqué chez nous. Les Chinois fabriquent avec ce filament des *fils sans torsion*. La filasse est divisée en brins bien nets, de grosseurs uniformes, et ils sont collés bout à bout avec une substance particulière dont on ne connaît pas la composition. Ils joignent ainsi les filaments les uns aux autres par ce moyen qu'un vieil auteur appelait improprement des *nœuds invisibles*. On obtient par ce procédé des fils d'une longueur indéfinie que les indigènes enroulent en pelotes pour l'usage des tisserands. Là est le secret de la transparence de ces beaux tissus. On comprend, en effet, que la torsion, telle que nous la pratiquons pour transformer les filasses en fils, doit rendre ces derniers opaques et, par suite, le tissu qui en est fabriqué.

Sans nous arrêter à ces considérations qui sont plus curieuses qu'utiles, nous croyons devoir joindre notre voix à celle des auteurs qui nous ont précédé pour recommander l'ortie de Chine à nos agriculteurs. Quel que soit le point de vue auquel on se soit placé, toutes les études qui ont été faites ne laissent aucun doute sur la supériorité très-grande de ce textile sur tous les autres.

# FAMILLE DES MORÉES.

## MURIER A PAPIER, BROUSSONÉTIE.

### (*Broussonetia papyrifera.*)

Paper mulberry, *Angl.*; Kadzi-no-ki, *Japon*; Tchou et Hoa ko chu, *Chine*; Gloe-Gloe, *Malais*; Diloewang et Saay, *îles de la Sonde*; Kendang, *Java*; Ma-lo, *îles Fidji*; Woo, Kaili, *îles Célébes*; Ma-hlaing, *Birman.*

**73. — Notice sur le Mûrier à papier ou Broussonetia.** — Cet arbre, originaire de la Chine et du Japon, est employé comme ornement dans nos parcs et nos jardins; il n'a pas encore été utilisé en Europe comme textile, il a été essayé pour le papier seulement. Au Japon et en Chine, il sert à fabriquer certaines étoffes, surtout à confectionner diverses sortes de papiers d'une qualité remarquable. Son écorce contient en effet une proportion assez considérable de filaments soyeux et souples qui conviennent parfaitement pour cet usage.

Lorsqu'on les examine au microscope, on remarque que les fibres ont une tendance à se tortiller sur elles-mêmes ou plutôt à se friser, si on peut se servir de cette expression qui fait mieux comprendre la facilité avec laquelle elles s'enchevêtrent les unes dans les autres et se feutrent dans le tissu du papier. On trouverait dans cette plante une matière première excellente pour les papiers qui exigent une grande ténacité, tout en jouissant d'une blancheur éclatante et d'une grande souplesse.

Dans les îles de la mer du Sud, on fabrique des étoffes avec les filaments du Broussonetia. Ces tissus sont connus sous le nom de *Tapé*. On a pu voir aussi, à l'exposition universelle de Londres de 1851, des échantillons de papier provenant des mêmes contrées, destiné à faire des rideaux, des ameublements, etc., et qui pouvait se draper comme les étoffes tissées.

M. Maurel, vice-président de l'Athénée oriental, a publié une notice fort intéressante sur la fabrication du papier, au Japon, avec l'écorce du kadzi ou Broussonetia.

Cet arbre se cultive à peu près comme l'osier dans nos pays. On coupe à l'automne les rejets longs et droits qu'il produit, et, après les avoir fait boullir, on en détache l'écorce que l'on sèche à l'air en la suspendant par paquets peu serrés. Une fois séchée, on la met en bottes pour la livrer au commerce. Avant de la réduire en pulpe, on la fait boullir dans de l'eau de chaux.

M. Maurel a joint à son mémoire des échantillons très-curieux de papier fabriqué avec l'écorce du Broussonetia. Le plus intéressant est le papier-gaze gaufré, pour robes de femmes. Ce papier se fait en blanc, en couleur ou avec des dessins imprimés, suivant son emploi, pour robes, cravates, rideaux, etc. Il est souple, élastique, résistant, se drapant comme une étoffe ; il peut remplacer les tissus de coton et de lin dans une foule d'usages.

Parmi les produits les plus remarquables obtenus au Japon par le feutrage de ce filament, nous citerons surtout des imitations de cuir gaufré, pour tentures d'appartement, ayant tout à fait l'apparence du cuir de Cordoue.

Le papier de Broussonetia reçoit encore d'autres applications ; il remplace nos maroquins, nos toiles cirées, nos moleskines. Nous n'avons aucune idée du parti que ces peuples savent tirer de ces papiers forts et tenaces. Lorsqu'on a besoin d'une petite longueur de ficelle, une bande de papier en remplit le but immédiatement, on roule cette bande sur la cuisse, et l'on obtient sur-le-champ une ficelle très-résistante de la grosseur que l'on désire.

Des essais ont été faits en Europe pour employer cette écorce à la fabrication du papier; ces essais ont très-bien réussi. L'attention a été attirée par divers savants sur les ressources que présenterait le mûrier à papier, si on voulait se donner la peine de l'utiliser. Mais ces efforts ont été sans résultat ; le Broussonetia est resté un arbre d'ornement dans nos jardins, et nul ne songe encore à l'utiliser dans l'industrie.

Nous n'avons pas l'espoir d'être plus heureux que les hommes intelligents et dévoués qui ont cherché à doter leur pays d'une matière première qu'il serait si facile de recueillir et d'utiliser. Nous croyons seulement devoir ajouter aux documents si intéressants, mis depuis de longues années à la disposition du public, des indications nouvelles sur la nature même de cette fibre qui mériterait un meilleur sort.

Nous ferons remarquer que cette plante se contente de tous les terrains. A ce point de vue, elle se recommanderait déjà à l'attention des propriétaires et des agriculteurs. Ne devrait-on tenter des essais que sur les talus et les remblais de chemin de fer, les résultats, s'ils réussissaient, offriraient déjà un grand intérêt.

Les arbres devraient être conduits de telle sorte que les rejets de l'année puissent être mis en coupes régulières. Ces rameaux, droits, lisses, sans branches et portant à leur extrémité seulement un bouquet de feuilles, fourniraient une récolte abondante de filaments pour la papeterie.

Il faudrait chercher un moyen économique et rapide de séparer l'écorce du ligneux. Si on voulait se livrer à quelques recherches à ce sujet, elles ne tarderaient pas à être couronnées de succès. La valeur du produit à retirer mérite bien quelques essais.

Le moyen qui s'offrirait à nous, à première vue, consisterait à fendre les tiges et à les soumettre immédiatement; à l'état vert, aux diverses machines employées sur différents points de la France pour broyer le chanvre. L'une des machines servirait à briser le ligneux par petites longueurs. Ce ligneux est très-cassant et se briserait facilement, surtout si la tige était fendue. La machine employée pour séparer de sa chènevotte le chanvre sec et roui, pourrait très-probablement servir pour détacher de l'écorce verte et tenace les fragments de ligneux, cassants, poreux et peu adhérents. Cette écorce, soumise ensuite à un lessivage, serait broyée par les machines actuellement en usage dans les papeteries, et le parenchyme serait séparé des fibres par des lavages répétés à grande eau.

Ces moyens peuvent paraître compliqués au premier abord, mais les difficultés qu'ils présentent sont de la nature de celles que l'industrie sait vaincre facilement.

Nous ne voulons pas nous prononcer sur l'avantage que peut offrir cette plante comme textile; l'examen attentif de la nature et de la position relative des filaments dans l'écorce, nous fait croire que la filasse ne serait pas très-homogène et donnerait beaucoup d'étoupe au travail. Nous pensons que c'est comme matière première du papier qu'on doit surtout chercher à l'utiliser.

**74. — Examen en long des filaments et des fibres.** — Pour étudier les fibres dans leur longueur, il faut faire bouillir l'écorce dans une lessive alcaline, puis la broyer dans un mortier avec de l'eau. La séparation des filaments du parenchyme qui les enveloppe se fait avec la plus grande facilité.

Le produit obtenu ainsi se divise sans peine avec les aiguilles et on isole les fibres sans difficulté aucune. Ces fibres, d'une transparence parfaite, sont striées longitudinalement et souvent aplaties et contournées sur elles-mêmes comme un ruban; les pointes sont effilées et terminées par un bout arrondi. On éprouve beaucoup de difficulté à les dresser sur le porte-objet pour en prendre la longueur, même dans un liquide épais et visqueux. Elles ont une tendance à se crisper, à se friser pour s'arrondir en boucles, qui indique qu'elles doivent se feutrer facilement. Leur grosseur est très-variable; celles qui avoisinent l'épiderme sont plus grosses que les fibres disséminées dans le parenchyme qui touche à la zone du cambium.

**75. — Dimensions des fibres de Broussonetia. —** Les premières que nous venons de mentionner atteignent une longueur qui peut aller jusqu'à $25^{mm}$; la moyenne paraît être de $15^{mm}$ environ. Les secondes, qui sont plus fines, ne dépassent guère $10^{mm}$, avec une moyenne de $6^{mm}$.

Les diamètres de ces fibres sont en moyenne de $0^{mm},025$ dans les plus fines et de $0^{mm},035$ dans les plus grosses.

Le rapport de la longueur moyenne au diamètre moyen est donc de 430 pour les grosses fibres et de 240 pour les fines.

**76. — Fibres de Broussonetia en long dans les réactifs. —** Sous l'action des réactifs les fibres, vues en long et isolées, prennent une couleur bleue; elles sont quelquefois voilées par une enveloppe jaune mince. Ces fibres sont fortement striées ou plutôt plissées dans leur longueur. La cavité intérieure n'est pas facile à reconnaître au milieu des plis ou stries longitudinales, d'autant plus qu'on ne rencontre de matière grenue jaune que vers les pointes. Ces dernières

sont très-irrégulières, arrondies comme l'extrémité d'un fourreau de sabre, en forme de spatule ou quelquefois terminées
presque carrément ; on en trouve de bifurquées.

**77. — Coupes de l'écorce et des fibres de Brous-
sonetia.** — Les coupes de l'écorce présentent deux zones de
fibres bien distinctes. Sous l'épiderme se trouve une couche
épaisse de parenchyme rempli de matière verte, puis une
zone de fibres grosses, pleines, de formes très-irrégulières,
tantôt à angles saillants et à côtés droits, tantôt à angles
rentrants et à contours arrondis. L'ouverture centrale est
quelquefois large, le plus souvent indiquée par une simple
ligne.

Ces coupes sont disposées en groupes assez fournis, séparés
les uns des autres par des bandes de parenchyme rempli de
chlorophylle. Elles ne sont point en contact direct ; elles paraissent au contraire indépendantes et faciles à séparer.

A l'intérieur de cette ceinture de groupes pleins et d'un
blanc éclatant, se trouve une zone mince de parenchyme rempli
de matière verte ; puis viennent des cloisons enveloppant un
parenchyme contenant de la fécule et dans lequel se trouvent
disséminées des fibres, tantôt isolées, tantôt en groupes. Les
coupes de ces fibres sont moins brillantes et plus petites que
les précédentes (pl. II, fig. 2).

Dans le haut des tiges, là où les fibres sont de formation
plus récente, les coupes paraissent aussi moins brillantes ; au
lieu de présenter une tranche homogène et réfractant fortement
la lumière, elles montrent des couches concentriques minces
et nombreuses ; les contours extérieurs sont plus tourmentés
que dans celles de plus ancienne formation.

**78. — Coupes du Broussonetia dans les réactifs.**
— Les coupes des fibres vues dans les réactifs sont bleues, de

formes généralement arrondies et contournées, présentant la plus grande analogie avec celles du coton. La cavité centrale est représentée par une ligne qui suit la forme extérieure de la coupe ; lorsqu'elles sont encore adhérentes aux cellules du parenchyme qui les enveloppe, elles se trouvent entourées par une bordure jaune. Elles sont souvent détachées de cette bordure, qui n'est pas adhérente comme celle du chanvre. Quand elles sont débarrassées de ce parenchyme, elles se présentent en tranches isolées comme le coton et on pourrait les confondre avec celles qui proviennent de ce dernier produit. On les reconnaîtra facilement par les fragments de parenchyme qui les accompagnent toujours et par les coupes nombreuses qui laissent voir des couches concentriques d'accroissement. Les fibres de nouvelle formation se colorent en bleu plus clair et montrent d'une manière beaucoup plus marquée ces couches concentriques ; elles ont aussi des formes plus tourmentées.

**79. — Écorce du Japon employée à la fabrication du papier.** — Nous avons rapporté de l'exposition universelle de 1867, une écorce dont les Japonais se servent pour fabriquer le papier. La largeur des bandes indique qu'elle a été prise sur des rameaux d'une dimension assez forte. La coupe présente les mêmes caractères que celle du mûrier à papier cultivé dans nos pays. L'épiderme recouvre une couche assez épaisse de parenchyme contenant de la chlorophylle, puis ensuite vient une zone de fibres disposées en groupes étroits et allongés, séparés les uns des autres. Enfin au-dessous se trouve une zone épaisse de parenchyme incolore, contenant des quantités considérables de fibres disséminées dans son tissu ; cette couche est traversée et divisée par des rayons médullaires. Cette coupe ne diffère de celle du Broussonetia de nos jardins que par l'épaisseur de la couche des fibres de seconde formation, ce qui provient sans doute de ce que les rameaux qui l'ont produite sont plus vieux, ou bien ont acquis un développement plus considérable.

Les réactifs font ressortir cette analogie d'une manière encore plus marquée. Les tranches appartenant à la zone intérieure, qui se colorent en bleu pur, paraissent avoir subi un retrait par la dessiccation. Elles ont quitté les mailles du réseau jaune qui les contient et qui n'ont pas subi le même retrait. Leurs formes sont tout à fait semblables à celles du coton.

Vues en long, les fibres sont généralement pleines et arrondies ; elles présentent quelquefois des stries longitudinales, elles ne sont jamais tortillées en tire-bouchon comme celles du coton. Leur couleur bleue est souvent ternie par la présence d'une enveloppe jaune très-apparente, surtout vers les extrémités de la fibre. Les pointes sont tantôt fines et aiguës, tantôt arrondies ou terminées presque carrément.

La longueur varie entre $5^{mm}$ et $31^{mm}$ ; la moyenne est de $15^{mm}$ environ.

Les diamètres des fibres ne paraissent pas dépasser les limites de $0^{mm},02$ et $0^{mm},04$ ; la moyenne étant de $0^{mm},03$.

Le rapport de la longueur moyenne au diamètre moyen serait donc de 500 environ, peu différent de celui du Broussonetia (75).

Ces fibres, que nous avons reconnues dans les papiers japonais de belle qualité, paraissent provenir du Broussonetia papyrifera. Les observations microscopiques viennent corroborer en tous points les renseignements donnés à ce sujet par divers auteurs.

**80. — Conclusions.** — Quoi qu'il en soit de cette écorce

et des fibres qui forment la base du papier japonais, il paraît certain que le mûrier à papier de nos jardins produit une fibre tout à fait identique et qui pourrait remplir le même but. Soit donc que l'on veuille essayer en France la fabrication du papier à longues fibres, ou que l'on veuille tenter de mélanger ces dernières dans les pâtes dont on se sert actuellement, nous croyons que peu de plantes présentent plus d'intérêt pour cet usage que le Broussonetia papyrifera, et par l'abondance des filaments contenus dans son écorce et par la facilité avec laquelle on peut le propager et le cultiver dans des terrains même médiocres. On connaît maintenant les qualités de cette fibre, nous faisons des vœux pour qu'elle soit appréciée et utilisée.

# FAMILLE DES PAPILIONACÉES.

## 1° SUNN.

### (*Crotalaria juncea.*)

Sunn, *Indes ;* Sana, *sanscrit ;* Ghore Sunn et Meesta Pat, *Beng.;* Kenna, *Ceylan ;* Janapa ou Shanapam, *Madras ;* Calcutta Hemp, Sunn Hemp, Chanvre de Madras: Chanvre brun de Bombay; Chanvre de Wuckoo ou Wucknoo; Lin de Travancore; Chanvre de Jubbulpore; Salsette; Chuniput ; Taag ou Conkanee Hemp.

**81. — Notice sur les filaments du Crotalaria juncea.** — On désigne aux Indes, sous le nom de *Sunn,* un filament employé pour les tissus grossiers, et qui mérite une attention particulière parce qu'il se présente quelquefois sur les marchés d'Europe sous le nom de *chanvre des Indes, chanvre brun de Bombay* ou *de Madras.* Nous l'avons rencontré dans des usines en France, où il était employé *bonâ fide* comme du chanvre véritable ; il a été quelquefois introduit dans les fournitures faites à l'État.

Ce filament provient d'une papilionacée nommée *Crotalaria juncea*. C'est une plante annuelle, cultivée généralement dans le midi de l'Asie et surtout aux Indes, pour les fibres contenues dans son écorce. La filasse provenant de Calcutta porte le nom de *Sunn* ; à Madras, elle est appelée *chanvre de Madras* ; enfin celle qui est exportée de Bombay est désignée sous le nom de *chanvre brun*. Le nom sanscrit est *Sana*. Dans le district de Madras, les indigènes l'appellent *Shanapam* ou *Janapa*. Forbes Royle fait ressortir l'analogie qui existe entre ce nom et celui de *Canapa* donné en italien au chanvre, en allemand *Hanf*. C'est un des filaments les plus anciennement employés aux Indes.

La tige est droite, lisse, striée longitudinalement; sa longueur est de $1^m,20$ à $2^m,40$.

On sème en mai ou juin ; au mois d'août, la plante fleurit. Lorsqu'on veut obtenir une filasse fine et souple, il faut l'arracher à cette époque. Si on tient à la force, il faut attendre que la graine soit mûre. Ou coupe les tiges ras de terre, ou on les arrache.

Le rouissage, lorsqu'il a lieu en août ou septembre, dure deux ou trois jours. Le terme de l'opération se reconnaît à la facilité avec laquelle l'écorce se sépare du ligneux. Les indigènes prennent alors une poignée de tiges, et, la tenant solidement par un bout, ils en frappent fortement la surface de l'eau, puis ils recommencent cette opération en prenant la poignée par l'autre extrémité. L'écorce est ainsi lavée et débarrassée de la boue et des matières mucilagineuses qui peuvent y adhérer encore ; en même temps elle se détache de la partie ligneuse.

Si on outre-passe le temps nécessaire pour le rouissage, la fibre perd de sa ténacité.

La filasse de sunn que l'on rencontre dans le commerce, a environ un mètre de long. Elle est très-sale, les filaments sont emmêlés, et des parcelles d'écorce y adhèrent encore par endroits. La perte au peignage est considérable, et les ouvriers se plaignent que la poussière qui s'en dégage irrite vivement les voies respiratoires.

Sa ténacité est très-variable, par suite du plus ou moins de soins apportés à sa préparation. Elle paraîtrait en moyenne égale à celle du chanvre de Russie. Ainsi des expériences faites sur des cordages de sunn ont donné des résistances qui ont varié entre 75 et 85 kilogr, tandis qu'une corde pareille en chanvre de Russie supportait 80 kilogr.

On a rencontré sur le marché anglais un filament désigné sous le nom de *chanvre de Jubbulpore* et qui provient du *Crotalaria tenuifolia*. On le dit supérieur au chanvre de Russie ; des essais ont donné une résistance de 80 kilogr. pour ce dernier, tandis que le premier en supportait 95.

Forbes Royle fait remarquer que les échantillons de sunn envoyés en Europe sont une preuve de ce fait, que l'influence du sol et du climat, combinée au mode de préparation, change tellement la nature des filaments végétaux qu'il est quelquefois impossible d'en reconnaître l'origine. Il raconte qu'à l'exposition de 1851 figuraient des échantillons de toile à voile provenant de Travancore. Ce tissu était remarquablement fort et serré, et présentait une grande supériorité sur les tissus de même genre faits avec le meilleur chanvre de Russie. Quelques échantillons de filasse qui accompagnaient ces tissus, étaient étiquetés *Wuckoo* ou *Wucknoo nar de Travancore*. Cette filasse ne ressemblait à aucune de celles qui proviennent des Indes ; elle avait été préparée et peignée pour servir à la filature. Les filaments étaient bruns, longs de trois à quatre pieds anglais, propres, brillants, et, bien que moins fins que ceux du lin, ils ressemblaient aux espèces communes de ce produit.

Forbes Royle, frappé de l'intérêt que paraissait offrir ce filament, fit des recherches pour s'assurer quelle était la plante qui l'avait produit et fut très-étonné d'apprendre que ce n'était autre que le *Taag* ou *chanvre brun de Bombay*. On ne pouvait reconnaître, dans cette filasse si remarquable, le produit du Crotalaria juncea. Il ajoute qu'ayant fait soumettre du chanvre brun des Indes à une machine inventée par M. Dickson, il en retira une filasse exactement semblable au *Wuckoo nar de Travancore*.

Ce fait présente un très-grand intérêt et démontre quelle importance il faut attacher aux moyens de préparation des fibres, lesquels jusqu'à présent ne produisent que d'une manière très-imparfaite les résultats qu'ils sont susceptibles de donner.

**82. — Examen des filaments et des fibres de Sunn dans leur longueur**. — Les échantillons de Crotalaria juncea que nous avons étudiés étaient de provenances diverses et présentaient à peu près le même aspect. La filasse était très-brute, l'épiderme y adhérait encore en beaucoup d'endroits; la couleur était d'un fauve clair. Les rubans, assez larges, se divisaient difficilement par le frottement, ce qui indiquait un défaut de rouissage. Le froissement assouplit un peu ce filament, mais il le rend terne. Examinées à la loupe, les fibres paraissent fortement agglutinées les unes aux autres par une substance transparente qui devient opaque aux plis formés par le froissement, comme cela se voit sur une lame mince de gélatine transparente. Beaucoup de fibrilles se détachent des faisceaux, se hérissent et paraissent déterminer cet aspect terne du filament, que nous venons de signaler. Le sunn que nous avons examiné est sec et d'une souplesse médiocre. Sa ténacité est assez grande, mais il faut reconnaître cependant qu'elle est inférieure à celle du lin ou du chanvre.

Les fibres préparées dans la glycérine se séparent assez facilement après un lessivage. Leur surface est striée parallèlement à l'axe, souvent elle est fendillée dans le même sens. Leur grosseur est très-irrégulière. On remarque, aux points de flexion des fibres, des fissures qui indiquent une texture fibreuse.

Les pointes sont généralement assez larges, arrondies en forme de spatule ou de fourreau de sabre; elles ont beaucoup d'analogie avec celles du chanvre.


**83. — Détermination des dimensions des fibres du Sunn.** — La longueur varie dans les limites de $4^{mm}$ à $12^{mm}$ dans tous les échantillons bien authentiques que nous avons eus entre les mains. La moyenne est de $7^{mm}$ à $8^{mm}$.

Les diamètres observés se sont trouvés compris entre $0^{mm},025$ et $0^{mm},050$. La moyenne paraît être de $0^{mm},03$.

Le rapport de la longueur au diamètre peut donc être estimé à 260.


**84. — Examen des fibres du Sunn dans les réactifs.** — Les fibres de sunn prennent une couleur bleue franche sous l'action des réactifs, mais seulement lorsqu'elles sont débarrassées d'une enveloppe jaune qui les recouvre souvent. Lorsque cette dernière est présente, elle donne aux fibres une teinte verdâtre et même jaune, selon son épaisseur. On remarque fréquemment dans leur intérieur une substance grenue jaune-brun, d'une teinte plus sombre que celle du lin et se présentant en amas plus larges. Les plis de flexion, résultant du froissement, sont marqués par des lignes qui se croisent comme dans le lin, formant dans les fibres pleines des renflements qui accusent leur texture fibreuse. La forme des pointes, semblables à celles du chanvre, a été décrite plus haut.

**85. — Examen des coupes du Sunn.** — Les coupes présentent des groupes compactes, affectant souvent la forme d'un croissant très-renflé au milieu. Les tranches isolées de ces groupes sont généralement à angles arrondis; elles montrent des couches concentriques nombreuses et très-fines. Ces tranches sont enveloppées dans un réseau assez épais. La cavité centrale, quelquefois réduite à un point dans les cellules qui sont très-pleines, affecte souvent une forme linéaire, ou bien elle est large et ouverte, tantôt vide, tantôt garnie d'une substance grenue. D'autres groupes se composent de coupes à formes irrégulières et à angles rentrants comme celles du chanvre; ces dernières ont l'ouverture centrale très-large, elles doivent appartenir à la couche de dernière formation qui avoisine le cambium.

**86. — Coupes traitées par les réactifs.** — Les coupes du Sunn se colorent en bleu ou en violet sous l'influence des réactifs; elles se trouvent enchâssées dans les mailles d'un réseau jaune quelquefois très-épais, mais auquel elles sont peu adhérentes, celles de nouvelle formation surtout. On en rencontre beaucoup parmi ces dernières qui semblent s'être séparées, par retrait ou dessiccation, du réseau jaune dans lequel elles sont comme incrustées.

Les coupes du sunn ont la plus grande ressemblance avec

celles du chanvre et pourraient être confondues avec ces dernières. Les réactifs font ressortir de la même manière les couches concentriques d'accroissement qui sont souvent nombreuses et colorées de teintes différentes dans la même fibre.
On trouve cependant dans quelques-unes des granulations
jaune-brun qui garnissent la cavité centrale, surtout dans
celles qui sont très-pleines et dont l'ouverture est très-
petite. Mais le caractère qui les différencie le plus sûrement est la présence, au milieu des coupes du crotalaria,
de faisceaux arrondis formant un réseau à mailles larges, d'un jaune foncé, dont plusieurs appartiennent à des
vaisseaux spiralés. Ces groupes, presque ronds, se trouvent
placés dans la partie concave des faisceaux de fibres dont la
section, en forme de croissant, a été signalée plus haut. Ces
derniers se trouvent dans les nervures qui règnent le long des
tiges.

**87. — Conclusions**. — Forbes Royle a donné, dans un
tableau qui se trouve à la fin de ce volume, le résultat d'expériences comparatives faites sur divers filaments. Nous y voyons
que, la force du chanvre de Russie ayant été trouvée de
80 kilogr., le wuckoo nar de Travancore avait supporté
87 kilogr., et le chanvre de Jubbulpore 95 kilogr. Il est
regrettable que ce tableau ne donne pas le résultat d'essais
faits sur le chanvre brun de Bombay ou sunn, tel qu'il se
présente habituellement sur les marchés de l'Inde et de l'Angleterre. Le wuckoo nar et le chanvre de Jubbulpore ont bien
été signalés comme provenant d'un crotalaria, mais il a été
reconnu qu'ils se trouvaient dans un état exceptionnel de
préparation. Le chanvre des Indes que nous avons rencontré
sur le marché français, où il a été importé à certains moments
en quantités assez considérables, était bien du sunn, parfai-

tement semblable aux échantillons de provenance certaine
que nous possédons. Il présente comme ces derniers des fibres
très-courtes et sa ténacité paraît bien inférieure à celle
du chanvre. Nous pensons donc qu'il ne peut remplacer ce
dernier produit dans des usages auxquels nous le destinons, et
que son mélange aux chanvres d'Europe ne peut qu'abaisser
la qualité de ces derniers. Il est donc bien important de
pouvoir reconnaître sa présence dans un mélange où il
pourrait être pris pour du chanvre. Les caractères que nous
avons indiqués peuvent ne pas paraître assez tranchés, surtout pour les personnes qui n'ont pas une grande habitude
de ces observations. Il serait utile, pour bien les déterminer,
de pouvoir étudier des coupes faites sur la plante elle-même.
Il nous a malheureusement été impossible de nous en procurer,
même à l'état sec.

## 2° GENÊT COMMUN.

### (*Genista scoparia.*)

Broom, *Angl.;* Ginst, Ginster, *Allem.*

**88. — Considérations générales**. — Cet arbrisseau a
depuis longtemps attiré l'attention, comme pouvant fournir une
matière textile. Plusieurs auteurs affirment que, dans le midi
de la France et en Italie, on en fabriquait autrefois des tissus.
Nous n'avons jamais pu nous procurer des tissus ou des fils
provenant de cette plante. Nous pensons, du reste, qu'elle présente aujourd'hui fort peu d'intérêt sous ce rapport.

Des essais ont été tentés à plusieurs reprises, et dernièrement
encore, pour l'employer à la fabrication du papier. Ses fila-

ments, fins, courts et paraissant aptes à se feutrer dans la pâte, méritent certainement une attention particulière. On a reconnu, de plus, que l'écorce contenait une matière tinctoriale. Si ce produit dérivé pouvait être extrait et employé industriellement, le prix de revient de la pâte fabriquée avec cette écorce se trouverait réduit dans une certaine proportion.

Les résultats des essais faits avec le genêt n'ont pas été favorables et cette plante a été abandonnée. Nous n'avons pu savoir d'une manière bien exacte quelle a été la cause de cet insuccès. Nous croyons cependant qu'une grande difficulté rencontrée par les industriels, qui ont fait cette tentative sur une grande échelle, a été l'impossibilité où l'on s'est trouvé de séparer en grand la mince baguette de ligneux qui se trouve au centre des rameaux. Il a fallu broyer cette partie dure et résistante avec l'écorce. Des fragments de ligneux résistaient à cette opération et se rencontraient dans la pâte; le papier qui en provenait, quoique doué de qualités remarquables, se trouvait ainsi dans des conditions qui étaient inacceptables pour le commerce. Si cette difficulté était vaincue, et nous n'avons aucun doute qu'on ne puisse y parvenir, ce filament pourrait certainement être utilisé avec avantage. Le genêt pousse dans les terrains arides et incultes; il serait du plus grand intérêt de chercher à l'utiliser.

**89. — Examen des fibres en long.** — Les fibres du genêt sont courtes, assez uniformes, très-pleines, lisses, rarement striées. Elles présentent fréquemment un profil sinueux ou à crans, surtout vers les extrémités. Les bouts sont émoussés, arrondis en forme de fourreau de sabre, quelquefois bifurqués.

**90. — Dimensions des fibres du genêt**. — La longueur varie entre $2^{mm}$ et $9^{mm}$; la moyenne paraît être de $5^{mm}$ à $6^{mm}$.

Le diamètre, remarquablement petit, paraît se maintenir entre les limites de $0^{mm},010$ et $0^{mm},025$, la moyenne étant de $0^{mm},015$.

Le rapport de la longueur moyenne au diamètre moyen se trouve ainsi être de 330 environ.

**91. — Examen en long dans les réactifs.** — Vues dans leur longueur et à l'aide des réactifs, les fibres du genêt sont bleues, pleines, arrondies et montrent souvent une ligne fine au milieu, c'est la cavité intérieure qui est généralement excessivement étroite. Ces fibres sont enveloppées par une gaîne jaune assez épaisse qui empêche la couleur bleue d'apparaître bien nettement; l'aspect est, dans ce cas, d'un violet sale ou quelquefois presque jaune. Les pointes ne sont pas effilées, le bout en est arrondi ou de formes irrégulières ; elles sont souvent recouvertes par l'enveloppe jaune qui apparaît d'une manière plus nette que sur le corps de la fibre, parce qu'elle dépasse souvent la pointe qui semble s'en être séparée par une sorte de retrait. On trouve aussi des fibres d'un bleu pur, striées ou plissées, qui proviennent sans doute de la zone intérieure et qui sont débarrassées de l'enveloppe jaune.

Il ne faut pas confondre les fibres du liber avec les fibres ligneuses qui les accompagnent souvent et se reconnaissent par leur agglomération en faisceaux courts, leur couleur jaune foncé, leur roideur et la largeur très-grande de la cavité intérieure. Les fibres du liber sont beaucoup plus longues et ont une tendance à se friser.

**92. — Coupes des rameaux et des fibres du genêt.** — Les coupes des rameaux forment une sorte d'étoile à cinq branches ; ces dernières représentent les côtes saillantes qu'on remarque à leur surface. Vers l'extrémité de chaque branche se trouve un groupe de fibres à tranches polygonales, fines et très-serrées les unes contre les autres. La cavité centrale est représentée par un point. Chaque branche de l'étoile contient encore, vers son milieu, un ou plusieurs autres groupes analogues. Enfin, à la base des branches de l'étoile, se trouvent de nouveaux groupes de fibres qui se continuent dans le reste de l'écorce et forment une zone de faisceaux enveloppant tout le rameau. Les coupes des fibres de ces derniers groupes sont moins serrées les unes contre les autres, elles présentent souvent une cavité centrale très-large et des couches concentriques très-marquées.

**93. — Coupes du genêt vues dans les réactifs.** — Lorsqu'on prépare les coupes des rameaux du genêt dans les réactifs, les tranches des fibres du liber deviennent bleues quand elles sont très-minces, d'un violet sale quand elles sont plus épaisses, et enfin, quand cette épaisseur est trop grande, elles sont presque brunes.

Les coupes faites dans un faisceau de filaments réunis par l'encollage présentent des groupes arrondis ou en forme de croissant, qui sont très-compactes et formés de tranches d'un très-petit diamètre, arrondies, ou polygonales à angles émoussés ; ces dernières sont pleines, présentent un point très-petit au centre et des couches concentriques qui sont très-marquées quand les tranches sont minces.

Les coupes des fibres sont circonscrites par des lignes jaunes formant un réseau auquel elles semblent adhérer peu fortement. On rencontre aussi beaucoup de coupes isolées provenant de la zone intérieure. Elles sont plus grandes que les autres, les formes en sont arrondies et la cavité intérieure est représentée par une ligne.

**94. — Conclusions.** — La finesse de ces fibres, l'épaisseur de leurs parois, la régularité de leur diamètre, leur
tendance à se feutrer et leur abondance dans les jeunes rameaux les signalent à l'attention des industriels. Il ne
nous paraît pas douteux que ces fibres pourraient être utilisées avantageusement, si on voulait y consacrer des essais sérieux et persévérants.

———

3° GENÊT D'ESPAGNE.

(Spartium junceum, Spartianthus junceus, Genista juncea.

Spanish broom, angl., Spanisher Ginst, Besenpfriem, allem.

**95.— Observations sur cette plante.**—Cet arbuste est
très-répandu dans nos jardins comme plante d'ornement et à
cause de l'odeur suave de ses fleurs. On le cultivait autrefois
dans le midi de la France, sur des coteaux arides et dans les
pentes abruptes, en vue d'en retirer une filasse qui a été employée longtemps pour faire de la toile. Les rameaux, qui sont
cylindriques et ressemblent à des tiges de jonc, étaient d'abord
mis à macérer dans l'eau, puis on les faisait rouir en terre en
les arrosant tous les jours ; cette opération exigeait huit ou dix
jours pour produire un rouissage convenable.

Cette plante, qui croît dans les terres sablonneuses et ro-
cailleuses du Midi, est employée aussi comme fourrage. La
graine est mangée avidement par la volaille. Bien que ses
rameaux ne possèdent pas une proportion considérable de
fibres, cependant la facilité avec laquelle on peut isoler ces
dernières mérite d'attirer l'attention.

**96. — Examen des fibres du genêt d'Espagne. —**
Les fibres séparées du ligneux et du parenchyme, en les

broyant dans un mortier, soit après lessivage, soit même après une simple macération dans l'eau, se divisent facilement à l'aide des aiguilles. Elles sont très-fines et paraissent pleines et arrondies. On y aperçoit à peine une cavité centrale, qui est représentée par une simple ligne. Ces fibres sont courtes, flexibles et frisées. Les pointes sont très-allongées, mais arrondies du bout.

On en rencontre un certain nombre qui sont striées dans la longueur, rubanées et terminées par des pointes plus grosses.

**97. — Dimensions des fibres**. — Les longueurs trouvées ont donné pour limites extrêmes $5^{mm}$ et $16^{mm}$. Il est même possible qu'elles atteignent un chiffre plus élevé ; la moyenne est de $10^{mm}$ environ.

Le diamètre, assez régulier, s'écarte peu de $0^{mm},02$ que l'on doit considérer comme moyenne.

Le rapport de la longueur moyenne au diamètre moyen est de 500.

**98. — Examen des fibres du genêt d'Espagne dans les réactifs**. — En examinant ces fibres dans leur longueur, à l'aide des réactifs, on constate qu'elles présentent deux types différents. Les unes sont d'un bleu terne et recouvertes souvent par une enveloppe jaune; elles paraissent très-pleines et lisses. La grosseur en est très-régulière. Les pointes sont allongées et aiguës, ou légèrement arrondies du bout. Les autres, au contraire, sont d'un bleu pur, plissées, rubanées ou simplement striées dans leur longueur. On y remarque souvent des amas interrompus de matière jaune grenue dans la cavité intérieure, et surtout à l'extrémité des pointes qui sont larges et arrondies. Plus souples que les premières, elles présentent aussi une plus grande tendance à se friser.

**99. — Coupes des rameaux et des fibres du genêt d'Espagne.** — Les coupes des rameaux, vues dans la glycérine, indiquent que l'écorce est très-mince ; la couche de ligneux est peu considérable également, et la moelle occupe la plus grande partie de l'intérieur.

Sous l'épiderme, on remarque une série assez régulière de groupes de cellules remplies de chlorophylle. Ces groupes sont de forme ovale ; le grand axe est dans le sens de la circonférence de la coupe. Ils ne se touchent pas tout à fait, et leur petit axe est égal à la distance qui sépare l'épiderme du cambium.

Les fibres du liber sont disposées dans les espaces libres laissés entre ces ovales. Une première zone se compose de faisceaux placés à des distances régulières, et remplissant l'espace triangulaire laissé entre l'épiderme et deux groupes ovales contigus. Les sections des fibres sont très-petites, polygonales, pleines, et très-serrées les unes contre les autres.

Une autre zone, ou série de groupes, se trouve dans les espaces triangulaires correspondants, situés du côté du cambium. La coupe de ces nouveaux faisceaux de fibres a la forme d'un V renversé et très-ouvert, dont la pointe est tournée vers l'épiderme ; puis les deux branches du V s'allongent en embrassant de chaque côté les groupes ovales de couleur verte, jusque vers l'extrémité inférieure de leur petit axe. Ces tranches contiennent une ou deux rangées de fibres seulement. Les coupes de ces dernières sont arrondies ou ovales, séparées les unes des autres. La cavité centrale est quelquefois représentée par une ligne, mais le plus souvent elle est assez large. Ce sont ces fibres qui, vues en long, paraissent plissées et rubanées.

**100. — Examen des coupes dans les réactifs.** — Les coupes des rameaux, préparées dans les réactifs, montrent d'une manière encore plus nette la disposition décrite plus haut. Dans les groupes de la première zone, elles sont bleues et enchâssées dans un réseau jaune assez épais. Quelquefois ces coupes sont vertes ou jaunâtres, indiquant un commencement de lignification. Le canal central est indiqué par un point très-fin.

Les coupes de la seconde zone sont très-différentes. Elles sont d'un bleu pur, entourées d'un réseau jaune auquel elles adhèrent très-peu ; leurs formes sont arrondies ou ovalaires. On rencontre quelquefois une substance jaune grenue dans la cavité centrale, qui est assez large.

**101. — Conclusions.** — Ces fibres ont un très-grand rapport avec celles du genêt commun. Elles présentent quelques avantages sur ces dernières ; elles sont plus longues et peuvent être plus facilement isolées. Les caractères que nous venons de constater les signalent comme particulièrement propres à la fabrication du papier. Si donc les conditions de culture ou de cueillette offraient sur certains points des avantages, on pourrait employer cette fibre avec la certitude d'obtenir de bons résultats.

---

4° MÉLILOT BLANC DE SIBÉRIE.

(*Melilotus alba, Melilotus leucantha.*)

White clover des Anglais, Bockara clover.

**102. — Notice sur le mélilot blanc de Sibérie.** — Cette plante a été indiquée depuis longtemps comme pouvant fournir un filament propre à faire de la toile. Nous avons vu un échantillon de tissu provenant du mélilot de Sibérie, qui offrait la plus grande ressemblance avec une toile commune de chanvre.

Des essais ont été tentés en Irlande, pour utiliser la filasse d'un mélilot qui paraissait tout à fait semblable, et qui était désigné sous le nom de *Bockara clover*. Les difficultés que cette plante a présentées au rouissage ont fait abandonner ces essais. Les considérations suivantes nous ont néanmoins engagé à la signaler.

Le mélilot de Sibérie forme un excellent fourrage, mais ne peut être donné que vert. Si on cherche à le faire sécher quand il est tendre, il ne peut se conserver. Lorsqu'on attend que la plante atteigne une consistance suffisante pour pouvoir se conserver en la séchant, les tiges deviennent tellement dures que les bestiaux refusent de les manger. Il semblerait donc rationnel d'employer les premières coupes comme fourrage, puis de laisser pousser les tiges à la fin de la saison pour en retirer les filaments. Utilisée de cette manière, cette plante deviendrait précieuse pour nos campagnes.

**103. — Examen des filaments et des fibres du mélilot de Sibérie.** — La filasse de cette plante, que nous avons eu occasion d'étudier, est d'une couleur gris foncé, douce et souple à l'état brut, sèche au toucher et d'une certaine ténacité; les rubans sont étroits, mais fortement agglomérés.

Lessivés et broyés dans un mortier avec de l'eau, les filaments deviennent encore plus souples et plus doux; la couleur s'éclaircit par ce traitement.

Dans la glycérine, les faisceaux se divisent assez difficilement, les fibres adhèrent fortement les unes aux autres. Elles sont fines, très-élastiques, ayant une grande tendance à se friser. Les unes sont lisses et pleines; d'autres striées ou plissées. Les pointes sont terminées en spatules allongées. Le diamètre paraît varier beaucoup dans la même fibre; les parties pleines sont suivies de certaines longueurs qui sont plissées ou rubanées. En un mot, la fibre ne paraît pas uniforme d'un bout à l'autre.

**104. — Dimensions des fibres.** — Les longueurs que nous avons mesurées se sont trouvées contenues entre les limites de $5^{mm}$ et $18^{mm}$. La moyenne est de $10^{mm}$ environ.

Les diamètres, rarement inférieurs à $0^{mm},020$, ne dépassent guère $0^{mm},036$. En moyenne on peut considérer le diamètre comme étant de $0^{mm},030$.

Le rapport de la longueur au diamètre peut donc être estimé à 330.

**105. — Examen des fibres en long dans les réactifs.** — Vues dans leur longueur, sous l'action des réactifs, les fibres sont bleues ou d'une teinte d'un violet sale. Elles sont souvent isolées. Dans les faisceaux qui sont maintenus agglomérés, les fibres sont bien distinctes, et elles ne paraissent jamais hérissées de fibrilles comme celles du chanvre. On reconnaît qu'il existe deux types différents dans ces fibres. Les unes sont pleines, arrondies, d'une couleur bleue ou violette, salie par une enveloppe jaune. On y remarque rarement des stries perpendiculaires à l'axe. Les pointes sont terminées généralement en forme de fourreau de sabre ou de spatule, elles sont larges et arrondies; quelques-unes cependant sont effilées

Les autres fibres sont bleues, très-plissées, rubanées, rarement pourvues de l'enveloppe jaune. Elles paraissent toujours isolées.

**106. — Coupes des filaments du mélilot de Sibérie.**
— Les coupes des filaments se présentent en groupes allongés, peu volumineux. Les coupes des fibres sont très-irrégulières le plus souvent, et on y remarque des angles rentrants; elles sont serrées les unes contre les autres dans les groupes. Ces coupes ressemblent beaucoup à celles du chanvre. La cavité intérieure est large, et de forme irrégulière comme le contour extérieur. On aperçoit des couches d'accroissement très-marquées et nombreuses. Les parois sont parfois fendues perpendiculairement à leurs contours intérieur et extérieur, et on remarque alors que les fissures de deux tranches contiguës se correspondent.

**107. — Coupes du mélilot vues dans les réactifs.**
— Les coupes traitées par les réactifs présentent des groupes composés de tranches bleues ou violettes, enchâssées dans les mailles d'un réseau jaune foncé. Ces tranches ont des formes irrégulières, analogues à celles du chanvre. L'ouverture du milieu est large et vide. Les couches concentriques d'accroissement sont très-apparentes et présentent des teintes différentes, quelle que soit la couleur qu'elles aient prises. Quelques coupes sont très-fines et pleines, polygonales ou arrondies, semblables à celles du genêt; elles paraissent provenir du voisinage de l'épiderme. Bien que serrées les unes contre les autres d'une manière assez compacte, elles ne sont pas généralement en contact intime, cela provient de l'épaisseur de l'enveloppe. Néanmoins la difficulté que certains faisceaux présentent à la division avec les aiguilles, donne lieu de penser qu'il y a quelquefois enchevêtrement des fibres les unes dans les autres, par suite de leurs formes très-tourmentées, comme celles du chanvre.

**108. — Conclusions.** — Le peu de longueur de ces fibres

et leur ténacité qui n'est pas très-considérable, ne permettent pas de leur attribuer une grande valeur pour le tissage des étoffes. Nous croyons que le véritable emploi de ces filaments souples, fins et frisés, serait pour la fabrication du papier.

# FAMILLE DES MALVACÉES.

## COTON

### (*Gossypium, div. esp.*)

Βομβάξ, ξύλον, *grec*; Gossypium, Bombax, *latin*; Cotton, *angl.*; Baumwolle, Kattunwolle, *allem.*; Cotone, Bambojia, *italien*; Algodon, *espagn.* Algodão, *portug.*; Ketoen, Boomwol, *holland.*; Chlobschataja, Bumaga, *russe*; Bawelua, *polonais*; Bomuld, *danois*; Bomull, *suédois*; Kapas, Karpassa, Kopa, *ind.*; Kobung, *mongol.*; Cay-haung, Hoa-mien, *Chine*; Kotan, Kutn, *arabe*.

**109. — Considérations générales. —** Ce textile, le plus employé en Europe et probablement dans le monde entier, ne rentre pas dans le cercle de nos études qui comprennent seulement les filaments retirés de l'écorce des dicotylédonées, ou bien des tiges et des feuilles des monocotylédonées. Les fibres de cette nature sont agglutinées en faisceaux et plus ou moins salies par les débris de cellules du parenchyme qui y adhèrent, et par d'autres corps étrangers avec lesquels elles se trouvent en contact dans les plantes. Leur rôle est de donner de la rigidité et en même temps de la ténacité aux tiges, aux feuilles et aux rameaux, qui, dépourvus de ces soutiens, seraient fragiles et cassants, et se briseraient sous le moindre effort.

Le coton employé par l'industrie provient bien aussi d'une

plante, mais il s'y trouve sous une forme très-différente et il y joue un rôle d'une tout autre nature. Il est formé par des cellules isolées, ressemblant à des poils et contenues dans la capsule de la graine du *Gossypium*. Ces poils sont implantés sur cette graine qui, se trouvant ainsi garnie d'une sorte de chevelure touffue et légère, est emportée par le vent, lorsque les capsules s'ouvrent d'elles-mêmes à l'époque de la maturité, et laissent échapper leur contenu.

Ces poils se présentent sous forme de tubes creux, à parois minces, rubanés et tortillés sur eux-mêmes. L'un des bouts est arrondi ; l'autre, celui qui est appliqué sur la graine, est tronqué et généralement déchiré, dans le coton du commerce.

Le coton diffère encore des fibres que nous venons d'étudier par un autre caractère. Ces dernières sont remarquables par leur texture fibreuse que l'on peut observer dans les points où une flexion brusque a désagrégé leurs parois. Cette texture se reconnaît mieux encore lorsque les fibres ont été usées et fatiguées par un long usage. Les parois du coton présentent un tout autre aspect ; elles sont membraneuses et élastiques.

Ces poils se trouvent presque à l'état de pureté lorsqu'on les recueille ; ils sont imprégnés seulement d'une très-petite quantité de matières colorantes, et n'ont pas besoin d'être soumis à toutes les opérations que l'on doit faire subir aux fibres libériennes pour les séparer et les débarrasser de toute substance étrangère. Ces opérations, dont les principales sont le rouissage, le teillage, le peignage et le blanchiment, occasionnent une dépense assez considérable de force, de main-d'œuvre et de produits chimiques. Cette dépense augmente considérablement le prix de revient. On comprend, dès lors, la vogue dont a joui le coton dans tous les pays où ce textile a été connu. Une fois récolté, il est soumis immédiatement aux machines à filer qui produisent un déchet peu considérable. Au blanchiment, il perd à peine 5 pour 100 de son poids, alors que le lin et le chanvre ont à supporter une perte de 25 pour cent, pour arriver à une blancheur égale.

Il se tisse et se file avec beaucoup plus de facilité que les autres textiles. On peut l'employer pour les emballages les plus grossiers, et pour les tissus les plus fins et les plus ténus.

Cette précieuse matière exigerait une monographie spéciale. Nous nous bornerons, ici, à indiquer les caractères, reconnus à l'aide du microscope, qui différencient ses fibres et permettent de les reconnaître.

**110. — Examen du coton dans sa longueur. —** Vus dans leur longueur, les poils du coton paraissent complétement indépendants les uns des autres ; ils sont plats et souvent tortillés en tire-bouchon (pl. VIII, fig. 1, *b*). Cette disposition est caractéristique. On aperçoit, de chaque côté de ces rubans, une bordure brillante en forme de bourrelet. Ces bordures, très-étroites généralement par rapport à la largeur du ruban, indiquent que les parois du coton, dont elles représentent l'épaisseur, sont très-minces. Ces parois sont souvent plissées, comme cela doit arriver à une membrane mince qui s'est desséchée et a été soumise à des efforts de différentes sortes. Les plis sont tantôt parallèles à l'axe de la fibre, tantôt dans une direction oblique, ou bien ils sont ondulés. On peut quelquefois prendre ces plis pour des fentes ou fissures dans la paroi de la fibre ; mais, en les examinant avec soin, on reconnaît que les bords n'en sont pas nets et tranchés comme dans les fissures du lin et du chanvre. En éloignant avec précaution l'objectif, on voit que ces bords deviennent plus brillants, ce qui indique un pli en saillie, faisant la contre-partie de celui qui est en creux.

Les pointes ne sont pas effilées, elles sont généralement larges et arrondies (pl. VIII, fig. 1, *c*).

La longueur du coton est de $25^{mm}$ à $40^{mm}$ pour les sortes dites *longues-soies*, et de $10^{mm}$ à $20^{mm}$ pour les espèces courtes et communes.

**111. — Coton vu en long dans les réactifs**. — Les réactifs colorent le coton en bleu; le canal central est garni, par endroits, de granulations d'un jaune-brun, assez abondantes dans le coton écru, mais qui n'apparaissent plus lorsqu'il a été blanchi. On aperçoit, sur plusieurs points de l'extérieur, des plaques d'une substance brune qui semble y adhérer (pl. VIII, fig. 1, *b, b*).

**112. — Coupes du coton**. — Les coupes du coton sont très-caractéristiques et permettent de reconnaître à première vue ce textile. Elles sont toujours isolées, jamais on ne les rencontre en groupes ou accolées les unes aux autres. Leurs formes arrondies et allongées sont souvent repliées sur elles-mêmes vers les extrémités, ce qui leur donne l'aspect d'un rognon ou d'un haricot; d'autres sont contournées en S (pl. VIII, fig. 1, *a, a*).

La cavité centrale est représentée par une ligne qui suit la forme extérieure de la coupe à laquelle elle appartient, elle est allongée et contournée comme elle. Il est facile de constater que ces coupes appartiennent à des tubes dont les parois très-minces se sont affaissées sur elles-mêmes en se desséchant; elles se sont en même temps enroulées, tortillées, ainsi que l'indique la fig. 1, *b*, pl. VIII.

**113. — Coupes du coton vues dans les réactifs. —**

Les tranches du coton se colorent fortement en bleu sous l'ac-
ion des réactifs ; elles contiennent quelquefois dans leur intérieur une matière grenue colorée en jaune ou en brun
(pl. VIII, fig. 1, *a, a*). Nous avons déjà décrit leurs formes.
Les parois, relativement peu épaisses, paraissent très-homo-
gènes; on n'y découvre pas de couches concentriques d'accroissement.

Nous n'insisterons pas davantage sur les caractères de cette
fibre, qui ne rentre pas dans le cadre que nous nous sommes
tracé ; nous avons voulu seulement donner quelques indications qui permettent de la distinguer de toutes les autres.
Nous ferons remarquer aussi que la surface plissée et ridée
des fibres et leur disposition à se tortiller sur elles-mêmes
peuvent expliquer l'aspect mat et terne des tissus de coton.

# CHAPITRE V.

---



## PLANTES DICOTYLÉDONÉES.

**B. — Plantes dont les fibres libériennes sont colorées
en jaune par les réactifs.**

---

# FAMILLE DES MALVACÉES.

---

### HIBISCUS.

*(Hibiscus cannabinus et autres variétés.)*

Mauve d'Algérie ; Ambarée, *partie occidentale des Indes* ; Palungo, *Ma-
drao ;* Macota paut, *Beng.*; Deckance hemp, *Bombay* ; Pooley Numajee,
Gongkura, Sunnee, Ambya-Pata, *diverses parties des Indes.*

**114. — Observations sur les filaments fournis par
diverses variétés d'Hibiscus.** — Nous n'aurions pas
donné la description des filaments fournis par cette plante, si
nous ne les trouvions mentionnés dans plusieurs ouvrages qui
semblent leur accorder une certaine importance.

Forbes Royle dit que l'*Ambaree* ou *chanvre du Deccan* est
souvent exporté en Angleterre sous le nom de *chanvre brun*
ou *chanvre de Madras,* et qu'on le confond avec le sunn, bien
qu'il provienne d'une plante complétement différente. Son ouvrage consigne les résultats d'essais qui ont eu lieu pour en
constater la force. Ces essais faits comparativement avec le

10

sunn donnent 115 kilogr. pour l'Hibiscus et 160 kilogr. pour ce dernier. D'autres essais ont donné pour les mêmes textiles 290 kilogr. et 404 kilogr.

L'aspect extérieur de ces deux filaments est, paraît-il, tellement semblable quelquefois, qu'on ne peut les distinguer l'un de l'autre. Les essais dynamométriques montrent cependant que le sunn a une plus grande ténacité.

L'Hibiscus cannabinus est l'objet d'une culture très-répandue aux Indes. Ses feuilles, comme celles de l'oseille, entrent dans l'alimentation des indigènes. La filasse, retirée de son écorce, est généralement employée pour faire des cordages ; ses filaments, plus roides et moins souples que ceux du jute, sont considérés comme plus forts et plus durables.

D'autres espèces d'Hibiscus produisent aussi des filaments qui sont utilisés aux Indes. Ce sont :

L'*Hibiscus sabdariffa*, appelé aussi *oseille*, *Roselle* et *Rouselle* ; le calice de la fleur, en mûrissant, devient charnu, il a un goût acide agréable et on en fait des tartes et des confitures ; l'écorce produit une filasse semblable à celle de l'Hibiscus cannabinus. L'*Hibiscus Abelmoschus* et l'*H. esculentus*, nommé *Okhro* aux Antilles et à la Guyanne, *Gombo* en Afrique, *Gombaut* aux Antilles françaises, *Bandikai* à Madras, *Dhenroos* au Bengale ; sa filasse présente une ténacité moins grande que celle des autres Hibiscus qui ont été l'objet d'essais comparatifs. L'*Hibiscus strictus* produit, au contraire, des filaments plus fins, plus brillants, plus souples et plus forts que les autres. Enfin nous mentionnerons, en passant, l'*Hibiscus tiliaceus* (*Mahot de la côte*, des Antilles françaises) ; l'*Hibiscus mutabilis* ; l'*H. vitifolius*, etc.

Nous avons eu occasion d'examiner des échantillons de filaments de diverses espèces d'Hibiscus ; nous en avons eu de l'H. cannabinus de différentes provenances, et ce textile nous a paru de qualité très-médiocre. Il est brillant, d'une couleur fauve assez claire, mais roide, sec et dur. En le frottant fortement, il se divise et s'assouplit, mais il n'a pas de ténacité; il est cassant et se coupe sous l'ongle avec la plus grande facilité.

**115. — Examen des fibres d'Hibiscus vues dans leur longueur.** — Examiné en long dans la glycérine, ce filament se présente en faisceaux dans lesquels les fibres sont fortement agglomérées. Elles se séparent difficilement sous les aiguilles, même après un fort lessivage.

Ces fibres sont courtes, roides, cassantes. Elles sont assez fines, mais leur grosseur n'est pas régulière dans le corps d'un même individu. Le canal central, généralement étroit, est très-apparent. Les cellules se terminent ordinairement en pointes effilées, arrondies du bout et présentant quelquefois des crans ou des sinuosités dans leurs contours. On en trouve qui sont larges, rubanées, plissées et dont la surface extérieure est striée; ces dernières ont les parois très-minces, ce qui explique ces plissements.

**116. — Dimensions des fibres.** — Leur longueur varie entre 2$^{mm}$ et 6$^{mm}$. La moyenne est de 5$^{mm}$ environ.

Les diamètres qui ont été mesurés étaient renfermés entre les limites de 0$^{mm}$,014 et 0$^{mm}$,033; moyenne 0$^{mm}$,021.

Le rapport de la longueur au diamètre est de 240.

**117. — Examen en long de l'Hibiscus dans les réactifs.** — Ces fibres se maintiennent en faisceaux très-compactes, malgré l'action des alcalis; elles sont d'un jaune plus ou moins foncé suivant l'épaisseur des parois. On en remarque de deux sortes. Les unes sont presque pleines; le canal central est très-petit, il paraît quelquefois entièrement oblitéré ; leur surface est lisse, sans stries ou cannelures ; les cellules se terminent en pointes effilées, quelquefois dentelées ou ondulées, comme nous l'avons dit plus haut. Les autres sont larges, à parois minces, d'un jaune plus clair, de grosseurs très-irrégulières et terminées par des pointes assez larges ou en forme de fourreau de sabre ; les bords en sont aussi parfois dentelés.

**118. — Coupes des tiges et des filaments de l'Hibiscus.** — Les coupes pratiquées dans les tiges d'un Hibiscus à fleurs jaunes, cultivé dans les jardins en France, indiquent l'existence de plusieurs couches de fibres libériennes dans l'écorce. Sous l'épiderme se trouve une bande assez épaisse de parenchyme, puis une zone de fibres libériennes distribuées en groupes de formes irrégulières et très-espacés dans le sens de la circonférence de la tige. Les tranches des fibres, vues à l'aide du plus fort grossissement, paraissent polygonales, à angles vifs et à côtés droits ; ces polygones, dans les groupes, sont serrés les uns contre les autres. Les parois sont assez épaisses ; la cavité centrale est ronde ou ovale, les bords en sont lisses. On remarque dans les parois des fissures qui paraissent se correspondre exactement sur deux faces contiguës. Une seconde zone de fibres est séparée de la première par une couche de parenchyme ; elle est formée par des groupes qui correspondent un à un à ceux de la première zone, mais ils sont plus développés dans le sens de la circonférence de la tige. Les tranches qui les composent sont polygonales comme les premières décrites ; elles sont plus petites et à parois plus minces ; enfin une troisième zone, en contact avec le cambium, donne lieu à des observations tout à fait identiques. Ces dernières, étant de formation encore plus récente, ont des parois moins épaisses que les pré-

cédentes. L'assemblage des groupes correspondants des trois
zones se trouve former des triangles ou des trapèzes dont les
bases sont appuyées sur le cambium, et les sommets tournés
vers l'épiderme. Nous retrouverons cette disposition dans
les coupes du tilleul dont nous avons donné la figure (pl. III,
fig. 1).

La fig. 3, pl. III, représente une coupe faite dans un rameau de l'Hibiscus cannabinus que nous devons à l'obligeance
de M. Decaisne, qui a bien voulu le détacher de son herbier.
Dans cet échantillon, il n'y a qu'une seule zone de fibres
disposées par groupes compactes, de formes carrées ou rectangulaires, séparés les uns des autres, mais néanmoins
très-rapprochés. Cet échantillon appartenait probablement à
l'extrémité d'un rameau très-jeune, dans lequel la première
couche de fibres avait pu seule se développer.

**119. — Coupes de l'Hibiscus dans les réactifs. —**
Les coupes de l'Hibiscus traitées par les réactifs se présentent généralement par groupes affectant des formes carrées
ou rectangulaires. Les tranches des fibres qui les composent
ont une couleur jaune, plus ou moins foncée suivant leur
épaisseur. Elles sont polygonales, à côtés droits et à angles
vifs. Elles sont souvent séparées par une matière intercel-
lulaire plus ou moins épaisse, formant un réseau de nuance un
peu plus foncée, dans lequel se trouvent enchâssées les coupes polygonales des fibres. Ces dernières remplissent le réseau
d'une manière complète, de sorte que chaque groupe paraît
très-compacte. Parmi ces tranches, les unes sont presque
pleines, présentant seulement une ouverture centrale arrondie, très-petite ou ponctiforme. D'autres ont cette ouverture
très-large, arrondie ou ovalaire et à contours lisses; elles sont
complétement vides. Dans les tranches à parois épaisses, on

aperçoit quelquefois des indications de couches concentriques. Elles sont fissurées perpendiculairement aux deux surfaces, intérieure et extérieure, ainsi que nous l'avons déjà expliqué.

**120. — Conclusions**. — Les filaments de l'Hibiscus ne paraissent pas offrir un grand intérêt. Ils sont roides et cassants et ne présentent pas une supériorité bien réelle sur le jute. Ils semblent donc n'avoir que peu d'avenir en Europe. Nous avons cru cependant devoir en faire ici l'étude, parce que ce filament peut se trouver mêlé au chanvre des Indes ou sunn, qui paraît quelquefois sur nos marchés. La filasse de l'Hibiscus est bien inférieure à cette dernière ; il est donc utile de savoir les distinguer.

---

# FAMILLE DES TILIACÉES.

---

Cette famille nous présente deux genres riches en filaments et que l'industrie utilise sur une assez grande échelle en Europe : le *Tilleul,* employé en Russie pour faire des cordes et surtout des nattes que ce pays exporte en quantités considérables, et le *Corchorus* dont on retire le *Jute,* dont l'usage a pris une extension extraordinaire depuis quelques années.

## 1° TILLEUL.

*(Tilia Europœa, Tilia platyphylla.)*

Lime ou Linden tree, *angl.*; Linden, *allem.*

**121. — Exploitation de l'écorce du tilleul. —** Cet arbre abonde dans certaines forêts de la Russie. Par la macération dans l'eau, on sépare le ligneux de l'écorce, qui se divise facilement en couches minces. Ces dernières sont utilisées pour faire des cordes, des chaussures tressées que portent les paysans, et des nattes que ce pays exporte sur une grande échelle et qui sont employées dans différentes contrées pour emballer certains objets et aussi en guise de tapis.

L'exploitation de l'écorce pour cet usage se fait de la manière suivante : on coupe les arbres lorsqu'ils sont âgés de huit à seize ans, au moment où la séve est en activité, et on en détache l'écorce. On la découpe d'abord en bandes longitudinales que l'on soulève avec une sorte de couteau, puis on les arrache avec la main ; elles sont étendues ensuite pour être séchées. On dispose pour cela deux ou trois bandes l'une sur l'autre, et on les attache par chaque bout à des pieux qui les tiennent tendues. Pour les employer, on les fait tremper dans l'eau, les différentes couches corticales se séparent alors les unes des autres ; celles de l'intérieur sont les plus estimées, les couches extérieures sont plus grossières. Les bandes découpées ainsi sur les arbres ont de deux à trois mètres de long.

Dans certaines parties de la Russie, des populations entières se répandent dans les forêts, en mai et juin, époque à laquelle l'écorce s'enlève avec le plus de facilité. Les villages sont alors presque déserts ; tous les habitants sont occupés à écorcer les tilleuls et à fabriquer des nattes. Le bois est immédiatement converti en charbon. Dans quelques localités, on évapore la séve pour en retirer du sucre.

Les cordes faites avec l'écorce du tilleul sont employées dans quelques parties de la France comme cordes à puits ou pour étendre le linge qu'elles ne tachent jamais. De plus, elles ne pourrissent pas comme celles de chanvre ; leur durée est beaucoup plus longue.

En Suède, les pêcheurs font des filets avec les couches intérieures de l'écorce.

Mais la grande consommation de cette écorce est pour la fabrication des nattes ou paillassons. Ces derniers sont employés surtout pour emballer des objets lourds et volumineux, comme des meubles, des machines, etc. En Angleterre, ils sont très-recherchés par les jardiniers, qui en consomment de très-grandes quantités.

Les nattes fabriquées en Russie ont généralement 2 mètres de long sur 1 mètre 20 centimètres de large. On estime que la production annuelle de ce pays est de 14,000,000 de nattes environ. Le quart de cette quantité est exporté, le reste est consommé à l'intérieur. En 1853 l'Angleterre seule en importait 657,000, au prix de 150 fr. le cent.

En France, le tilleul n'est guère cultivé que comme arbre d'ornement, pour décorer les parcs, les places publiques, etc. On ne pourrait songer, pour le moment, à en tirer un produit industriel. Nous croyons cependant devoir attirer l'attention sur l'écorce remarquablement épaisse de ce bel arbre ; elle contient une quantité considérable de fibres. Nous en citerons surtout une espèce, le *Tilleul argenté* (*Tilia argentea*), dont le port est magnifique et qui produit un si bel effet dans les jardins, avec ses feuilles garnies en dessous d'un duvet blanc soyeux. Cet arbre paraît se développer rapidement, même dans les terres médiocres ; l'écorce de ses jeunes rameaux est très-épaisse, ainsi qu'on en peut juger par la fig. 1, pl. III.

Il y aurait un intérêt sérieux à étudier les avantages qu'il pourrait offrir pour la fabrication du papier. La facilité avec laquelle son écorce se détache et sa richesse en fibres méritent de fixer l'attention ; nous ne saurions trop engager ceux que ces questions intéressent à entreprendre des essais.

Nous devons ajouter que l'écorce du tilleul argenté, traitée par une dissolution de carbonate de soude, pour en isoler les filaments, nous a donné des quantités considérables de mucilage dont il est assez difficile de se débarrasser. Ce produit pourrait très-probablement être utilisé.

**122. — Examen en long des filaments et des fibres du tilleul.** — Les filaments isolés de l'écorce forment des faisceaux d'une couleur jaune clair qui jouissent d'une certaine souplesse. Lorsque ces faisceaux sont assez gros, ils ont quelque ténacité ; mais, si on les divise par le frottement, les fibres se séparent, elles se cassent, et se rompent facilement avec les ongles.

Vues en long dans la glycérine, les fibres sont courtes, roides, très-pleines et à surface lisse. Une ligne très-fine indique le canal intérieur, qui est souvent à peine visible. Les pointes sont tantôt effilées et aiguës, tantôt rondes, tronquées ou irrégulières, légèrement bifurquées quelquefois ; il y en a qui sont ondulées sur les bords ou garnies de crans irréguliers.

Les faisceaux sont très-compactes ; les fibres, excessivement adhérentes les unes aux autres, malgré l'action du carbonate de soude, se séparent difficilement sous les aiguilles ; on ne peut les isoler qu'à force de patience.

**123. — Dimensions des fibres.** — Les fibres mesurent de $1^{mm},25$ à $5^{mm}$. La moyenne paraît être de $2^{mm}$.

Les diamètres pris au milieu des fibres varient entre $0^{mm},014$ et $0^{mm},020$ ; moyenne, $0^{mm},016$.

Le rapport de la longueur au diamètre est de 125.

**124. — Examen des fibres dans les réactifs.** — L'action des réactifs développe une couleur jaune dans les fibres du tilleul. Les caractères consignés plus haut apparaissent alors avec plus de netteté. On voit beaucoup mieux la forme irrégulière et souvent bizarre des pointes. Il en est qui se trouvent si profondément lobées à leur extrémité, qu'elles paraissent rameuses. Il arrive aussi que ces irrégularités produisent des creux ou des saillies correspondantes sur le corps de fibres voisines, dans lesquelles les premières semblent incrustées.

**125. — Coupes de l'écorce et des fibres du tilleul.** — Nous avons représenté dans la pl. III, fig. 1, une coupe faite dans l'écorce d'un rameau du tilleul argenté. On voit que cette écorce est très-épaisse et qu'elle contient une quantité considérable de fibres disposées en plusieurs couches concentriques superposées. Elles sont agglomérées par groupes dont la section présente une forme rectangulaire ou trapézoïdale. Le côté du trapèze qui est rapproché de l'épiderme est le plus petit, tandis que le plus grand fait face au cambium ; cette coupe nous permettra de comprendre comment se forment les différentes couches libériennes. A mesure qu'un nouvel anneau de groupes du liber se développe autour de la tige, ces groupes trouvent plus d'espace pour

s'étendre latéralement, c'est-à-dire dans le sens de la circonférence. A mesure aussi que la tige grossit, les groupes anciennement formés, repoussés en dehors, se trouvent de plus en
plus écartés les uns des autres. De là, cette disposition des
groupes et des séries circulaires de groupes, qui, très-petits
et très-écartés les uns des autres près de l'épiderme, sont
plus volumineux et plus rapprochés dans le voisinage du
cambium. De là, enfin, cette disposition triangulaire ou trapézoïdale que présente la coupe de ces groupes de faisceaux.

Les tranches des fibres sont polygonales, à côtés droits, à
angles vifs, et elles paraissent en contact intime dans les groupes. L'ouverture centrale, toujours petite, est généralement
ponctiforme.

**126. — Coupes du tilleul dans les réactifs. —**
Les coupes se colorent en jaune dans les réactifs ; chaque
tranche paraît enchâssée dans un réseau très-fin, d'un jaune
plus foncé ; elles remplissent exactement chaque maille de ce
réseau et le groupe paraît très-compacte.

**127. — Conclusions. —** L'examen que nous venons de
faire ne laisse aucun doute sur les avantages que pourrait
offrir le filament retiré de l'écorce du tilleul. L'abondance des
fibres, la ténacité des faisceaux, leur souplesse, les recommandent pour certains articles de corderie et de sparterie qui
se fabriquent aujourd'hui avec des filaments exotiques. Les
fibres désagrégées sont très-courtes, très-fines et assez souples ;
ces caractères les désignent comme très-convenables pour la
fabrication du papier. Nous ne saurions trop engager ceux que
cette question peut intéresser à étudier sérieusement l'écorce
de certaines variétés de tilleuls qui croissent dans nos climats.

## 2° JUTE.

*(Corchorus capsularis, C. olitorius, C. Fuscus.)*

Mauve des juifs; Corète textile; Putta *sanscrit*; Pat, *bengale*; Melochia, *arabe*; Rami tsjina, *malais*; Choti, Nalta Jute, Isbund, Bun pat, *diverses parties des Indes*; Oi-Moa, *Chine*.

**128. — Notice sur le jute.** — Il y a trente-cinq ans, à peine, que ce filament est employé en Europe, et cependant il y occupe déjà une place considérable. C'est un des quatre textiles tirés du règne végétal qui sont employés couramment dans nos usines pour la fabrication des tissus : le lin, le chanvre le coton et le jute. Ce ne sont certes pas ses qualités intrinsèques qui lui ont valu cette faveur; il est, sous ce rapport, inférieur à la plupart de ceux que nous venons de décrire; mais il la doit à son prix peu élevé, à la facilité avec laquelle il peut se filer seul ou mélangé au lin et au chanvre, et enfin à son abondance sur les marchés des Indes, qui assure aux industriels une alimentation régulière et constante.

L'expérience a prouvé que les fils et tissus de jute étaient d'une ténacité assez faible, et que le lessivage, ou même l'humidité prolongée, leur faisait perdre toute leur consistance. Ce textile ne peut être employé avec quelque avantage que pour les toiles à sacs ou à emballages qui ne doivent pas être mouillés, ou pour des tapis qui se recommandent par leur bon marché et leurs couleurs brillantes.

Employé seul ou mélangé, dans tous les tissus qui doivent être lavés, le jute constitue alors une véritable fraude qui doit être sévèrement réprimée. A ce point de vue, son examen mérite donc une attention toute spéciale.

Nous possédons très-peu de renseignements sur ce textile, qui joue cependant un rôle assez considérable dans l'industrie européenne. En France, nous n'avons pu nous procurer aucun document original sur ce sujet. Dans le but de rendre service aux personnes que cette question peut intéresser, nous allons extraire de l'ouvrage de Forbes Royle quelques données qui ont rapport à ce produit. Le savant professeur l'a étudié sur les lieux, comme les autres plantes textiles des Indes dont il donne la description, et, de plus, il a rendu compte des travaux des auteurs qui l'ont précédé. Il faut se rappeler que l'ouvrage en question a été écrit en 1855. Depuis cette époque l'importation du jute en Europe a pris un accroissement énorme.

Sous le nom de *Jute*, on désigne des filaments provenant de deux espèces d'un même genre de plantes assez voisines qui se rencontrent presque partout aux Indes ; toutes les deux servent à l'alimentation des indigènes ; elles sont classées par les botanistes dans le genre *Corchorus*, nom tiré du grec *korkhoros*, par lequel on désignait une plante alimentaire que l'on suppose être l'une de celles qui nous occupent, le *Corchorus olitorius*. Cette plante est encore cultivée aux environs d'Alep ; elle est mangée, comme légume, en Égypte, en Arabie et en Palestine. Rauwolf l'a vue employée pour cet usage par les Juifs des environs d'Alep ; de là est venu le nom d'*olus judaïcum*, mentionné par d'anciens auteurs ; telle est aussi l'origine du nom français, *mauve des juifs*. On croit que cette plante est celle dont il est parlé dans le livre de Job (c. xxx, v. 4). Ce corchorus, petit et herbacé sous le climat sec de la Syrie, s'élève à une hauteur de quatre à cinq pieds anglais, au nord de l'Inde. Mais, dans le climat chaud et humide du Bengale, il atteint des dimensions qui permettent d'en retirer une filasse de douze pieds de long.

L'autre plante, qui fournit aussi le jute du commerce, est le *Corchorus capsularis*. Il se distingue du précédent par la forme de ses capsules, qui sont sphériques au lieu d'être allongées et cylindriques. Il réussit mieux à l'ouest et à l'est des Indes, qu'au nord et au midi. On le rencontre dans toutes les Indes et aussi dans l'île de Ceylan. Les Malais l'appellent *Rami tsjina*, c'est-à-dire *ramie de Chine*, nom que nous trouvons employé quelquefois pour le véritable chanvre, de même que pour l'*urtica nivea*. Il est également cultivé en Chine, où on l'appelle *Oi-moa*.

On a désigné, sous le nom de *chanvre de la Chine*, un *Corchorus*, qui était considéré autrefois comme supérieur au chanvre véritable. On en sema des graines en Angleterre, elles produisirent des plantes de quatorze pieds de haut et de près de sept pouces de circonférence. Quelques-unes ont fructifié et ont donné, à leur tour, des plantes dont la végétation était encore remarquable.

Le *Corchorus olitorius*, ou *mauve des juifs*, du littoral de la Méditerrannée, est une plante herbacée, dont la tige est droite, lisse, cylindrique et plus ou moins rameuse ; les feuilles sont d'un vert brillant, lisses, alternes, dentelées, pétiolées, ovales ou lancéolées. Les fleurs sont jaunes et à cinq pétales. On appelle cette plante *Putta* en sanscrit, et *Pat* au Bengale. Elle fleurit dans la saison des pluies, et ses fruits mûrissent en octobre et novembre. Les filaments qu'on en retire sont désignés sous le nom de *Jute*, et les tissus qui en sont fabriqués portent le nom de *Tat*.

Le D^r Roxburgh mentionne une variété rougeâtre que les indigènes appellent *Bun pat*, c'est-à-dire *Pat sauvage*.

Le *Corchorus capsularis* est également annuel ; sa tige droite, lisse, cylindrique et rameuse, atteint une hauteur de cinq, huit et même dix pieds anglais. Les feuilles sont portées sur de longs pétioles ; elles sont ovalaires, pointues et d'un vert clair ; elles sont finement dentelées sur les bords, et les deux dernières dents, à la base, se terminent par un filament très-fin. Les fleurs sont petites, jaunes et à cinq pétales également. Les graines mûrissent en septembre et octobre; c'est le *Gghi-nalita pat* du Bengale et ses filaments sont appelés quelquefois *Nalta jute*. Dans le nord-ouest de l'Inde, on connaît cette plante sous le nom d'*Isbund*; c'est elle que les Malais appellent *Rami tsjina* (chanvre de Chine). Celle qui est connue sous le nom de *Teetah pat* est, dit-on, une variété de cette espèce.

On cultive ce corchorus au Bengale et en Chine pour ses fibres, que l'on sépare à l'aide de la macération. On l'emploie pour cordages ou autres usages analogues; il sert aussi à la fabrication du papier. Au Bengale, on en confectionne une étoffe grossière nommée *magila;* une autre sorte de tissu porte le nom de *tat* ou *choti,* d'où est probablement venu le nom de *jute.* Ce tissu, plus connu maintenant sous le nom de *gunny,* sert à faire des sacs (gunny bags). Il est à remarquer que, du côté de Madras, on donne quelquefois la désignation de jute à des produits de l'Hibiscus cannabinus.

Il existe, en outre, plusieurs autres espèces de *Corchorus* à l'état sauvage dans différentes parties des Indes; l'auteur des notes citées par Forbes Royle en a trouvé certaines espèces à une élévation de 5,000 pieds anglais dans les Himalayas.

Le jute est un filament long, souple et soyeux; il peut remplacer le lin pour beaucoup d'usages. Il se divise en faisceaux très-fins, qui se filent avec beaucoup de facilité.

Pour le séparer de la partie ligneuse de la tige, il faut un rouissage plus prolongé que pour le chanvre; quinze jours ou trois semaines suffisent à peine.

La culture du corchorus, comme textile, a beaucoup attiré l'attention depuis quelques années, et aujourd'hui elle est très-perfectionnée.

Le D<sup>r</sup> Forbes Royle a reproduit, en outre, un travail sur ce sujet qui lui a été remis par M. Henley, négociant à Calcutta, et dont nous allons donner quelques extraits.

Le jute est le textile qui est le plus généralement cultivé dans tout le delta du Gange. Sa culture facile, sa croissance rapide, son produit relativement considérable, sont des avantages qui ne pouvaient échapper à des populations aussi économes et d'un esprit aussi pratique que celles du Bengale. Si à ces qualités se joignaient la force et la durée, le jute aurait certainement remplacé tous les autres textiles. Mais, s'il se développe rapidement, il se décompose rapidement aussi; en réalité, c'est le moins durable de tous les filaments.

Les indigènes mangent les jeunes feuilles comme des épinards, mais leur goût fort et sauvage ne plaît pas aux Européens.

Lorsque le jute est arrivé à maturité, on coupe les tiges rez-terre, on les met en paquets et on les fait rouir dans le premier fossé venu, en les recouvrant de mottes de terre pour les tenir submergées. On les surveille alors avec soin chaque jour, en tâtant l'écorce avec l'ongle, jusqu'à ce que la fermentation soit arrivée au point convenable. Si le jute est destiné à l'exportation, on pousse le rouissage jusqu'à la dernière limite, au point où la fibre commencerait à être attaquée. Le but que l'on se propose est d'obtenir des filaments soyeux, bien détachés, ce qui augmente la valeur de ce produit sur les marchés étrangers. Le jute préparé ainsi perd toujours de sa force. Celui que l'on destine à la consommation intérieure, et qui a subi un rouissage moins avancé, présente plus de résistance et de durée. Son prix de revient est moins élevé parce que le rendement est plus considérable. Il est moins propre et plus foncé de couleur.

Lorsque le jute est suffisamment roui, l'ouvrier indigène se met dans l'eau jusqu'à mi-corps, il prend autant de tiges qu'il peut en tenir dans sa main, et il enlève une partie de l'écorce dans le voisinage des racines, puis, saisissant fortement les tiges, il les dépouille toutes, d'un bout à l'autre, sans briser ni les fibres ni les baguettes de ligneux. Lorsqu'il a une certaine quantité d'écorces ainsi séparées; il se met en mesure de les laver. Pour cela il en prend une forte poignée, et, la faisant tournoyer au-dessus de sa tête, il en fouette à plusieurs reprises la surface de l'eau, retirant vivement la poignée à lui lorsqu'elle est submergée, pour la débarrasser de toutes ses impuretés; puis, par un tour de main, il l'étend en éventail à la surface de l'eau et achève de la nettoyer de tout corps étranger. Il tord ensuite cette poignée de filaments pour en extraire le plus d'eau possible, et il la pend sur des cordes ou des bambous pour la faire sécher au soleil.

On ne peut voir le jute dans toute sa beauté que lorsqu'il vient d'être préparé; son aspect change ensuite de jour en jour. Il perd, peu à peu, sa belle couleur d'un blanc perlé, puis, passant par différentes nuances fauves, il finit par devenir brun. Sa force diminue aussi graduellement. Ce fait explique la difficulté que l'on éprouve à blanchir ce filament et la tendance à brunir et à foncer de couleur, que l'on remarque dans tous les objets confectionnés avec ce textile. L'extrémité des filaments qui était tenue dans la main conserve toujours quelques fragments d'écorce et de matières étrangères. On enlève cette partie sur une longueur d'environ 9 pouces anglais. Ces déchets sont utilisés pour la fabrication du papier ou pour confectionner des emballages grossiers. On a même essayé de les soumettre à la fermentation et à la distillation pour en retirer de l'alcool.

Mais l'emploi le plus important du jute aux Indes est pour la fabrication des tissus nommés *Gunny chuts* ou *Chuttees*; ce sont des bouts de toile dont la longueur est suffisante pour faire un sac. Cette industrie rurale occupe toutes les populations des districts de l'est du Bengale inférieur. Les hommes, les femmes et les enfants, dans toutes les classes de la société, y trouvent une occupation. On voit presque tous les Indous, dans leurs moments de loisir, tenant une quenouille à la main et filant du jute. Les musulmans ne travaillent que le coton.

Le filage du jute, et son tissage par petites longueurs de toile, servant à faire des sacs, forment aujourd'hui la ressource la plus assurée, de la plus humble, la plus patiente et la plus méprisée de toutes les créatures humaines, la veuve indienne, que la loi est parvenue à arracher au bûcher, mais qui est condamnée par la coutume et le sentiment public à passer le reste de ses jours à remplir les fonctions les plus basses et les plus viles, dans cette maison où jadis sa volonté faisait loi. Cette occupation l'empêche d'être à charge à sa famille ; elle lui assure toujours l'existence. On s'explique ainsi comment il se fait que ces tissus de *gunny* se trouvent au Bengale à un prix excessivement bas, et pourquoi le monde entier vient s'approvisionner sur ce marché. Il n'y a peut-être pas de produit manufacturé qui soit aussi universellement répandu sur la surface du globe que les sacs de *gunny* des Indes.

Le jute, dont la qualité est considérée comme supérieure, à cause de sa longueur et de sa finesse, est réservé pour l'exportation et atteint un prix relativement élevé. Le plus court sert pour la fabrication intérieure, et il est à remarquer qu'il existe un écart à peine sensible entre le prix de la matière première et celui des sacs de *gunny*, à poids égal.

Les tiges ligneuses du jute, séparées de l'écorce, ont presque autant de valeur que cette dernière. Elles sont blanches et droites ; le bois en est léger et cassant, il ressemble à celui des jeu-

nes branches du saule. Les indigènes les emploient à une foule
d'usages, tels que la fabrication du charbon pour faire la poudre,
la confection de treillages et de ces immenses quantités de
palissades tressées que le voyageur rencontre dans tous les villages. Ces palissades servent à entourer les champs de *bétel*
dont la feuille est consommée par tous les indigènes, pauvres
et riches. Ces tiges sont encore employées à un usage que
nous signalerons en passant. Elle donnent un combustible
d'une nature toute particulière avec lequel on flambe les ca-
rènes des bateaux sur le bord des rivières. On remarque pendant la nuit de grands feux allumés sous les barques ; des
hommes courent de côté et d'autre, portant des fagots allumés
comme s'ils cherchaient à mettre le feu à leurs bateaux. Lorsque l'on considère leurs cabanes construites avec des nattes,
couvertes de chaume et présentant l'aspect de meules de foin
mal faites, que la moindre étincelle devrait enflammer, on est
étonné de ne voir aucun accident se produire. Le but que les
indigènes se proposent est seulement de faire périr les vers et
les insectes perforants, qui en peu de temps détruiraient les
barques.

L'auteur indique ensuite un moyen de reconnaître le mélange du jute avec le lin ou un autre textile de cette valeur,
dans un tissu tel que la toile à voile, par exemple. Ce moyen
consiste à exposer le tissu suspect à l'action de la vapeur
d'eau, à une pression de 3 à 4 atmosphères, pendant 4 heures
environ. On le lave, et alors tout le jute disparaît ; on peut
en déterminer la proportion en pesant la toile sèche, avant et
après l'opération.

Le jute est employé maintenant sur une grande échelle, en
Angleterre et en France. Nous avons visité, pendant l'année
1869, une usine d'Écosse qui, à elle seule, en mettait en œuvre
75 tonnes par semaine. Cependant ce textile n'est guère em-

ployé d'une manière courante que pour la fabrication des toiles d'emballages et pour faire des sacs. En Écosse, il sert encore à confectionner des tapis, remarquables par leur bas prix et leurs couleurs brillantes. Le jute, en effet, prend très-bien certaines teintures. Les couleurs, il est vrai, ne sont pas très-solides, elles passent et se ternissent promptement. Cela tient, sans doute, à cette singulière propriété du jute, mentionnée plus haut dans la note de M. Henley, de changer de couleur et de brunir avec le temps. Ces tapis, du reste, sont presque tous destinés à l'exportation ; l'Espagne et surtout l'Amérique du Sud en consomment des quantités considérables. Ce tissu, plus frais que les tapis de laine, convient beaucoup mieux pour les pays secs et chauds.

Nous avons vu précédemment que les tissus de jute ne supportent pas une humidité prolongée. L'eau leur enlève effectivement leur ténacité, et cet inconvénient est tellement marqué qu'il est presque impossible de donner aux fils qui en sont composés un blanc un peu avancé. Il faut les traiter avec des précautions toutes spéciales pour parvenir à les blanchir, même légèrement. En effet, dès que le fil a été mouillé pendant quelque temps, il se rompt sous le moindre effort ; si, même, on secoue trop fortement un écheveau étendu pour le faire sécher, on le sépare facilement en deux avec la main. Il est à remarquer que le jute, une fois sec, reprend sa ténacité primitive.

On comprendra l'importance du fait que nous venons de signaler, lorsque l'on saura que le jute est employé aujourd'hu en France, sur une grande échelle, pour frauder les fils de lin et de chanvre. Son bas prix a d'abord donné lieu à cette fraude, aussitôt qu'on est parvenu à le mélanger au lin et au chanvre dans les machines à filer. Mais il a été reconnu, de plus, qu'il facilite singulièrement le filage des déchets de lin et de chanvre, trop courts pour supporter seuls le travail des machines.

Il est donc de plus la haute importance de trouver un moyen de dévoiler la fraude en constatant, à coup sûr, la présence du jute dans un fil ou dans un tissu. La recherche d'un procédé qui permette de reconnaître le jute dans tous les cas qui peuvent se rencontrer, a été le point de départ des études que nous présentons ici.

Nous appartenons à un district manufacturier dans lequel des quantités considérables de toiles communes se vendent sous des halles ou marchés, où les acheteurs de différents points de la France viennent s'approvisionner. Nous avons vu avec inquiétude, il y a quelques années, nos fabriques envahies par des fils mixtes ou même composés de jute pur. L'acheteur n'a ni le temps, ni le moyen de constater immédiatement la présence du jute dans les toiles qu'il achète sur la garantie de la vieille réputation des produits de nos pays. Aussi avons-nous eu connaissance de réclamations fréquentes et de mécomptes qui ne tendaient à rien moins qu'à détruire la réputation d'une fabrique justement estimée depuis de longues années. Notre but était de trouver un moyen sûr et rapide de reconnaître la présence de ce textile étranger.

En comparant les caractères particuliers au jute, que nous allons décrire, avec ceux que nous avons donnés plus haut, en traitant du lin et du chanvre, on verra que le procédé indiqué par nous pour distinguer ces différentes fibres est parfaitement sûr et exact; s'il exige quelques préparations et quelques lenteurs, nous ferons remarquer que tous ceux indiqués jusqu'ici, bien que moins certains et moins généraux, ne sont pas d'une exécution beaucoup plus facile ou plus rapide.

**129. — Examen en long des filaments et des fibres du jute.** — Les filaments du jute, vus dans leur longueur au microscope, et à l'aide des liquides neutres, se présentent sous forme de faisceaux compactes et fortement agglomérés, même après un fort lessivage. Ils se divisent difficilement sous les aiguilles. On parvient cependant, avec un peu de patience, à en séparer des cellules courtes, roides et terminées en pointes. Le corps de ces fibres paraît bordé de deux bandes brillantes; ces dernières représentent l'épaisseur de la paroi des cellules, qui est ordinairement petite par rapport à la cavité intérieure. Ce caractère, nous devons le dire, n'est pas absolu, mais général. La surface paraît lisse, mais le profil des fibres n'est pas toujours droit, il est quelquefois dentelé ou marqué de sinuosités profondes ( Pl. VII, fig. 3, $b$, $c$ ). Ce caractère se remarque surtout vers les pointes qui s'amincissent d'une manière plus brusque que dans les longues fibres du lin et du chanvre. Ces pointes sont quelquefois aiguës, plus souvent arrondies ou tronquées et terminées d'une façon irrégulière. La cavité centrale est presque toujours très-apparente jusqu'à l'extrémité de la cellule.

**130. — Dimensions des fibres.** — Les longueurs des fibres du jute varient entre $1^{mm},5$ et $5^{mm}$. Cette dernière limite se présente assez rarement. La longueur qu'on rencontre le plus fréquemment est $2^{mm}$.

Les diamètres qui ont été mesurés s'écartent peu de $0^{mm},020$ à $0^{mm},025$; moyenne $0^{mm},0225$.

Le rapport de la longueur moyenne au diamètre moyen est de 90.

**131. — Examen des fibres du jute dans les réactifs.** — L'action des réactifs fournit un caractère précieux pour distinguer du premier coup d'œil les fibres du jute de celles du lin et du chanvre. En effet, on a vu que ces dernières se colorent en bleu lorsqu'elles sont soumises à ces réactifs; le jute prend, dans les mêmes circonstances, une coloration jaune intense qui ne permet pas de le confondre avec le lin et le chanvre, même si on ne tenait aucun compte des formes extérieures, qui présentent cependant des différences très-marquées. Cette coloration si tranchée permet de reconnaître une seule fibre de jute au milieu d'un fil de lin ou de chanvre. Les autres caractères du jute, mentionnés plus haut, apparaissent d'une manière plus frappante à l'aide de cette coloration; nous prions le lecteur de s'y reporter en examinant une préparation de jute dans les réactifs ( pl. VII, fig. 3, *b, c* ).

**132. — Coupes des filaments et des fibres du jute.** — La fig. 2, pl. III, représente une coupe faite à travers un fragment d'écorce de jute. On voit que les groupes ou faisceaux sont disposés dans cette écorce d'une manière tout à fait semblable à ceux du tilleul. Le nombre des zones ou couches concentriques de ces groupes libériens est beaucoup plus considérable; nous en avons compté quelquefois jusqu'à douze. Ce fait indique combien cette écorce est épaisse et riche en filaments. On remarque, dans ces coupes de l'écorce, la disposition triangulaire des séries de groupes qui se sont développés autour d'un même rayon partant du centre de la tige et aboutissant à la circonférence. L'écartement des sommets de ces triangles est encore plus grand que dans le tilleul. Cette disposition indique avec quelle rapidité cette plante s'est développée.

Les coupes des fibres, vues au grossissement de 300 diamètres, sont polygonales, à côtés droits et à angles vifs. Au milieu de chaque polygone se trouve une ouverture ronde ou

ovalaire à bords lisses. Ces coupes sont toujours agglomérées
en groupes compactes où elles se trouvent étroitement accolées ensemble.

**133. — Examen des coupes dans les réactifs. —**
Dans les coupes du jute, la coloration jaune que leur commu-
niquent les réactifs est un caractère qui est également d'une
grande valeur. Elle fait ressortir d'une manière encore plus
nette les formes anguleuses et polygonales de cette fibre et
les bords lisses et arrondis de l'ouverture centrale qui ne
contient jamais de substances étrangères. Lorsque les coupes
sont excessivement minces, on aperçoit dans les groupes,
autour de chaque polygone, une bordure très-fine, d'un jaune
plus foncé.

**134. — Conclusions. —** La longueur si minime des cellules du jute explique pourquoi ce filament n'offre aucune
résistance lorsqu'il a été exposé pendant quelque temps à
l'humidité. On conçoit que la matière agglutinante qui réunit
les cellules et les tient accolées les unes aux autres, venant à
s'amollir par l'action prolongée de l'eau, ces cellules peuvent
glisser les unes sur les autres avec la plus grande facilité et
qu'elles arrivent alors à se séparer sous le moindre effort.
L'épaisseur peu considérable des parois des fibres, leur roideur,
due au degré de lignification qu'elles ont éprouvé et qui est
accusé par la coloration jaune que leur communique l'iode,
doivent faire pressentir qu'elles se briseront facilement sous
une flexion brusque. Il a été reconnu en effet que les cordages
ou les ficelles, fabriquées avec cette matière, se coupent net
aux endroits où l'on fait des nœuds.

On comprendra dès lors que tous les efforts que l'on pourra
tenter pour donner plus de résistance à ce filament, n'abouti-

ront à aucun résultat sérieux. Les essais que l'on fera dans ce sens échoueront toujours, comme ils ont échoué déjà. Ce textile pourra rendre des services, sans doute, mais à la condition de ne pas sortir des limites que nous avons indiquées.

# FAMILLE DES THYMÉLÉES.

### DAPHNÉ.

*(Lagetta lintearia et autres.)*

Daphné lagetta, Bois dentelle; Nepal paper plant, Lace bark tree, *angl.*

**135. — Notice sur les produits textiles du daphné.** — On rencontre souvent, dans les musées qui contiennent des curiosités naturelles, des morceaux de ce bois dont l'écorce est très-remarquable. Ce sont des rondins coupés sur des tiges de plusieurs centimètres de diamètre et dont l'écorce se trouve détachée sur une certaine longueur, sans déchirure aucune, et par couches excessivement minces qui sont superposées les unes aux autres. Chacune de ces couches est composée de faisceaux libériens qui ne sont pas disposés parallèlement à l'axe, mais qui semblent monter d'une manière sinueuse le long du tronc. Deux faisceaux ou groupes de fibres contigus se rapprochent et se trouvent en contact en un point, puis ils s'écartent, pour se rapprocher de nouveau un peu plus haut; la gaîne cylindrique que forme chaque zone ou couche de fibres acquiert ainsi l'aspect d'un réseau fin et assez régulier, et, lorsqu'elles sont toutes rabattues les unes sur les autres autour du tronc ligneux, débarrassé ainsi de son écorce sur une certaine longueur, ce tronc semble orné d'une manchette formée de plusieurs épaisseurs de dentelle. De là le nom de *bois dentelle* donné à l'arbre qui présente cette singulière particularité. Son nom scientifique est *Lagetta lintearia*. On le rencontre surtout aux Antilles et au Brésil. Dans ce dernier pays, l'écorce débarrassée du ligneux et de l'épiderme se vend dans les rues pour différents usages et surtout pour faire des liens de diverses natures. On rencontre cette écorce sous forme de lanières blanches, assez souples, se divisant facilement en bandes aussi étroites que l'on veut, et qui sont douées d'une grande ténacité. A-t-on besoin d'une corde, d'une ficelle, d'un lien quelconque, on déchire une bande de cette écorce, d'une largeur voulue, et l'on en rend l'emploi encore plus facile en roulant cette bande entre les mains ou sur la cuisse pour l'arrondir comme une ficelle.

Dans le Népaul, on emploie depuis un temps immémorial l'écorce d'un daphné, pour faire un papier d'une qualité exceptionnelle. Forbes Royle donne à cette espèce le nom de *Daphne bholua* ou *Daphne cannabina*. Ce papier a été très-remarqué à l'exposition de 1851.

Nous avons dans notre pays un daphné indigène connu sous le nom de *Lauréole* ou *Mézéréon*, assez commun quelquefois dans les bois et qui mériterait d'être soumis à des essais, pour que l'on pût se rendre compte si son écorce pourrait être exploitée avec quelque avantage.

En lessivant des bandes de l'écorce du *Lagetta lintearia* avec du carbonate de soude, et en les triturant dans un mortier avec de l'eau pour enlever les matières que l'alcali a pu attaquer, on obtient une masse de fibres courtes, fines, soyeuses, qui paraissent se séparer les unes des autres assez facilement.

**136. — Examen des fibres du daphné dans leur longueur**. — Examinées en long dans la glycérine, ces fibres paraissent agglomérées en faisceaux ; on les sépare et on les isole sans difficulté avec les aiguilles. Elles sont très-fines, roides, assez généralement pleines, et leur surface paraît lisse, sans stries longitudinales ou transversales. Le corps de la fibre montre un renflement aux points où elle a été brusquement replié e sur elle-même. La plupart de ces cellules ont un diamètre assez régulier et uniforme, mais on en rencontre qui ont une forme toute particulière. Le milieu est très-large sur une petite longueur ; la fibre s'amincit ensuite brusquement et elle s'allonge aux deux bouts en pointes fines et longues. Ces pointes sont très-effilées dans tous les individus ; elles sont généralement arrondies du bout et quelques-unes indiquent une tendance à se bifurquer. La partie élargie du milieu contient une cavité assez large, très-apparente, qui se prolonge vers les extrémités sous forme d'une simple ligne très-fine.

**137**. — **Dimensions des fibres**. — La longueur des fibres du *Lagetta lintearia* varie entre $3^{mm}$ et $6^{mm}$. Celle qui se rencontre le plus fréquemment est $5^{mm}$, environ.

Le diamètre est en moyenne de $0^{mm},01$. Il atteint $0^{mm},02$ pour la partie élargie du milieu de quelques fibres dont nous avons parlé plus haut.

Le rapport de la longueur moyenne au diamètre moyen est de 500.

**138**. — **Action des réactifs sur les fibres du daphné**. — Les réactifs colorent les fibres du daphné en jaune ; elles sont très-fines, pleines, lisses, roides, et paraissent adhérer très-peu les unes aux autres. Aux points de flexion, il y a un renflement dans le corps de la fibre. La coloration fait ressortir d'une manière plus frappante cet élargissement du milieu de certaines fibres, que nous avons déjà signalé. Là où

le canal intérieur est large et apparent, il paraît complétement
vide. Ce canal intérieur est toujours très-visible surtout dans
les pointes.

**139. — Coupes de l'écorce et des fibres**. — La coupe
de l'écorce de daphné que l'on rencontre communément aux
Antilles et au Brésil, présente une sorte de damier formé par
des groupes carrés ou rectangulaires, séparés par des bandes
étroites de parenchyme rempli souvent de grains de fécule.
Cette disposition indique que les faisceaux libériens de l'écorce
forment plusieurs couches circulaires concentriques, superposées les unes aux autres ; elle indique, de plus, que ces zones
circulaires sont interrompues, de distance en distance, par
le prolongement des rayons médullaires.

Les fibres sont entassées dans ces groupes, mais elles ne paraissent pas devoir être adhérentes entre elles. Leurs coupes
sont arrondies, ovales, ou contournées sur elles-mêmes comme
celles du coton ; on n'en rencontre pas qui soient prismatiques.
Le canal intérieur est indiqué par un point ou par une ligne.
Les coupes les plus grosses ont les parois relativement très-
minces et la cavité intérieure est alors quelquefois très-
grande ; dans ce cas elle est arrondie et à bords lisses ; nous
avons toujours trouvé cette cavité complétement vide. La
fig. 1, pl. IV, représente une coupe faite dans un morceau
d'écorce de *Lagetta lintearia;* cette coupe est dessinée à un
grossissement de 300 diamètres, afin de mieux faire comprendre la forme de ces fibres, dont les coupes ont beaucoup de
rapport avec celles du coton. On peut juger de leur finesse en
les comparant à celles du lin et du chanvre (pl. VII, fig. 1 et 2)
qui sont dessinées à la même échelle.

La coupe d'une tige de daphné indigène, à l'état frais, indique une écorce assez épaisse. Sous l'épiderme, on voit une

zone de parenchyme à larges mailles remplies de chlorophylle; puis vient une zone épaisse de parenchyme incolore qui s'étend jusqu'au cambium. Dans cette zone se trouvent les faisceaux des fibres libériennes. La première couche, du côté de l'épiderme, se compose de groupes de fibres bien formées et isolées les unes des autres. Le reste de la zone est rempli de groupes très-petits, de formation plus récente. Les fibres sont isolées quelquefois, mais le plus souvent elles sont agglomérées en faisceaux dont la disposition est analogue à celle des tiliacées, décrite plus haut; c'est-à-dire que chaque zone concentrique de faisceaux libériens est interrompue par des rayons médullaires qui se prolongent jusqu'à l'épiderme. Les échantillons de *Mézéréon,* sur lesquels nous avons fait ces observations, étaient de jeunes tiges qui n'avaient pas plus d'un centimètre de diamètre.

**140 — Coupes du daphné dans les réactifs.** — Les coupes se colorent en jaune sous l'action des réactifs; elles sont petites, assez pleines, et la cavité intérieure est indiquée par un point ou une ligne généralement très-courte; cependant celles que nous avons signalées dans le paragraphe précédent comme ressemblant beaucoup aux coupes du coton ont une ouverture centrale assez large; cette cavité paraît toujours vide.

Une variété désignée sous le nom de *Lagetta tinifolia* nous a présenté les mêmes caractères, sauf que les grosses fibres paraissent avoir un diamètre plus considérable que dans la variété précédente.

**141. — Conclusions.** — Nous devons conclure de l'examen de cette écorce qu'elle ne pourrait pas présenter de grands avantages pour la fabrication des étoffes, mais qu'elle conviendrait parfaitement pour celle du papier. L'abondance et la finesse de ses fibres, leurs longueurs presque toujours uniformes, la facilité avec laquelle on peut les séparer et les isoler, toutes ces qualités recommandent cette écorce comme étant particulièrement avantageuse pour cet usage.

# FAMILLE DES SALICINÉES.

### SAULE.

Saule blanc (*salix alba*) ; saule marceau (*salix caprea*) ; osiers, etc.

**142. — Considérations générales**. — L'écorce du saule blanc, ainsi que celle de toutes les salicinées, contient des fibres fines, courtes et souples qui conviendraient parfaitement pour la fabrication du papier. Cette écorce est assez riche en filaments, et l'on pourrait en tirer d'autres produits qui diminueraient, dans une certaine proportion, le prix de revient des fibres.

La production pourrait en être considérable en France. On sait avec quelle facilité le saule blanc se développe dans notre pays, le long des rivières, au fond des vallées, partout où le sol est humide. Si on voulait utiliser son écorce, il faudrait le cultiver en souches, comme cela se pratique habituellement, et régler la coupe des jeunes rameaux. L'expérience indiquerait bien vite quel serait le mode d'aménagement le plus avantageux.

Ce sont là des indications bien vagues, il est vrai ; nous croyons cependant qu'il n'est pas sans intérêt d'appeler l'attention sur la possibilité d'utiliser l'écorce du saule.

Il y a du reste des précédents qui nous donnent quelque

assurance à ce sujet. En Islande, au Groënland et dans la Laponie, on fait des filets et des étoffes avec des filaments retirés de l'écorce d'un saule (Salix arctica). En Tartarie, on emploie le saule blanc pour le même usage.

En outre du saule blanc, dont nous venons de parler, nous possédons en France d'autres espèces du même genre qui pourraient être utilisées. Nous citerons, entre autres, le *Saule marceau* qui rend peut-être encore plus de services. Son écorce est employée par les tanneurs, les vanniers recherchent ses jeunes rameaux ; le bois plus vieux sert à faire du charbon pour la fabrication de la poudre ; les feuilles sont excellentes pour les bestiaux ; enfin ses fleurs, très-aimées des abeilles, leur sont d'un grand secours au printemps, ce sont les premières qu'elles puissent butiner. Cet utile arbrisseau se contente des terres arides.

Nous signalerons encore une variété, le *Salix acutifolia* (saule à feuilles aiguës), qui donne des pousses annuelles d'une longueur extraordinaire. Elles atteignent jusqu'à quatre mètres.

Toutes les variétés d'osier (Salix viminalis, S. purpurea, etc...) pourraient être employées aux mêmes usages; elles donnent des filaments également souples et fins.

La séparation de l'écorce du ligneux ne devrait pas présenter de grandes difficultés. Cette opération se pratique déjà sur une assez grande échelle dans certaines parties de la France où l'on écorce les jeunes brins d'osier pour vendre le bois aux vanniers ; les lanières que l'on en détache ainsi sont utilisées par les jardiniers. Cette opération se pratique de la manière suivante : on coupe les brins d'osier au moment de la sève, ou bien on les fait macérer dans l'eau pendant quelque temps. On place chaque brin entre deux mâchelières de bois dur et coupant, puis, en tirant à soi, on dépouille d'un seul coup le rameau de son écorce que l'on retire sous forme de rubans ou lanières.

**143. — Examen des fibres du saule dans leur longueur.**— Les filaments, retirés de l'écorce du saule après un fort lessivage et un traitement mécanique, pour les débarrasser des tissus qui les enveloppent, sont doux, souples, d'une couleur brune assez foncée. L'examen en long dans un liquide neutre montre que les fibres sont courtes, pleines et roides quand elles n'ont pas été soumises à une action mécanique énergique ; mais, lorsqu'elles ont été obtenues en broyant fortement l'écorce dans un mortier, elles paraissent avoir une tendance à se friser ; elles pourraient donc se feutrer dans la pâte à papier. Elles se séparent assez facilement avec les aiguilles lorsqu'elles sont agglomérées en faisceaux. Les pointes ne sont pas effilées, elles s'amincissent souvent d'une manière brusque ; les bouts sont arrondis ou tronqués ; le plus ordinairement ils ont la forme d'un fourreau de sabre.

**144. — Dimensions des fibres.** — La longueur des fibres, ne paraît pas dépasser $3^{mm}$. La moyenne est de $2^{mm}$.

Le diamètre varie entre $0^{m},017$ et $0^{mm},030$, la moyenne étant de $0^{mm},022$ environ.

Le rapport de la longueur au diamètre est de 90.

**145 — Fibres du saule dans les réactifs.** — Les fibres, traitées dans leur longueur par les réactifs, se colorent en jaune ; l'intérieur paraît contenir quelquefois une matière grenue qui prend la même couleur. Parmi ces fibres on en remarque de courtes et grosses, qui ressemblent aux fibres ligneuses.

**146. —Coupes de l'écorce et des fibres du saule.** — Une coupe faite dans un rameau de deux ans (pl. IV, fig. 2)

présente une couche épaisse de parenchyme contenant de la
chlorophylle; puis, en dessous, se trouve une première zone
de fibres libériennes, en groupes assez volumineux, mais très-
éloignés les uns des autres. Ces groupes ont des formes irrégulières et allongées dans le sens de la circonférence du rameau.
Les sections des fibres qui les composent sont polygonales,
à côtés convexes et à angles très-émoussés ; quelquefois elles
sont tout à fait arrondies. Sous cette première zone se trouve
une couche de parenchyme à larges mailles dans laquelle on
aperçoit plusieurs autres zones de fibres, disposées en groupes
petits, étroits et allongés dans le sens de la circonférence. Ces
fibres ont la même forme que celles de première formation,
mais elles sont plus fines.

**147. — Coupes traitées par les réactifs**. — Les
coupes des fibres libériennes du saule se colorent en jaune
dans les réactifs. Celles qui sont très-minces semblent avoir
une tendance à devenir bleues, ce qui indiquerait que la matière azotée qui les imprègne serait peu abondante ou éli-
minée, en partie, par le lessivage. La coloration donnée
par les réactifs fait mieux ressortir les formes polygonales
à côtés convexes et la tendance de cette fibre à conserver des
ormes arrondies. L'ouverture centrale est presque toujours
ponctiforme. Les coupes des fibres appartenant à la première
zone montrent souvent de nombreuses couches concentriques
d'accroissement. Ces fibres ne paraissent pas serrées les unes
contre les autres dans les groupes.

**148. — Conclusions**. — Nous appelons tout particulièrement l'attention sur les fibres contenues dans les plantes de
cette famille. Elles paraissent convenir parfaitement pour la
fabrication du papier, et tout porte à croire que leur produc-

tion sur une grande échelle ne rencontrerait pas des obstacles sérieux. Le prix de revient pourrait être réduit, à l'aide des produits secondaires qu'il serait possible d'en retirer. L'un de ces produits serait le bois des jeunes rameaux qui, après avoir été écorcé, est déjà employé dans la vannerie. Les jeunes brins de saule et d'osier sont utilisés pour la fabrication des paniers et des mannes. Dans certains pays on les divise en lanières qui servent à tresser des chapeaux.

Nos recherches nous ont permis d'entrevoir un autre produit dont il serait certainement possible de tirer parti. Lorsqu'on fait macérer, avec certaines précautions, l'écorce de saule dans une dissolution alcaline, on obtient un liquide d'un rouge foncé avec lequel nous avons teint des fils de lin en violet-magenta, d'une couleur un peu pâle, mais fort agréable. Nous avons la conviction que des recherches poursuivies avec persévérance, sur les moyens de traiter cette matière tinctoriale, donneraient des résultats sérieux.

Si l'on parvenait à retirer du saule plusieurs produits utilisables, ainsi que nous venons de le dire, les filaments que nous avons étudiés se présenteraient alors dans des conditions de prix de revient qui permettraient de les employer d'une manière avantageuse pour fabriquer le papier. Les fibres du saule conviendraient admirablement pour cet usage ; elles sont très-souples et elles acquièrent, par le frottement, une tendance à se friser qui donne lieu de croire qu'elles se feutreraient facilement sous l'eau.

# CHAPITRE VI.

## MONOCOTYLÉDONÉES.

**A. — Plantes dont les fibres analogues aux fibres libériennes se colorent en bleu par les réactifs.**

---

# FAMILLE DES GRAMINÉES.

---

### 1° ALFA.

(*Stipa tenacissima*).

Spanish grass, *angl.*; Alfa, *arabe*.

**149. — Notice sur l'alfa.** — Depuis un certain nombre d'années, les Anglais emploient, pour la fabrication du papier, une graminée qu'ils tirent de notre colonie d'Afrique, où elle est connue sous le nom d'*Alfa*. Cette plante est en voie de détrôner le chiffon chez nos voisins. La rareté du chiffon et l'augmentation croissante de la consommation du papier menaçaient de mettre l'industrie qui fabrique ce produit dans une position difficile. Il fallait de toute nécessité trouver moyen de remplacer la matière première qui devenait rare et chère. Les fabricants français ont cherché dans la paille et dans le bois râpé ou effilé une matière qui pût se mélanger avec la pâte de chiffon et en réduire le prix. Ces matières, qui ne peuvent se feutrer réellement, ne donnent aucune solidité à la pâte du papier; elles sont encore additionnées le plus souvent de kaolin, qui augmente le poids et l'épaisseur du produit, mais qui ne peut contribuer à le rendre fort et tenace.

Les Anglais, gens pratiques, ont abordé la difficulté carrément, et, ne pouvant plus compter sur une alimentation suffisante en chiffon, ils ont cherché un produit qui pût le remplacer, au moyen duquel il fût possible de produire une
pâte aussi homogène et un tissu aussi résistant et aussi
bien feutré; en un mot, ils ont cherché à remplacer les
fibres du chiffon par d'autres qui leur fussent équiva-
lentes. Après quelques essais, ils se sont arrêtés à l'alfa
de notre colonie algérienne, qui remplit parfaitement le
but que l'on s'était proposé. L'approvisionnement peut se
faire dans toutes proportions. Le rendement de cette plante
est uniforme lorsque la cueillette a été faite avec soin et
intelligence; enfin ce rendement est très-considérable,
puisqu'il est estimé à 50 0/0 en moyenne de la matière brute.
Le prix de l'alfa tend à s'élever, il est vrai, mais rien n'a été
fait jusqu'ici pour en rendre l'exploitation régulière, économique et dans des proportions permettant de répondre à tous
les besoins. Il y a donc tout lieu de penser que des essais
tentés de ce côté amèneraient une réduction sensible dans le
prix de revient.

Cette question a fait un grand pas aujourd'hui; elle a été
élucidée d'une manière remarquable par M. le chef de bataill-
lon Charrier, commandant supérieur du cercle de Saïda.

M. Charrier, dans un travail très-intéressant, a fait connaître que nous possédions dans les hauts plateaux du Tell
une mine d'alfa que l'on pourrait rendre inépuisable en l'amé-
nageant avec intelligence, et il indique les moyens d'en rendre
l'exploitation praticable sur une échelle aussi considérable
qu'on pourrait le désirer.

Il estime que la nappe d'alfa qui couvre ce plateau d'une
manière presque continue peut avoir à peu près 400 kilomètres de long, sur 100 kilomètres de large, ce qui re-

présente une superficie de 4 millions d'hectares environ. Suivant lui, cet alfa, s'il était bien exploité, pourrait donner un rendement égal aux trois quarts, sinon aux quatre cinquièmes de celui du chiffon commun.

Deux plantes se partagent ces plaines désertes où rien autre ne pourrait végéter : c'est le *Stipa tenacissima* ou *Alfa* proprement dit, et le *Lygeum spartum*, appelé par les Arabes *Sennera*, *Senner* ou *Sennaghr*.

Tous les produits que nous avons rencontrés dans les fabriques anglaises sous le nom d'alfa consistaient en stipa tenacissima seulement. Néanmoins l'étude de l'autre plante nous a fait voir que, si son rendement n'était pas aussi considérable, elle pourrait cependant remplir le même but que l'alfa. Nous les examinerons successivement, bien que la première paraisse seule, jusqu'ici, absorber toute l'importance de ce commerce. Les feuilles étroites de ces deux plantes, repliées sur elles-mêmes de manière à former un cylindre parfait, se ressemblent tellement au premier abord, qu'il est difficile de les distinguer par un examen superficiel ; elles appartiennent cependant à deux genres parfaitement distincts par leur mode de floraison. La première rentre dans le genre *Stipa;* la seconde appartient aux *Phalaridées*. Les coupes de ces feuilles, vues au microscope, ne peuvent pas être confondues. L'inspection des fig. 1 et 2 de la pl. V ne laissera aucun doute à cet égard. Un simple coup d'œil fera voir aussi que la feuille de l'alfa est plus riche en filaments que celle du sparte.

Le premier vient dans les terrains arides, et résiste aux chaleurs brûlantes du sol africain ; le second ne se développe bien que dans les endroits qui conservent de l'humidité.

Il ne faut pas considérer l'alfa seulement comme matière première du papier, il est employé à une foule d'autres usages. On en fabrique des cordages, des filets, des nattes, des tapis, des crins artificiels, des ustensiles de formes variées employés dans les ménages ; les Arabes sont même parvenus à en tresser des corbeilles, qui sont tellement serrées qu'elles peuvent contenir des aliments à l'état de pâte presque liquide. On en fait aussi des objets de vêtements, tels que chapeaux, chaussures, etc. Les jeunes feuilles sont utilisées comme fourrage pour les bestiaux. On comprend, dès lors, combien cette plante est précieuse dans ces régions arides et désolées, où aucune autre végétation ne peut se développer.

Mais c'est surtout comme matière première du papier que nous devons étudier l'alfa, et alors la question prend des proportions inattendues. Pour mieux en faire comprendre l'importance, nous présenterons quelques observations tirées du remarquable rapport du commandant Charrier.

Les quatre nations qui emploient le plus de papier, l'Amémérique, l'Angleterre, l'Allemagne et la France, en produisent annuellement plus de 400 millions de kilogrammes.

Le chiffon, dont la production ne peut être développée à volonté, ne dépasse pas un stock annuel de plus de 300 millions de kilogrammes. Le déchet pour transformer le chiffon en papier est de 33 pour 100 environ. Il faudrait donc, pour produire 400 millions de kilogrammes de papier, 600 millions de kilogrammes de chiffons, c'est-à-dire le double de ce qu'il est possible d'en recueillir. Les quatre pays que nous venons de nommer se trouvent dans la nécessité de demander aux succédanés de ce produit 300 millions de kilogrammes de matière première, ayant une valeur égale à celle du chiffon. C'est ainsi que la question se trouve posée par le commandant Charrier.

Nous avons dit que l'Angleterre, avec son sens industriel

pratique, avait trouvé dans l'alfa le remplaçant du chiffon, accepté aujourd'hui par l'industrie papetière de ce pays. Nous avons dit, de plus, que les Anglais venaient exploiter dans nos colonies d'Afrique la mine qui leur fournit la matière première de leur papier, et nous avons indiqué l'immense dépôt vivace et inépuisable de cette plante, qui se trouve dans les hauts plateaux de l'Algérie. Comment se fait-il que l'industrie française ait négligé jusqu'ici cette ressource merveilleuse que lui présente notre colonie, et que les Anglais utilisent, à peu près seuls, à cette heure? Nous ne chercherons pas à répondre à cette question. Nous croyons faire œuvre plus utile en exposant les idées du commandant Charrier.

« Il est impossible, dit-il, de décorer du nom d'exploita-
« tion l'ensemble des travaux auxquels l'alfa a donné lieu
« depuis quelques années en Algérie. C'est tout simplement
« l'application, à l'alfa, des procédés de glanage par lesquels
« on se procure le chiffon, car la trousse d'alfa qu'apporte
« l'indigène contient presque toujours une pacotille dont la
« moitié ne vaut rien.

« Jusqu'à présent, le travail européen a consisté à placer
« une bascule au bord d'une route ou d'un sentier, et à
« attendre que l'alfa y vienne tomber, tout récolté, du dos de
« quelque bête de somme.

« L'Arabe du voisinage, qui apprend l'arrivée d'un ache-
« teur, se décide à sortir de son inertie si, dans le moment
« présent, il a besoin de quelque argent ; il prend un bâton,
« pousse devant lui tout le personnel de sa tente, femmes,
« enfants, etc., et leur dit : Allez, ramassez. — On prend
« tout, on arrache tout, comme on le fait à l'ordinaire pour
« les animaux, ou pour la couchée de l'hôte : — feuilles
« mortes des récoltes perdues, feuilles mûres, feuilles vertes

« des récoltes à venir, tiges, épis, racines, tout fait poids.

 « Le lendemain, l'Arabe apporte à la bascule cette singu-
« lière provision. Elle lui est achetée. Il a mis une pierre dans
« sa charge ; il est vrai que souvent la balance ne fonctionne
« que sur trois couteaux et pèse à 25 pour 100 de diminu-
« tion. — Bref, on s'entend.

 « L'acheteur fait sécher, trier grossièrement pour ne pas
« exagérer son déchet, et par conséquent diminuer son gain ;
« il dirige ensuite sur les magasins de la côte, qui font em-
« baller et expédier, sans avoir ni le temps, ni les moyens,
« ni même la possibilité de préparer des produits conve-
« nables.

 « On a ravagé la plante, on l'envoie tout entière ensuite,
« au lieu de n'envoyer que sa feuille, et on fournit ainsi au
« fabricant une matière qui lui impose des frais énormes de
« triage et lui donne un rendement qui s'élève, à peine, à 25
« ou 30 pour 100.

 « De là : destruction des plantes, ruine du sol que l'on
« dépouille sans lui faire aucune restitution, dépréciation
« de nos produits, frais inutiles, rendements insuffisants,
« déchets considérables par l'élimination des matières inu-
« tiles, nuisibles, ou plus résistantes aux agents mécaniques
« et chimiques, que ne l'est la feuille en vue de laquelle ils
« ont été préparés ; et, par conséquent, élévation du prix de
« production du papier par l'emploi de l'alfa, et impossibilité
« pour l'alfa de pousser à la vulgarisation de son usage. »

Malgré les obstacles décrits d'une manière si saisissante
dans les lignes que nous venons de reproduire, l'exportation
de l'alfa a suivi une progression constamment croissante,
ainsi qu'on en peut juger par les chiffres suivants : En 1869
l'exportation a été de 4,000 tonnes ; en 1870 de 32,000 ton-

nes ; en 1871 de 54,000 tonnes. On estime qu'en 1874 elle a dû être de plus de 60,000 tonnes.

Partant de ces données, le commandant Charrier propose de soumettre l'alfa à une exploitation qui soit en rapport avec les besoins présents, tout en sauvegardant cette source de richesse par un aménagement régulier.

Suivant lui, « des établissements restreints ne donneraient « rien ; l'alfa des hauts plateaux est une mine en présence de « laquelle il est indispensable d'arriver avec des moyens com- « plets, organisés dans tous les détails. »

Il s'agit « d'une *matière première,* c'est à dire d'un produit « à exploiter *en grosses masses et à bas prix ;* d'un produit « comme le charbon de l'Angleterre, ou le pétrole de l'Amé- « rique, et non comme l'or de la Californie. »

« La théorie de l'exploitation des hauts plateaux par les en- « treprises à ressources limitées, s'exerçant isolément sur des « surfaces déterminées, n'est pas plus soutenable que celle « qui proposerait l'exploitation, par lots isolés, des houillères « de Blanzy, de Durham et de Charleroi, des ardoisières d'An- « gers, ou des mines d'Anzin. »

Le commandant propose de créer des compagnies considé- rables qui, à l'aide de certaines garanties et priviléges, exploi- teraient cet océan végétal sous la surveillance du gouverne- ment. Le moyen d'action le plus important et le premier à mettre en action serait la création de lignes de chemins de fer perpendiculaires à la côte, et pénétrant jusqu'au milieu des exploitations.

« Si le chemin de fer ne va pas au centre de l'exploitation « même, et s'arrête au poste correspondant de la limite du « Tell, l'alfa restera sur place. Cette affirmation est ab- « solue. »

Le mode d'exploitation devra être indiqué et surveillé par

le gouvernement, en vue de ne pas détruire cette précieuse ressource.

« La conservation des plants et l'amélioration des produits
« ne pourront résulter que de l'observation rigoureuse de cer-
« taines règles, commandées par l'étude des mœurs, des be-
« soins, et, en général, des conditions d'existence et de re-
« production de notre précieuse graminée. Ces règles, dont
« l'ensemble fixera les procédés de conservation plutôt que de
« culture de la plante, ne pourront être indiquées aux pro-
« priétaires que sous forme de conseil, mais elles devront être
« imposées aux locataires des terres domaniales et surtout aux
« exploiteurs de nos mers d'alfa. »

Les efforts si énergiquement tentés par le commandant Charrier, pour appeler l'attention des capitalistes sur cette belle et grandiose entreprise, n'ont pas été infructueux. La compagnie franco-algérienne a entrepris la construction d'une voie ferrée d'Arzew à Saïda, en échange du droit qui lui a été accordé de récolter l'alfa sur une superficie de 300,000 hectares. Les travaux sont commencés, et tout se prépare pour l'organisation complète de cette vaste exploitation.

Le gouvernement a eu soin de réserver, à côté des vastes concessions qui seront accordées aux compagnies qui viendront à se former, des étendues suffisantes, situées sur les limites du Tell, pour que les petites industries puissent continuer à vivre dans de bonnes conditions.

En terminant cet exposé, nous devons dire que le rendement d'un hectare sera au moins d'une tonne d'alfa sec, de bonne qualité, et ne contenant que des matières utilisables.

Nous espérons qu'on nous pardonnera la longueur de cette citation en raison de l'importance du sujet, dont bien peu de personnes se doutent probablement.

Revenons maintenant à l'étude de la plante elle-même, et

rendons-nous compte de la valeur intrinsèque des fibres qu'elle contient.

La feuille de l'alfa se présente sous forme d'une tige cylindrique, mince, lisse, très-roide et douée d'une grande ténacité. On la prendrait au premier abord pour un jonc plutôt que pour une feuille de graminée; mais, en l'examinant de plus près, on s'aperçoit que ce n'est pas une tige ronde et fermée ; on remarque une commissure qui part de la base et se prolonge jusqu'à l'extrémité. En écartant les bords de cette fente, dans les feuilles vertes, ou dans celles qui sont sèches, après avoir eu le soin de les faire macérer dans l'eau, on voit que les deux moitiés de la feuille se sont repliées sur elles-mêmes, et que les deux bords se sont si étroitement appliqués l'un sur l'autre, qu'on aperçoit difficilement, à l'œil nu, la ligne de contact. L'intérieur de la feuille n'est pas lisse comme l'extérieur; il est garni de nervures veloutées saillantes qui règnent d'un bout à l'autre.

Des coupes minces faites en travers de cette feuille vont nous permettre de reconnaître sa constitution intime.

Nous avons dit plus haut que les fibres des monocotylédonées, utilisées par l'industrie, se trouvaient disséminées dans les feuilles et dans les tiges d'une manière irrégulière, et qu'elles faisaient partie de faisceaux qui se prolongent dans toute la longueur.

Ces faisceaux sont de deux sortes : les uns, constitués par une agglomération compacte et homogène de fibres, forment des cordons cylindriques ou déprimés; il sont généralement très-fins. Les autres sont des cylindres ronds ou aplatis, beaucoup plus gros que les précédents ; les fibres utilisables, qui constituent en grande partie ces derniers, forment une couche résistante et d'épaisseur très-variable autour du faisceau. L'intérieur est rempli par des vaisseaux spiralés ou autres, puis par un tissu en voie de formation, comme celui qui se trouve dans le voisinage du cambium des dicotylédonées.

Les coupes représentées dans les pl. V, fig. 3 et pl. VI, fig. 1, 2, 3 et 4, montrent les sections de ces faisceaux fibro-vasculaires dans les feuilles de diverses monocotylédonées. Ils se trouvent disséminés dans un parenchyme à mailles larges et à parois très-minces.

Les feuilles des monocotylédonées sont donc composées de trois parties distinctes : 1° une couche épidermique lisse, coriace, assez épaisse, enveloppant la feuille de toutes parts; 2° des faisceaux de fibres ou cordons, des deux types que nous venons de décrire, se prolongeant dans toute la longueur de la feuille qu'ils ont pour destination de soutenir, en lui donnant de la roideur, de la ténacité et en même temps de l'élasticité; 3° un tissu cellulaire plus ou moins lâche, formant remplissage.

Il est à remarquer que, dans la plus grande partie des monocotylédonées, les fibres composant les faisceaux fibro-vasculaires se colorent en jaune par l'action des réactifs. Ce fait indique que ces fibres sont *lignifiées*, c'est-à-dire que la cellulose qui les constitue est imprégnée d'une matière azotée qui la durcit et lui fait prendre une couleur jaune sous l'influence de l'iode. Il est bon de rappeler que cette lignification fait perdre aux fibres leur souplesse et leur élasticité, à un degré plus ou moins grand; elles sont plus roides et plus cassantes que celles qui ne sont pas pénétrées de cette matière.

Nous n'avons trouvé de faisceaux fibro-vasculaires se colorant en bleu que chez les broméliacées et dans quelques espèces de palmiers.

La feuille de l'alfa nous présente une contexture différente

de celle des monocotylédonées en général, comme on peut le
voir par l'inspection de la fig. 1 de la pl. V.

On remarque dans la coupe de la feuille de l'alfa, que représente cette figure, des groupes ou faisceaux fibro-vasculaires *f, f...* disséminés dans l'intérieur de la feuille, mais le
remplissage, au lieu d'être fait par du parenchyme à cellules
larges et à parois minces, comme dans les autres monocotylédonées, consiste en une masse compacte de fibres fines,
pleines, serrées les unes contre les autres, *f', f'...*

Nous devons noter encore ici que les fibres composant les faisceaux fibro-vasculaires *f, f, f...* se colorent
en *jaune* par l'action des réactifs, comme dans presque
toutes les monocotylédonées, tandis que les fibres de remplissage *f', f', f'...* se colorent en *bleu* dans les mêmes circonstances.

La fig. 1, pl. V, nous montre, de plus, que les nervures dont
nous avons signalé la présence sur la face interne de la feuille
*e', e'...* ont une forme carrée ou anguleuse qui caractérise les
feuilles des stipacées, et que leur aspect velouté provient des
poils courts et nombreux qui les recouvrent.

L'examen de cette figure fait comprendre tout de suite la
faveur dont jouit cette plante à cause de sa grande richesse
en fibres pleines, régulières, d'une finesse extrême et dont
la souplesse et la qualité proviennent de la pureté de la
cellulose dont elles sont composées. Ici, comme dans mainte
autre circonstance, la science est venue, après coup, expliquer
et justifier les préférences et les choix déterminés par l'expérience et la pratique.

**150. — Examen en long des fibres de l'alfa. —**
Procédons maintenant au lessivage et au broyage des feuilles
dans un mortier. Lorsque l'action des alcalis a été assez éner-

gique, elles se réduisent facilement en une pulpe fibreuse qui, examinée au microscope, présente les caractères suivants : Les fibres se séparent facilement à l'aide des aiguilles ; elles sont courtes, fines, pleines, lisses, et elles laissent apercevoir un canal central très-fin. Remarquables par leur souplesse et leur tendance à se friser, elles sont assez uniformes de grosseur, et leur diamètre est régulier sur une grande partie de la longueur. Les pointes, rarement effilées et aiguës, sont souvent arrondies du bout, quelquefois tronquées, bifurquées, ou accompagnées de crans ou de sinuosités profondes.

**151. — Dimensions des fibres**. — Nous avons trouvé, pour longueurs extrêmes de ces fibres, $0^{mm},5$ et $3^{mm},5$ ; la moyenne paraît être de $1^{mm},5$.

Diamètres extrêmes, $0^{mm},007$ et $0^{mm},018$ ; moyenne, $0^{mm},012$. Le rapport de la longueur au diamètre est de 125 environ.

**152. — Examen des fibres dans les réactifs**. — L'action des réactifs permet de reconnaître de suite les fibres de deux natures différentes que nous avons signalées plus haut (149). Les unes se colorent en bleu ou en violet pâle ; leur canal intérieur est presque toujours apparent, et on remarque qu'il est rempli quelquefois d'une substance jaune grenue. Pl. IX, fig. 1, *b*, *c*. Les autres sont d'un jaune intense, ce sont celles qui proviennent des faisceaux fibro-vasculaires, elles se font remarquer par des pointes encore moins effilées et terminées quelquefois brusquement.

**153. — Coupes de l'alfa vues dans les liquides neutres**. — Les coupes des fibres sont arrondies ou ovalaires ; quelques-unes sont polygonales, par suite de la compression éprouvée pendant la croissance, mais, dans ce cas, les côtés sont un peu convexes et les angles émoussés. Ces coupes sont très-petites et portent en leur milieu un point très-fin indiquant la cavité intérieure.

**154. — Coupes traitées par les réactifs**. — Il est nécessaire d'employer les réactifs pour faire ressortir les caractères de ces fibres. On constate alors que les unes se colorent en bleu, les autres en jaune.

Les premières sont rondes, ovalaires ou quelquefois polygonales, marquées au centre d'un point très-petit, coloré souvent en jaune. Elles paraissent enchâssées dans un réseau jaune à mailles assez épaisses et de formes polygonales. On rencontre des fibres dont la contexture est toute particulière : elles sont composées de plusieurs couches concentriques ; celles de l'extérieur sont colorées en jaune, tandis que la couche de dernière formation, qui remplit le milieu de la fibre et en forme comme le cœur, prend une belle couleur bleue. Ces dernières fibres, qui appartiennent également à ce que nous avons appelé les fibres de remplissage, forment des bandes ou des îlots au milieu des autres et semblent avoir une tendance plus grande qu'elles à se lignifier. On voit, de plus, que cette modification commence à l'extérieur et marche de la circonférence vers le centre. Il en est dont la partie jaune est très-mince, le cœur bleu occupant un espace relativement considérable ; d'autres, au contraire, sont presque entièrement jaunes, le centre bleu étant très-petit et réduit quelquefois à un point. Dans les premières, l'ouverture intérieure est bien marquée et quelquefois accusée par un point jaune (pl. IX, fig. 1, *a*).

Enfin on remarque que certaines coupes sont entièrement jaunes ; celles-là sont presque toujours polygonales, à parois épaisses et portant une ouverture centrale, ronde ou ovale, plus grande que celles des précédentes et toujours vide. Elles appartiennent aux cellules des faisceaux fibro-vasculaires.

**155. — Conclusions**. — Cette étude nous a permis de constater que les fibres colorées en bleu, qui sont les plus nombreuses et les plus utiles dans la feuille, se développent dans un tissu de parenchyme colorable en jaune. Ce tissu enveloppant, dont les cellules sont fortement agglutinées entre elles, doit offrir un certain obstacle à la désagrégation et au blanchiment des fibres. Tous les efforts doivent donc se tourner vers la destruction de ce tissu par les moyens les plus énergiques, et en même temps aussi économiques que possible. Il faut, autant qu'on le peut, le faire disparaître avant de blanchir la pulpe, afin de rendre cette dernière opération moins coûteuse.

Cet examen nous a conduit, en outre, à reconnaître les avantages que ces fibres doivent présenter pour la fabrication du papier. Leur finesse extrême, leur grosseur uniforme, leur tendance à se friser ou à se crisper, leur transparence résultant de la pureté de la cellulose qui les constitue, la régularité des fibres que l'on peut considérer pratiquement comme étant de même longueur, tous ces caractères, disons-nous, désignent cette fibre comme particulièrement avantageuse pour faire du papier.

D'un autre côté, en ne faisant subir à la feuille qu'une désagrégation partielle, en conservant cette enveloppe ou gaîne dans laquelle les fibres sont enchâssées et au moyen de laquelle elles sont disposées en faisceaux compactes, on comprend que l'on trouve dans ce produit tous les éléments voulus pour faire des cordes douées d'une certaine solidité et de la sparterie très-résistante, quoique d'une finesse peu commune.

Nous faisons donc des vœux pour que cette précieuse graminée, dont nous possédons des champs immenses et inépuisables, puisse se répandre dans l'industrie et prendre, parmi les textiles, un rang digne de ses remarquables qualités.

———

## 2° SPARTE.

*(Lygeum Spartum.)*

Σπάρτος, *grec*; Spartum, *latin*; Esparto, *espagn.*; Sennera, Sennar ou Sennaghr, *arabe.*

**156. — Notice sur le sparte.** — Nous avons dit que, d'après l'assertion du commandant Charrier, le Lygeum spartum forme avec le Stipa tenacissima cette nappe végétale qui couvre les hauts plateaux de l'Algérie ; mais c'est en Espagne surtout que le sparte est connu et utilisé. Tous les échantillons d'alfa d'Algérie que nous avons trouvés dans le commerce, et que nous avons eu occasion d'examiner, étaient composés exclusivement de Stipa tenacissima ; nous n'avons pu nous procurer de Lygeum spartum que par des occasions particulières. L'étude de cette feuille nous a démontré que si elle est un peu moins riche en fibres utilisables, elle mérite cependant un intérêt presque égal à la première.

Elle se présente sous un aspect qui ne permet guère de la distinguer, au premier abord, de l'alfa. Elle ressemble comme cette dernière au jonc des marais ; elle est ronde, roide, tenace ; sa couleur est verte ou gris verdâtre, quelquefois jaune paille. Un examen attentif permet de remarquer que sa surface n'est pas aussi lisse que celle de l'alfa; elle est marquée de cannelures longitudinales.

La coupe d'une portion de la feuille, représentée pl. VI, fig. 2, fait voir par les sinuosités de la section de l'épiderme extérieure *e, e*, que ces cannelures sont très-accentuées. On remarque également que les nervures qui se trouvent à la surface interne de la feuille ont un profil très-différent de celui des nervures de l'alfa ; elles sont arrondies au lieu d'avoir la forme anguleuse de ces dernières. Les poils qui les garnissent sont plus courts et presque rudimentaires.

Les faisceaux fibro-vasculaires *f, f...* sont plus développés et occupent une place importante dans la feuille. Les fibres fines *f', f'...* que nous avons désignées comme fibres de remplissage, sont moins abondantes que dans l'alfa. Elles forment des îlots, s'appuyant sur l'épiderme et s'étendant à travers la feuille jusqu'aux faisceaux fibro-vasculaires. On les voit également former une bordure qui soutient les nervures, immédiatement en dessous de l'épiderme de la face intérieure.

Ces fibres de remplissage se colorent en bleu, comme celles de l'alfa, sous l'action des réactifs, tandis que les faisceaux fibro-vasculaires deviennent toujours jaunes.

En comparant la fig. 2 à la fig. 1 (pl. VI), on voit que la première contient une proportion beaucoup moins considérable de fibres dans l'intérieur de la feuille qui présente un plus grand développement de tissu cellulaire ou parenchyme.

**157. — Examen des fibres du sparte dans leur longueur.** — Les fibres isolées, vues au microscope dans leur longueur, ont la plus grande ressemblance avec celles de l'alfa. Elles sont également pleines, fines et lisses. Le canal, peu apparent, est très-fin. Elles se crispent et se frisent de la même manière ; les pointes ont aussi des formes pareilles.

**158**. — **Dimensions des fibres.** — Nous avons trouvé pour longueurs extrêmes : $1^{mm},3$ et $4^{mm},5$, moyenne $2^{mm}5$.

Diamètres extrêmes : $0^{mm},012$ et $0^{mm},020$, moyenne $0^{mm},015$.

Rapport de la longueur au diamètre, 160.

**159. Examen des fibres dans les réactifs.** — Le sparte traité par les réactifs ressemble beaucoup à l'alfa. La plupart des fibres se colorent en bleu pâle ou en bleu verdâtre; d'autres sont d'un jaune pur. Les premières ont le canal central très-fin et garni quelquefois de grains jaunes; les secondes ont les parois épaisses et l'ouverture centrale bien marquée et toujours vide. Les pointes de ces dernières sont souvent tronquées ou terminées en sifflet.

**160**. — **Coupes des fibres du sparte.** — Les coupes ont également le plus grand rapport avec celles de l'alfa. Les formes et les dimensions sont à peu près les mêmes.

**161**. — **Coupes traitées par les réactifs.** — L'action des réactifs fait ressortir les coupes bleues des fibres qui sont enchâssées dans un réseau jaune. A côté de ces fibres bleues, il s'en trouve de jaunes, provenant des faisceaux fibro-vasculaires ou de leur voisinage. Les parois de ces dernières sont épaisses et montrent des couches concentriques d'accroissement très-marquées; l'ouverture centrale est arrondie ou irrégulière et de dimensions relativement considérables; elle est toujours vide.

**162**. — **Conclusions.** — Les fibres du Lygeum spartum paraissent pouvoir être utilisées absolument de la même manière que celles de l'alfa, avec lesquelles elles ont la plus grande ressemblance.

# FAMILLE DES BROMÉLIACÉES.

## ANANAS.

### (*Ananassa sativa.*)

Pine apple, *angl.*; Piña, Silkgrass, *colonies angl.*

**163. — Notice sur les fibres des Broméliacées. —**
Tout le monde connaît le fruit savoureux de l'ananas, mais
on ignore généralement que la feuille longue, coriace, armée
de dents aiguës, de cette belle plante, produit un filament qui
peut être considéré comme le plus beau, le plus fin et le plus
fort de tous ceux qui ont été retirés des monocotylédonées.

Il est à remarquer qu'il se colore en bleu par les réactifs,
alors que les fibres provenant des faisceaux fibro-vasculaires des feuilles des monocotylédonées se colorent en jaune.
Ce fait indique que les fibres de l'ananas ne sont pas lignifiées
comme toutes les autres de même nature que nous avons étudiées, une seule exceptée. Ces fibres sont transparentes et
douées d'une grande souplesse ; elles ressemblent sous ce rapport aux cellules libériennes, colorables en bleu, que nous
avons rencontrées dans l'écorce des dicotylédonées ; mais elles
sont beaucoup plus fines que ces dernières.

On fabrique aux Philippines, avec le filament de l'ananas,
des tissus transparents et d'une finesse extrême, appelés
*baptiste d'ananas.* Ces merveilleux tissus sont ornementés de
charmantes broderies dans les couvents de Manille. On a pu
en voir dans plusieurs expositions internationales. Les Anglais
les désignent sous le nom de *Piña muslin.* Ces tissus examinés avec une forte loupe présentent cette particularité qu'ils

sont formés de fils n'ayant subi aucune torsion. Les faisceaux ou cordons, tels qu'on les retire des feuilles, sont d'une finesse et d'une régularité remarquables; ils sont lisses et unis comme des cheveux. Ces filaments, bien préparés et bien choisis, sont collés bout à bout (nœuds invisibles des Indiens), au lieu d'être réunis par la torsion. C'est ainsi que s'explique la transparence extraordinaire de ces tissus.

Pour obtenir ce beau textile, on étend les feuilles fraîches sur une planche et on enlève avec un couteau l'épiderme de la face extérieure de la feuille. On voit alors les faisceaux blancs et fins de fibres qui sont appliqués sur l'épiderme de la face opposée et qui courent d'un bout à l'autre de la feuille. On détache ces faisceaux avec le couteau et on achève de les enlever avec la main. Ce filament n'a de valeur qu'autant qu'il est retiré des feuilles fraîches; lorsqu'elles sont sèches, on ne peut plus les utiliser.

Des essais ont été tentés sur différents points pour faire connaître et utiliser ce textile. Ils ont été jusqu'ici sans résultat. Cet insuccès, dont la cause n'est pas bien expliquée, est d'autant plus fâcheux que le filament de l'ananas est aussi remarquable par sa force que par sa finesse. Des expériences faites sur des cordes de diverses grosseurs ont donné les résultats les plus satisfaisants. Un lot de filasse préparée à Madras a présenté une résistance de 120 kilogr. ; un autre provenant de Singapore a atteint 160 kilogr., tandis que le lin de la Nouvelle-Zélande (*Phormium tenax*) ne dépassait pas 120 kilogr. dans les mêmes circonstances. Des essais faits dans l'arsenal de Fort-William, aux Indes, ont montré qu'une corde de 8 centimètres de circonférence a supporté un effort de 2 800 kilogr., alors que la force réglementaire exigée par le gouvernement pour des cordages de cette dimension était de 2 100 kilogr.

On utilise encore les fibres fournies par d'autres Bromélias que l'ananas comestible. Nous citerons, entre autres, le *Bromelia karatas*, très-commun dans l'Amérique du Sud; le *Bromelia sagenaria*, connu au Brésil sous le nom de *Curratow* ou *Grawatha*; le *Bromelia pinguin*, ananas à feuilles larges, très-commun dans les Antilles; enfin le *Bromelia piña* ou *Pigna* des Philippines, que l'on croit être celui qui produit les magnifiques tissus dont nous avons parlé.

Forbes Royle rapporte que l'ananas comestible (*Ananassa sativa*), indigène des forêts humides de l'Amérique du Sud, a été importé aux Indes par les Portugais en 1594. Depuis cette époque, il s'est tellement propagé à l'état sauvage qu'on ne pourrait croire aujourd'hui qu'il n'est pas originaire de cette partie de l'Asie. Les Indiens lui ont donné un nom qui rappelle celui qu'il porte en Amérique; ils l'appellent *Tally nanas*.

**164. — Examen des filaments et des fibres de l'ananas dans leur longueur.** — Les filaments de l'ananas sont très-fins, très-souples et très-résistants. Ils se divisent avec la plus grande facilité, après avoir été lessivés et soumis à la trituration. Les fibres isolées sont fines, d'un diamètre assez régulier d'un bout à l'autre, mais de grosseurs très-différentes. Elles sont pleines et lisses; le canal intérieur, très-visible dans les plus grosses, ne l'est pas dans les petites. Elles sont souples, frisées, se crispant facilement sous une action mécanique. Les pointes, rarement aiguës, s'amincissent graduellement; elles sont arrondies du bout ou plutôt terminées en pointes émoussées.

Les fibres des autres espèces de Bromélias diffèrent de celles de l'Ananassa sativa. Le canal intérieur est beaucoup plus apparent et les parois plus minces; ces fibres présentent souvent des inégalités très-grandes dans le diamètre d'un même individu, aussi bien que dans l'épaisseur des parois.

**165. — Dimensions des fibres.** — La longueur des fibres de l'Ananassa sativa varie entre 3$^{mm}$ et 9$^{mm}$ ; la moyenne paraît être de 5$^{mm}$.

Les diamètres trouvés sont compris entre 0$^{mm}$,004 et 0$^{mm}$,008 ; la moyenne étant de 0$^{mm}$,006.

Le rapport de la longueur au diamètre serait donc de 830.

Les échantillons de Bromelia karatas, que nous avons étudiés, nous ont donné des proportions différentes :

Longueurs extrêmes, 2$^{mm}$,5 et 10$^{mm}$ ; moyenne, 5$^{mm}$.

Diamètres extrêmes, 0$^{mm}$,020 et 0$^{mm}$,032 ; moyenne 0$^{mm}$,024.

Rapport de la longueur au diamètre : 210.

Le Bromelia pinguin présente des résultats encore différents :

Les longueurs extrêmes sont 0$^{mm}$,75 et 2$^{mm}$,5 ; la moyenne paraît être de 2$^{mm}$.

Les diamètres extrêmes, 0$^{mm}$,008 et 0$^{mm}$,016 ; moyenne, 0$^{mm}$,013.

Rapport de la longueur au diamètre : 150.

**166. — Action des réactifs sur les fibres.** — Les réactifs colorent à peine les fibres de l'Ananassa sativa en bleu très-pâle. Elles sont même souvent incolores. Le canal intérieur se montre sous forme d'une ligne d'une extrême finesse. Les réactifs ne font du reste ressortir aucun caractère nouveau.

Les fibres des autres Bromélias se colorent souvent en jaune, même après un fort lessivage. Il est facile de constater qu'elles sont plus roides que les premières.

**167. — Coupes des feuilles et des fibres de l'ananas**. — La feuille de l'ananas, coupée en tranches minces perpendiculairement à son axe, présente un parenchyme à mailles larges, contenant des faisceaux fibreux assez rapprochés et nombreux. Il y en a de deux sortes : les uns très-petits, compactes, homogènes, ovales ou arrondis, forment une bordure le long de chacune des deux surfaces ; les autres, situés dans l'intérieur de la feuille, sont beaucoup plus gros et constituent des faisceaux fibro-vasculaires complets. Les coupes de ces derniers rappellent le profil d'une gourde ou d'un sablier ; elles se composent de deux croissants formés par des agglomérations de fibres ; ces croissants sont opposés l'un à l'autre par les pointes qui rentrent un peu vers le centre du faisceau, de manière que ce dernier paraît étranglé en ce point. Ce milieu contient quelques larges vaisseaux et un tissu en formation, analogue aux couches voisines du cambium dans les dicotylédonées. On remarque, sous l'épiderme, une ou plusieurs rangées de cellules petites, à parois épaisses, et dont l'ouverture centrale est arrondie. (Pl. VI, fig. 3.)

Les coupes des faisceaux montrent qu'ils sont très-serrés et compactes ; les sections ou tranches des fibres de l'Ananassa sativa, prises isolément, sont très-fines, arrondies, rendues quelquefois polygonales, par suite de la compression du faisceau pendant le développement de la feuille. Elles sont souvent aplaties et ovalaires. Le canal central n'est pas toujours indiqué ; il apparaît quelquefois sous forme d'un point très-fin, ou d'une ligne fort courte dans les fibres aplaties.

**168. — Action des réactifs sur les coupes**. — Les réactifs font ressortir un caractère qui n'apparaît pas sans leur emploi. On remarque que les fibres, de formes presque toujours arrondies, qui se colorent en bleu, sont enchâssées dans un réseau jaune, relativement assez épais, qui les enveloppe et rend le faisceau très-compacte. Il arrive quelquefois que les parois des fibres sont minces et en voie d'épaississement lorsque la dessiccation a lieu ; les coupes des fibres présentent alors des formes assez irrégulières ; elles sont contournées comme celles du coton, ou à angles rentrants comme le chanvre.

Les autres Broméliacées montrent dans leurs coupes des caractères à peu près pareils. Les tranches bleues sont enchâssées dans un réseau jaune, quelquefois très-épais.

**169. — Conclusions**. — Cette plante est tellement commune dans quelques-unes de nos colonies qu'il serait intéressant de la soumettre à des essais en grand pour en retirer et en utiliser les filaments dont nous avons constaté les remarquables qualités.

# CHAPITRE VII.

## MONOCOTYLÉDONÉES.

**B. — Plantes dont les fibres analogues aux fibres libériennes se colorent en jaune par les réactifs.**

# FAMILLE DES LILIACÉES.

### 1° PHORMIUM TENAX.

Lin de la Nouvelle-Zélande ; New Zealand flax, *angl.*

**170. — Notice sur le Phormium**. — Ce filament, dont le nom est si répandu, se rencontre rarement sur les marchés d'Europe. On donne ordinairement ce nom au jute, qui provient d'une plante toute différente, comme nous l'avons déjà vu. Bien que le phormium ait disparu de nos marchés, il mérite cependant d'être étudié. Nous le rencontrons aujourd'hui dans les jardins où on le cultive comme plante d'ornement ; il se développe avec une certaine vigueur sous notre climat et résiste même aux hivers sur quelques points du littoral. Des essais ont été faits pour le cultiver en grand en Irlande, mais l'abandon n'a pas tardé à succéder à l'enthousiasme, après des désastres causés par les hivers rigoureux. On a peut-être trop vite abandonné cette culture. Il se pourrait que des essais faits sur certains points de notre territoire donnassent des résultats plus satisfaisants.

Il existe peu de documents en France sur cette plante, considérée au point de vue industriel ; aussi pensons-nous que les renseignements suivants, tirés de l'ouvrage de Forbes Royle, pourront offrir quelque intérêt.

Le phormium tenax fut découvert par le capitaine Cook à la Nouvelle-Zélande, et il lui a consacré les lignes suivantes : « Ce pays produit une herbe dont les feuilles ressemblent aux « flammes des navires ; elle donne des produits semblables « à ceux du lin et du chanvre, mais d'une qualité supérieure ; « les indigènes en font des tissus pour se vêtir, des lignes « à pêcher, des filets, etc. » Elle fut introduite en 1798 dans le midi de l'Irlande, elle a même paru s'acclimater sur la côte ouest d'Écosse, mais les hivers d'Europe lui sont souvent funestes.

Les habitants de la Nouvelle-Zélande nomment cette plante *Koradi* ou *Korere,* et ses filaments portent le nom de *Muka.*

Les feuilles sont persistantes, dures, en forme de lames d'épée très-larges ; elles atteignent une longueur de 1 mètre 50 à 2 mètres. Une hampe, garnie d'une profusion de fleurs jaunes, les domine de 1 mètre à 1 mètre 50 ; les fleurs sont remplacées par des capsules triangulaires remplies de graines noires, plates, minces et brillantes. Les pieds âgés de trois ans donnent en moyenne trente-six feuilles, et, en outre, des rejets qui sortent des racines. Six feuilles produisent environ une once anglaise (30 grammes) de filaments secs, teillés et nettoyés. On calcule qu'une étendue d'un hectare, dans laquelle les pieds seraient plantés à un mètre de distance les uns des autres, produirait plus de 1,800 kilogrammes de filasse.

Pour retirer cette filasse, les habitants de la Nouvelle-Zélande font, avec une large coquille, une incision de chaque côté de la feuille, puis ils enlèvent l'épiderme ; ils détachent ensuite le parenchyme en raclant les faisceaux de fibres avec

la même coquille ; ils séparent ces faisceaux avec les doigts
et achèvent de les nettoyer avec des peignes. On sèche ensuite les filaments au soleil, et ils restent parfaitement blancs.
Les uns sont gros et forts, d'autres sont fins et soyeux. Il est
dit de cette plante que ses feuilles peuvent être coupées le
matin et ses filaments convertis en tissus avant le coucher
du soleil.

A une certaine époque, des quantités considérables de
phormium étaient importées en Angleterre, mais, la production en étant irrégulière, les importations ont toujours été en
diminuant.

Cette plante réussit surtout dans les terrains marécageux.
Un chef indigène, nommé Taohui, a envoyé des échantillons
de phormium à l'exposition de Londres de 1851. Il y a joint
la description des moyens employés pour préparer les filaments et pour les teindre en noir.

Ces filaments peuvent servir à une foule d'usages : ils
peuvent être employés dans certains tissus et conviennent
pour faire des cordages. De même que les autres filaments
blancs, ils prennent bien la teinture. Leur force est considérable. Dans les essais faits par Decandolle, le phormium a
présenté une résistance de 23,7, tandis que celles du lin et
du chanvre étaient, respectivement, de $11 \frac{3}{4}$ et de $16 \frac{3}{4}$. Il est
plus léger que ces derniers, mais on lui reconnaît le défaut
commun à toutes les fibres blanches de se casser aux nœuds.
M. John Murray, dans une brochure publiée sur un papier fait
avec cette fibre, rapporte que le vaisseau *Atalanta*, qui
faisait le service entre Southampton et les îles de la Manche,
ne portait que des cordages de phormium. Il ajoute qu'il a
vu des échantillons de cordes, ficelles, toiles à voiles, emballages, toiles pour literies, etc., fabriqués avec ce même textile.
Les voilures et les cordages du beau modèle de frégate pré-

senté par le roi Guillaume IV au roi de Prusse étaient également en phormium. Enfin le yacht du capitaine Harris, qui
était une merveille de construction navale, portait une voi-
lure faite de trois variétés de *lin de la Nouvelle-Zélande*.


**171. — Examen en long des filaments et des fibres
du phormium**. — La filasse du phormium tenax, provenant
du pays d'origine, est presque blanche, douce, souple, d'un
brillant soyeux ; les faisceaux, de grosseur inégale, se divisent
peu par le froissement ; ils ont une grande élasticité et paraissent très-légers. Leur résistance à la traction est assez
grande, mais ils se cassent facilement sous l'ongle. Comme
toutes les fibres blanches (*white fibres* des Anglais), ils se
coupent net lorsqu'on exerce un effort brusque sur un fil ou
une corde dans laquelle on a fait un nœud.

Les fibres, examinées dans leur longueur, se font remarquer
par le peu d'adhérence qu'elles ont entre elles ; on les sépare
facilement avec les aiguilles ; isolées, leur diamètre paraît
très-régulier, les parois ont une épaisseur uniforme et la surface en est lisse. Elles sont roides, droites et très-fines. Le
canal central est très-apparent.

Les pointes s'amincissent régulièrement et graduellement
comme celles du lin ; elles se terminent comme des pointes
d'aiguilles (pl. VIII, fig. 3, *b*, *c*).


**172. — Dimensions des fibres**. — La longueur des
fibres du phormium est en moyenne de $8^{mm}$ à $10^{mm}$. Les extrêmes observés ont été $5^{mm}$ et $15^{mm}$.

Le diamètre varie entre $0^{mm},010$ et $0^{mm},020$ ; moyenne
$0^{mm},016$.

Le rapport de la longueur au diamètre peut être estimé à
550.

**173. — Fibres vues en long dans les réactifs.** —
L'action des réactifs développe une couleur jaune dans les
fibres du phormium et ne fait pas ressortir de caractères nouveaux. Néanmoins il est bon de ne pas négliger leur emploi
qui rend plus apparents et plus tranchés les caractères que
nous avons décrits plus haut.

**174. — Coupes des feuilles et des fibres du phor-
mium.** — L'examen des coupes faites en travers des feuilles
montre qu'elles sont excessivement riches en fibres. Ces dernières, qui sont très-fines, se trouvent agglomérées dans des
faisceaux fibro-vasculaires compactes et volumineux. Dans la
partie épaisse des feuilles, ces groupes sont situés le long de
l'épiderme; leur section affecte des formes ovales très-allongées
dont le grand axe est perpendiculaire à la surface de la feuille.
Il en est qui sont composés uniquement de fibres, ils forment
des faisceaux ou des cordons plus petits que les autres; leur
section est ovale et il existe une très-petite différence entre les
longueurs des deux axes. Les autres présentent une section
ovale, rétrécie quelquefois vers le milieu, mais très-allongée,
de manière à donner à cette coupe la forme d'une semelle.
L'extrémité opposée à l'épiderme est terminée par un croissant, peu développé, de fibres plus grosses que les autres.
Entre les branches de ce croissant se trouve un tissu à mailles larges, formé de gros vaisseaux et de cellules en voie de
formation. Ce tissu s'avance en pointe vers l'autre extrémité
du faisceau et pénètre comme un coin aigu dans l'agglomération de fibres fines et serrées qui remplit cette extrémité de la
coupe.

Dans la partie mince des feuilles, ces cordons à section allongée occupent presque toute leur épaisseur. Leurs coupes
sont un peu différentes de celles que nous venons de décrire.

Les groupes de fibres qui garnissent les deux bouts sont presque aussi volumineux l'un que l'autre. Entre deux coupes voisines on aperçoit, par endroits, des groupes beaucoup plus petits, ovales et composés de fibres agglomérées d'une manière compacte (pl. IV, fig. 3). Tous ces groupes contiennent une quantité considérable de fibres. Ces faisceaux relativement volumineux et formés par une masse serrée de fibres très-fines expliquent la ténacité que présentent ces filaments dans certaines conditions. De là, cette qualification de *tenax,* qui est devenue le nom d'une espèce, la plus connue dans nos pays.

Étudiées au grossissement de 300 diamètres, les coupes des fibres se présentent comme des polygones à angles saillants et à ouverture centrale petite, arrondie et à bords lisses. Les côtés des polygones ne sont pas généralement droits, ils sont un peu convexes; les angles sont arrondis. Ces fibres, dépourvues de formes anguleuses bien accentuées, ne sont donc en contact que par quelques points de la surface; il en résulte qu'elles sont peu adhérentes entre elles et qu'elles se séparent très-facilement avec les aiguilles après le lessivage. Quand le filament a subi un certain degré de blanchiment, les groupes ne sont plus aussi fournis et on rencontre beaucoup de coupes isolées.

**175. — Coupes du phormium dans les réactifs.** — Les coupes des fibres, traitées par les réactifs, se colorent en jaune, peu intense si elles sont minces. Leurs formes apparaissent alors d'une manière plus nette, mais il ne se révèle aucuns caractères nouveaux. Lorsque les filaments ont reçu un commencement de blanchiment, ils manifestent une tendance à se colorer en bleu; les coupes prennent alors une teinte verdâtre, mélange de jaune et de bleu.

**176. — Conclusions.** — Nous croyons que le filament du phormium mérite d'être signalé aux industriels. La vigueur avec laquelle cette belle plante se développe dans notre climat, surtout sur certains points du littoral, permet de croire qu'il serait possible d'en tirer un parti utile. On ne peut espérer que ce filament puisse rendre les mêmes services que le lin et le chanvre, mais il est souple, tenace et d'un brillant soyeux; il pourrait trouver des applications spéciales dans les tissus mixtes destinés aux vêtements et à l'ameublement; on pourrait encore l'employer pour les cordes de luxe, etc. Il n'est pas douteux qu'il conviendrait parfaitement pour le papier; il serait, pour cet usage, bien supérieur au jute, quoique ses fibres paraissent également roides, mais elles sont plus longues et plus fines.

Du moment que son acclimatation paraît possible dans certaines localités, des essais devraient être poursuivis avec persévérance.

2° YUCCA (diverses espèces).

Adam's needle, *angl.* (aiguille d'Adam).

**177. — Considérations générales.** — Nous cultivons dans nos jardins, en France, plusieurs espèces d'yuccas, qui semblent s'acclimater sans difficulté et prendre un développement assez considérable. La feuille contient des filaments qui, convenablement traités, ressemblent beaucoup à ceux fournis par les *Agaves,* connus vulgairement sous le nom de *Pite* ou *Aloès.*

Il paraît certain que dans les envois de Pite qui arrivent sur les marchés d'Europe, il se trouve souvent une proportion plus ou moins considérable de filaments d'yucca. Il est assez difficile de les distinguer l'un de l'autre, et ils sont propres aux mêmes usages. L'étude de ce filament présente donc un certain intérêt.

Il est à remarquer que cette plante est originaire des provinces méridionales des États-Unis où elle est exposée à de grandes variations de température. Il n'est donc pas étonnant qu'elle ait pu s'acclimater en pleine terre dans certaines parties de l'Europe. On a essayé de la cultiver dans les possessions anglaises, aux Indes, où on a retiré une filasse fine et très-tenace de l'*Yucca angustifolia*. On en a obtenu également de l'*Yucca aloëfolia* et de l'*Yucca filamentosa;* ces dernières espèces ont fourni une filasse dont l'aspect brillant lui a fait donner par les Anglais le nom de *silk grass* (herbe de soie). D'autres espèces, telles que le *Yucca gloriosa* et *Yucca variegata,* ont été également utilisées. Ce filament se teint facilement en rouge, en violet, en vert et en noir.

**178. — Examen en long des filaments de l'yucca.** — Les filaments de l'yucca sont blancs, brillants, roides, composés de faisceaux irréguliers dont la plupart sont très-gros. En les froissant fortement entre les doigts, ces faisceaux se divisent et s'affinent, mais ils conservent toujours beaucoup de roideur. Ce filament est léger et possède une assez grande ténacité lorsqu'on fait l'essai sur un certain nombre de faisceaux; mais, en les prenant isolément, ils sont cassants et se coupent facilement sous l'ongle.

Vus dans la glycérine ou dans l'eau, les groupes se divisent sans peine à l'aide des aiguilles, en fibres fines, courtes, roides, présentant un canal central très-apparent. Les parois sont généralement épaisses.

Les pointes s'amincissent régulièrement, elles sont arrondies du bou..

**179. — Dimensions des fibres.** — Les longueurs observées ont varié depuis $0^{mm},5$ jusqu'à $6^{mm}$; la moyenne paraît être de $3^{mm},5$ à $4^{mm}$.

Les diamètres se trouvent compris entre $0^{mm},01$ et $0^{mm},02$.

Le rapport de la longueur au diamètre peut être estimé à 170.

**180. — Examen des fibres en long dans les réactifs.** — Les fibres de l'yucca se colorent en jaune par l'action des réactifs qui ne font ressortir aucuns caractères nouveaux.

**181. — Coupes des feuilles et des filaments de l'yucca.** — En pratiquant des coupes minces perpendiculairement à l'axe des feuilles, on reconnaît qu'elles ne sont pas très-riches en fibres. Deux rangs de groupes, petits et ovales, sont espacés assez régulièrement le long de l'épiderme, un rang sur chaque face. Les uns sont pleins et forment des cordons à section ovale et compacte. D'autres sont encore en voie de formation et portent une échancrure contenant des vaisseaux à grande section et probablement un centre de cambium donnant naissance à de nouvelles fibres. Vers le milieu de la feuille, on rencontre une rangée de faisceaux beaucoup plus gros et d'une contexture différente; ils sont formés par deux groupes de fibres agglomérées. Les sections de ces groupes présentent deux croissants opposés l'un à l'autre par leurs pointes; au milieu se trouvent de gros vaisseaux, et un foyer de cambium.

Les coupes des fibres sont polygonales, à côtés droits et à angles vifs; elles sont serrées les unes contre les autres de manière à former des faisceaux très-compactes. L'ouverture centrale est petite et arrondie; les parois sont épaisses.

**182. — Coupes des fibres dans les réactifs.** — Les coupes des fibres d'yucca se colorent en jaune sous l'action des réactifs ; les caractères précédemment décrits deviennent plus nets et plus apparents, mais aucun détail nouveau ne mérite d'être signalé.

**183. — Conclusions.** — Nous n'insisterons pas davantage sur ce filament qui ne présente qu'un intérêt secondaire. Son mélange avec les filaments de Pite ne peut être considéré comme abaissant la valeur de ce dernier, car les fibres des Yuccas paraissent valoir au moins celles des Agaves.

---

### 3° SANSEVIÈRE.

#### (*Sansevicra Zeylanica.*)

Moorva, *sans.* ; Moorga et Moorgavee, *beng.* ; Marool, Neyenda, Chaga, Saga, Katu-Kapel, *Indes* et *Archipel* ; Bowstring hemp.

**184. — Notice sur les filaments de Sansevière.** — Cette plante est très-commune sur la côte de Guinée et sur quelques autres points de l'Afrique, dans l'île de Ceylan et le long de la côte du Bengale. On la trouve aussi à Java et en Chine. Elle aime les terrains salés des bords de la mer, croît abondamment sous les fourrés des jungles, se propage avec facilité et n'exige presque aucun soin pour sa culture.

Les feuilles sont charnues et contiennent une quantité considérable de filaments remarquables par leur finesse et par leur ténacité. Ces filaments ont été importés, de temps en temps, en Europe et ils sont considérés comme supérieurs à ceux du Phormium. On leur a donné le nom de *bowstring-hemp* aux Indes, parce que les indigènes s'en servent pour confectionner les cordes de leurs arcs. Cet usage remonte à des temps très-éloignés.

Les feuilles peuvent être amenées par la culture à acquérir

une longueur de $1^m$ à $1^m,30$; les filaments règnent dans toute la longueur. Pour les isoler, les indigènes fixent, avec leur pied, le bout de la feuille sur une planche bien lisse, et, avec une sorte de couteau en bois qu'ils tiennent des deux mains, ils enlèvent, en raclant, l'épiderme et le parenchyme, et nettoient ainsi complétement les faisceaux de fibres. Quelquefois on facilite cette opération en faisant macérer les feuilles dans l'eau jusqu'à ce que la partie charnue soit détruite par la putréfaction. Mais cette dernière opération nuit à la couleur et à la force du filament.

Le docteur Roxburgh a reconnu que les feuilles de sansevière produisent un quarantième de leur poids de filaments bruts. Il estime d'après cela qu'un hectare cultivé avec cette plante donnerait, à chaque coupe, environ 1,600 kilog. de filaments ; lorsque les plantes ont acquis un certain âge, elles peuvent être coupées deux fois chaque année, pourvu que le sol leur convienne et que la saison soit favorable. On doit encore au même auteur les données suivantes : une ficelle de $1^m,30$ de longueur a supporté un effort de 60 kilog., tandis qu'un brin pareil de chanvre de Russie n'a porté que 52 kilogr. De plus, la première, après une macération dans l'eau de 116 jours, a pu encore soutenir un poids de 15 kilog., tandis que le chanvre de Russie, soumis à la même épreuve, était complétement pourri.

Un faisceau de filaments de sansevière, non tordus, a supporté un effort de 135 kilog., alors qu'un faisceau pareil d'*aloès* (Agave americana) a pu soutenir 140 kilog. Des ficelles produites par torsion avec les mêmes textiles ont atteint 158 kilog. pour le premier, et 181 kilog. pour le second. On peut donc les considérer comme ayant une ténacité à peu près égale.

Des essais officiels faits à Calcutta ont donné pour le chanvre d'Europe 106 kilog. et pour le moorva 68 kilog. Ce dernier provenait de feuilles prises dans les jungles, à l'état sauvage.

La grande finesse de ce textile et sa ténacité assez considérable le désignent pour une foule d'emplois. Les filaments sont fins et soyeux comme des cheveux, mais ils ont une grande roideur qui a présenté des obstacles sérieux aux essais de tissage qui ont été faits. Il faudrait rechercher des moyens de les assouplir. Ils prennent facilement la teinture, surtout le rouge, l'orangé, le marron et le vert. L'étoupe est employée aux Indes pour la fabrication du papier.

Cette plante croît avec une grande vigueur là où elle trouve des conditions qui lui conviennent, elle se propage et se cultive avec la plus grande facilité. On pourrait isoler les fibres à peu de frais à l'aide de moyens mécaniques. Elle peut donc être considérée comme offrant certains avantages. Les filaments qu'elle produit sont propres à presque tous les usages. Il serait intéressant d'essayer cette culture sur les points favorables du littoral de nos possessions d'Afrique. Nous désirons vivement voir l'attention se porter sur cette plante qui possède des qualités textiles incontestables.

**185. — Examen des fibres en long.** — Les faisceaux de sansevière sont fortement agglomérés ; ils sont d'une grande finesse et constituent une filasse blanche, brillante, mais douée d'une roideur qui ne disparaît pas par le froissement.

Les fibres sont creuses, droites, lisses, à parois minces et d'épaisseur uniforme. La cavité centrale est large ; les pointes sont effilées et aiguës.

Le *Sanseviera latifolia* donne une filasse dont les faisceaux sont plus gros ; elle s'affine un peu par le froissement. Ce filament présente, du reste, les mêmes caractères que le précédent.

**186. — Dimensions des fibres.** — Les longueurs extrêmes sont de $1^{mm},5$ et $6^{mm}$; la moyenne est de $3^{mm}$.

Le diamètre varie entre $0^{mm},015$ et $0^{mm},026$; moyenne $0^{m},020$.

Le rapport de la longueur au diamètre est de 150.

Les fibres du *Sanseviera latifolia* sont un peu plus longues, nous en avons trouvé qui atteignaient $8^{mm}$. La moyenne paraît être de $5^{mm}$. La grosseur des fibres est à peu près la même que celle des précédentes. Le rapport de la longueur au diamètre peut être estimé à 200.

**187. — Coupes des feuilles et des fibres.** — Les feuilles de Sanseviera zeylanica sont étroites et charnues. Une coupe, pratiquée perpendiculairement à leur axe, se présente sous la forme d'un croissant court et épais. Sous l'épiderme on aperçoit une rangée assez régulière de groupes de fibres, arrondis ou ovalaires, le grand axe de l'ovale étant perpendiculaire à la surface de la feuille. L'intérieur de cette feuille est rempli de pàrenchyme à cellules arrondies. Dans ce parenchyme se trouvent disséminés des groupes de fibres assez nombreux. Les uns, très-petits, sont composés uniquement de fibres textiles; les autres, beaucoup plus gros, sont des faisceaux fibro-vasculaires dont la forme est ovale. Les deux extrémités de l'ovale sont remplies de fibres agglomérées en forme de croissant. Le croissant qui se trouve du côté de l'épiderme extérieur est plus développé que l'autre, et les fibres qui le composent ont les parois plus épaisses. L'espace compris entre les croissants est garni par quelques gros vaisseaux et un tissu en voie de formation. Les cordons de fibres plus petits qui se trouvent dans le parenchyme présentent des sections très-irrégulières, par suite de la compression produite par le parenchyme environnant pendant le développement de la plante (pl. VI, fig. 1).

Les sections des fibres sont polygonales, à côtés droits et à angles émoussés ; les parois ne sont pas très-épaisses. L'ouverture centrale est large, à bords lisses, et elle présente un contour anguleux comme l'extérieur de la coupe. Les lignes de contact de ces coupes sont bien apparentes.

**188. — Action des réactifs sur les fibres et sur les coupes.** — Les fibres et leurs coupes, traitées par les réactifs, se colorent en jaune, mais ne présentent aucun autre caractère que ceux que nous venons de décrire.

**189. — Conclusions.** — Ce filament a une ténacité plus grande que celle des fibres blanches en général. Il ne faut pas oublier que dans certaines parties des Indes, il jouit d'une grande faveur et qu'il possède une force considérable lorsqu'il est bien préparé.

Nous pensons qu'il est utile d'attirer l'attention sur cette plante textile qui pourrait être cultivée dans nos colonies.

---

# FAMILLE DES AMARYLLIDÉES.

---

### PITE OU ALOÈS.

*(Agave americana.)*

Century plant, *Angl.* ; Pita, Carata, Cantala, Bans keora, Petha-Kalabuntha, *Indes.*

**190. — Notice sur le chanvre pite ou aloès.** — On trouve dans le commerce un filament blanc et brillant connu sous le nom de *Pite, Chanvre pite* ou *Aloès.* Ce dernier nom est tout à fait impropre, car ce n'est pas le produit d'un aloès, mais de l'*Agave americana*, le même que l'on cultive en Europe comme plante d'ornement.

En Amérique, cet agave acquiert des proportions énormes; ses feuilles, en forme de glaives, garnies sur les bords d'épines courtes et dures, et terminées par une pointe aiguë, atteignent une longueur de près de 3 mètres et une épaisseur de plusieurs centimètres. Ces feuilles gigantesques, fortement attachées et groupées autour du collet de la racine, rendent l'agave particulièrement utile pour faire des haies ou des clôtures. On l'emploie à cet usage en Espagne, en Italie et en Sicile. Il faut trois ans pour le complet développement de cette plante; mais elle ne fleurit qu'au bout de huit, quelquefois même de vingt ans. De là, sans doute, cette croyance populaire que l'agave ne fleurit que tous les cent ans. Ses fleurs garnissent une hampe très-haute, en forme de candélabre, qui sort du milieu du pied et se développe avec une rapidité prodigieuse. Ce sont les feuilles qui contiennent les filaments, exploités aussi bien dans les pays d'origine que dans ceux où l'agave a été naturalisé. Ces filaments, qui ont toute la longueur de la feuille, sont d'une ténacité remarquable, et on les emploie pour faire des cordages et des ficelles. Dans notre pays on les utilise surtout pour les cordes de luxe.

Pour retirer les filaments, on écrase les feuilles, on les fait macérer dans l'eau, puis on les bat fortement pour faire sortir tout le parenchyme; les filaments restent alors nets et brillants. On leur donne le nom de *fibres de pita*. Au Mexique, on en fabrique des cordages qui servent pour les mines, et même pour l'équipement des navires.

Aux Antilles, on en fait des cordes, des filets de pêche, etc... On en retire les filaments en plaçant les feuilles sur une planche et en les raclant avec une barre de fer carrée que l'on tient des deux mains. Cette opération débarrasse la feuille de son épiderme, elle fait sortir le parenchyme et finit par isoler complétement les faisceaux de fibres.

En Portugal, on nomme ce textile *filo de pita;* en Espagne, *Pita*. En Sicile, on l'emploie sous le même nom pour faire des cordages et des paillassons. Dans l'Amérique du Sud, on en confectionne des cordages du plus gros diamètre.

Ce même nom de *Pita* est encore donné à plusieurs autres filaments, tels que ceux retirés de certains bromélias et de plusieurs yuccas avec lesquels le véritable Pite a beaucoup de ressemblance. Les cordages de Pite sont d'un sixième moins lourds, à volume égal, que ceux de chanvre. Ce fait est facile à expliquer. La cavité centrale, très-grande par rapport au volume de la fibre, est remplie d'air; ces cellules, creuses et fermées ne laissent pénétrer l'eau que très-lentement, et le cordage flotte à sa surface. Le Pite est aussi moins hygrométrique que le chanvre. Une corde faite avec ce textile et longue de 300 pieds anglais ne s'est raccourcie que de 16 pieds 2 dixièmes, tandis qu'une corde pareille en chanvre s'est contractée de 21 pieds 6 dixièmes.

Les données relatives à la force et à la résistance des filaments de l'agave sont tout à fait contradictoires. Il est donc difficile de se former une opinion sur leur valeur réelle. Il faut constater cependant qu'on les emploie à un grand nombre d'usages dans les pays où prospère cette belle plante.

Nous croyons utile de reproduire le tableau suivant que nous trouvons dans l'ouvrage de Forbes Royle.

Une corde d'aloès (Agave americana), longue de 2 mètres et de 8 centimètres de circonférence, s'est cassée sous un effort de . . . . . . . . . . . . . . . . . . 1,250 kil

Une corde de coir (bourre du cocos nucifera), de mêmes dimensions, a cédé sous un effort de     1,088

Une corde pareille de sunn . . . . . . .  1,135
Une corde de jute.   . . . . . . . . .  1,230

Forbes Royle a essayé deux faisceaux semblables, de pite et de chanvre de Russie. Le premier a supporté 135 kil., tandis que le second s'est rompu sous une charge de 80 kil.

Les filaments de l'Agave americana ne sont pas les seuls qui aient été utilisés. Ceux de l'*Agave vivipara*, de l'*Agave angustifolia* et de l'*Agave yuccæfolia* sont livrés également au commerce sous le même nom de *Pite* ou *Chanvre pite*.

**191. — Examen en long des filaments et des fibres de pite.** — Le pite se rencontre sous forme de filaments gros, brillants, blancs, très-légers, très-roides, et d'une ténacité assez grande. Ils se divisent par le froissement, tout en conservant leur roideur.

Les fibres isolées sont courtes et à parois minces, la cavité centrale est très-large. Elles sont renflées au milieu et se terminent par des pointes larges dont la forme la plus fréquente est celle d'une lame de sabre ; elles sont quelquefois lobées ou bifurquées. L'épaisseur des parois varie sur différents points d'une même fibre, elle est très-irrégulière. Le profil extérieur est souvent ondulé ou dentelé jusqu'à la pointe.

**192. — Dimensions des fibres.** — Les longueurs extrêmes trouvées sont $1^{mm},5$ et $4^{mm}$. La moyenne est de $2^{mm},5$.

Les diamètres extrêmes ont été trouvés de $0^{mm},020$ et $0^{mm},032$ ; moyenne, $0^{mm},024$.

Le rapport de la longueur moyenne au diamètre moyen peut être estimé à 100 environ.

Les fibres de l'*Agave angustifolia* ont un peu plus de longueur et une finesse plus grande ; leur rapport paraît être de 150.

**193. — Examen des fibres dans les réactifs.** — Les réactifs développent une couleur jaune dans les fibres de l'Agave americana ; ils font ressortir d'une manière plus saisissante leur irrégularité. Elles présentent, en effet, des élargissements brusques, surtout vers le milieu, quelquefois vers l'une des extrémités. La cavité centrale est plus large que les parois ne sont épaisses. Les pointes sont presque toujours grosses ; mais il y en a, quelquefois, qui sont terminées en pointes aiguës ; on en voit aussi qui sont bifurquées (pl. IX, fig. 2, *b, c, c*).

Les fibres de l'Agave angustifolia paraissent plus fines que les précédentes, mais on y remarque tous les caractères que nous venons de signaler, surtout l'irrégularité de grosseur dans une même fibre et l'épaisseur variable des parois.

**194.— Coupes des feuilles et des fibres de l'Agave americana.** — Une coupe, pratiquée perpendiculairement à l'axe d'une feuille d'agave, montre que les faisceaux de fibres disséminés dans le parenchyme sont assez nombreux. Les coupes de ces faisceaux sont de deux sortes ; les unes sont pleines, homogènes et composées uniquement de fibres agglomérées ; les autres, beaucoup plus grandes, appartiennent à des faisceaux fibro-vasculaires, de formes arrondies. Ces dernières coupes présentent deux groupes opposés de fibres agglomérées ; l'un d'eux, le plus volumineux, a la forme d'un croissant ; l'autre, de forme moins déterminée, vient appuyer ses deux extrémités sur les pointes du croissant du premier. Au milieu se trouvent des vaisseaux spiralés et autres, et un foyer de cambium peu considérable (pl. V, fig. 3).

Les sections des fibres sont polygonales, à côtés droits ; les angles en sont un peu émoussés. La ligne de contact des fibres est très-apparente, surtout lorsqu'elles sont épaisses.

L'ouverture centrale, très-grande, est polygonale et rappelle la forme extérieure de la coupe, mais les angles sont moins accentués.

**195. — Action des réactifs sur les coupes de l'agave.** — Les réactifs colorent ces coupes en jaune, ils font ressortir d'une manière plus nette les lignes de contact des sections des fibres. Celles dont les parois sont épaisses paraissent disposées à éprouver un certain gonflement sous l'action de l'acide sulfurique. Les contours de l'ouverture centrale ne sont plus aussi lisses; ils paraissent parfois ondulés ou dentelés. La forme générale de cette ouverture est presque toujours semblable à celle du contour extérieur. On rencontre fréquemment des fissures ou des lignes très-fines qui traversent la paroi d'une fibre et viennent aboutir à une fissure de la fibre contiguë; ces deux lignes semblent n'en former qu'une seule (pl. IX, fig. 2, *a*).

**196. — Conclusions.** — On voit par l'examen qui précède, que ce filament doit présenter tous les caractères d'infériorité que nous avons reconnus dans les fibres blanches, qui sont roides, courtes, et à parois relativement minces. Il est, comme ces dernières, cassant sous certains efforts, et il perd sa ténacité lorsqu'il est soumis au lessivage et à une humidité prolongée ; mais cette ténacité, dans les circonstances ordinaires, est plus grande que celle du jute.

Malgré les inconvénients inhérents à sa nature, ce textile présente cependant un grand intérêt et mérite la faveur qui lui est acquise pour certains usages. L'agave réussit parfaitement dans nos colonies d'Afrique; on l'a donné en nourriture aux chevaux, en coupant les jeunes feuilles en tranches transversales, comme on le fait pour les carottes et autres racines. Enfin cette plante, qui se développe sous un climat brûlant et dans le sol le plus maigre, peut être utilisée avec avantage pour faire des clôtures impénétrables, et aussi pour arrêter la marche progressive des sables mouvants. Nous pensons donc que sa culture mérite, à tous ces titres, d'être favorisée et préconisée dans notre colonie algérienne.

# FAMILLE DES MUSACÉES.

### BANANIER, ABACA, CHANVRE DE MANILLE.

(*Musa textilis*, *M. Paradisiaca*, *M. Sapientum*, etc.)

Plantain, Manilla hemp, *Angl.*; Abaca, *îles Philippines*; Agotaï, Agotag, Amoquid, Sagig, Laquis, Pissang utan, Kula abbal, Fana, Coffo, *archipel indien*.

**197. — Notice sur l'abaca ou chanvre de Manille.** — Le bananier est la plante la plus précieuse des tropiques. Il produit des fruits qui forment un aliment de premier ordre, et des filaments longs, soyeux et résistants qui sont contenus dans ses feuilles. Sous ces latitudes, le bananier remplace, au point de vue de l'alimentation, les graminées des zones tempérées.

Cette plante est la plus grande des plantes herbacées. Elle n'a pas de tige véritable, mais les feuilles, qui sont engaînantes à leur base, se recouvrent l'une l'autre dans cette partie, et forment un tronc de dimensions souvent énormes. Elles protégent ainsi la fleur et le régime de fruits qui sort de leur sein et s'incline vers la terre en quittant cette gaîne massive. C'est à partir de ce point aussi que les feuilles s'élargissent en limbes gigantesques, marqués de veines parallèles entre elles et perpendiculaires à la côte épaisse qui se prolonge au milieu, dans toute la longueur. Les feuilles se déchirent sous l'influence du vent, suivant ces veines parallèles, tout en restant attachées à la nervure centrale; aussi cette plante est-elle beaucoup plus belle dans nos serres, où elle est à l'abri des intempéries, que lorsqu'elle est à l'état sauvage. La partie engaînante des feuilles et les nervures sont remplies de filaments.

Le *Musa textilis,* qui doit surtout attirer notre attention, est indigène aux îles Philippines. Son fruit n'est pas comestible. Parmi les autres espèces qui offrent aussi un certain intérêt sous le rapport des filaments, les unes sont à gros fruits, peu estimés des européens, mais préférés par les populations des pays où ils croissent; les autres ont des fruits plus petits et plus savoureux qui sont recherchés par les étrangers.

Le *Musa textilis* ou *Abaca* est très-abondant dans les régions volcaniques des îles Philippines; on le rencontre depuis Luçon, dans la province nord de Camarine, jusqu'à Mindanao. On le retrouve encore, vers le midi, jusqu'aux Moluques. On doit donc considérer cette espèce comme pouvant prospérer depuis l'Équateur jusqu'au 20ᵉ degré de latitude nord. Il réussirait très-probablement, dans toutes les régions qui se trouvent dans des conditions similaires, quant à la nature du sol, à la chaleur et à l'humidité du climat.

Aux îles Phillipines, des villages entiers payent leur tribut et pourvoient aux dépenses locales avec le produit de l'abaca; de plus, il leur fournit tout ce qui est nécessaire pour le vêtement, et il suffit à presque tous les autres besoins des habitants.

On le coupe à l'âge de dix-huit mois, avant que la fleur paraisse; on a reconnu que, passé cette époque, les filaments sont moins forts; en les retirant plus tôt, ils sont plus courts et plus fins. Le pied est coupé rez terre, et les feuilles immédiatement au-dessous du point où commence le limbe. On fend l'espèce de tronc ainsi obtenu et on en retire la tige à fleurs qui se trouve au centre. Les couches extérieures de cette masse de feuilles, ou plutôt de pédoncules qui s'enveloppent les uns les autres, contiennent les filaments les plus forts et les plus grossiers auxquels on donne le nom de *bandala;* ils servent pour la fabrication des cordages. Les couches du centre donnent les fibres les plus fines, connues sous le nom de *lupis;* on les emploie pour fabriquer les tissus fins que l'on appelle *nipis.* Les couches intermédiaires fournissent un filament qui porte le nom de *tupoz,* avec lequel on tisse des gazes et autres étoffes de finesses différentes.

Les feuillets ou couches ainsi séparées sont laissées pendant un jour à l'ombre pour sécher, ensuite on les divise en bandes de 10 centimètres de large environ. On enlève l'épiderme intérieur, puis, à l'aide de couteaux ou de lames de bambou, on racle les fibres jusqu'à ce qu'elles restent seules, débarrassées de tout le parenchyme qui les entoure. On secoue alors les faisceaux obtenus, de manière à bien séparer les filaments; on les lave, on les fait sécher et on trie les plus fins; les femmes se chargent de cette opération, qu'elles exécutent avec une dextérité remarquable.

Les faisceaux destinés à la fabrication des cordages ne reçoivent pas d'autre préparation. Les plus fins sont assouplis en les battant avec un maillet de bois, puis on les met en paquets. On les colle ensuite bout à bout et on forme un peloton du fil ainsi obtenu; il sert pour le tissage des étoffes. Les tissus qui en proviennent sont mis à tremper pendant vingt-quatre heures dans de l'eau chaude, puis dans de l'eau froide, et enfin dans de l'eau de riz. En dernier lieu on les lave. Ces diverses opérations leur donnent une couleur blanche, et beaucoup de brillant et de souplesse. Les

uns sont destinés à la teinture, d'autres sont ornés de broderies.

Les cordages de chanvre de Manille sont remarquables par
leur force et leur grande légèreté. Le défaut qu'on leur reproche est de devenir très-roides par les temps de pluie. On
croit que cet inconvénient pourrait être atténué, si les cordages
étaient fabriqués avec plus de soin et d'intelligence.

Le *Musa paradisiaca* ou *Bananier* est cultivé surtout pour
son fruit, mais il produit aussi une quantité considérable de
filaments avec lesquels on fait des étoffes et des cordages.
L'étoupe qui résulte du travail de ces filaments est employée
pour la fabrication du papier. Humboldt a dit que le bananier
était pour la zone torride ce que les céréales étaient pour
l'Europe et l'Asie occidentale, et le riz pour le Bengale
et la Chine. Cette culture réussit partout où la température
moyenne de l'année est de 25° cent. environ. Il a calculé que la
même étendue de terrain, plantée en bananiers, pouvait nour-
rir une population plus nombreuse que si elle était ensemen-
cée en céréales. Enfin, selon le professeur Johnston, le produit
le plus faible d'un hectare cultivé en bananiers équivaut,
d'après la quantité de substance nutritive sèche fournie par
chaque plante, à cinquante-quatre tonnes de pommes de terre,
tandis que, dans les circonstances les plus favorables, on ne
peut obtenir plus de quarante à quarante-huit tonnes de ces
tubercules.

On remarque que dans ce bananier, comme dans le Musa
textilis, les filaments extérieurs de la partie engaînante des
feuilles sont les plus forts et les plus grossiers, et ceux de
l'intérieur, les plus fins ; les faisceaux retirés de la partie inter-
médiaire tiennent le milieu entre les deux.

Le docteur Hunter a publié, à Madras, les instructions suivantes pour préparer les fibres du plantain ou bananier. On

étend le pédoncule d'une feuille sur une planche longue et bien dressée, la face intérieure en dessus, on sépare alors le parenchyme en le raclant au moyen d'un morceau de feuillard enchâssé dans un long morceau de bois; dès que cette face est nettoyée, ou répète l'opération sur la face extérieure de la feuille. Lorsqu'on a obtenu ainsi un paquet assez considérable de filaments, on les lave vivement à grande eau pour achever de les nettoyer. On peut encore faciliter cette opération en faisant bouillir les filaments dans de la lessive ou de l'eau de savon. Après un lavage bien complet, on les étend en couche mince, ou on les suspend, pour les faire sécher à l'ombre. Si on les exposait au soleil pendant qu'ils sont humides, ils prendraient une teinte fauve que le blanchiment aurait beaucoup de peine à faire disparaître. La rosée les blanchit, mais ils perdent alors une partie de leur force.

A la Jamaïque et dans les Antilles, on emploie quelquefois la fermentation pour séparer les fibres. Les pieds de bananiers, après avoir été coupés, sont mis en tas sur place et couverts de feuilles pour les protéger du soleil. La séve s'écoule, mais il faut plusieurs semaines pour que la décomposition soit complète et que les fibres se séparent facilement de la masse. Ce procédé donne une couleur foncée aux filaments, et il est bien probable qu'il nuit à leur solidité.

Dans ces contrées, on coupe les feuilles pour en retirer les fibres, après que la plante a donné son fruit; on estime qu'avant la maturation du fruit, ces fibres seraient encore trop tendres et n'auraient pas acquis toutes leurs qualités. Cette pratique est l'opposé de ce qui se fait aux Philippines.

On emploie encore, pour séparer les filaments, des cylindres superposés entre lesquels on écrase les feuilles au moyen d'une pression considérable. On achève de les nettoyer en les faisant bouillir dans de la lessive de soude caustifiée par la chaux ; ils sont ensuite lavés et séchés.

On dit que le rendement d'un bananier est de deux kilogrammes de fibres environ. On voit quel produit avantageux on pourrait retirer de ces feuilles qui ne sont pas utilisées et qu'on laisse pourrir sur place, le fruit seul couvrant déjà tous les frais de culture. On estime à 600 kil. par hectare la quantité de filaments qu'on peut retirer après la récolte des fruits. Comme matière pour fabriquer le papier, cette fibre offre un grand intérêt.

Parmi les données contenues dans l'ouvrage de Forbes Royle, sur les essais auxquels les filaments de bananier ont donné lieu, nous citerons seulement les suivantes : Une corde faite de bananier et ayant 45$^{mm}$ de circonférence, a porté un poids de 560 kil. avant de se rompre ; la pareille en abaca (Musa textilis) a donné une force de 680 kil. et le chanvre d'Europe 540 kil. seulement. Les poids de ces cordes, de longueurs égales, étaient entre eux comme les nombres 7,5, 9,5 et 13.

Des cordes, de 80$^{mm}$ de tour et de même longueur, ont donné des forces respectives, de 1,060 kil. pour le bananier, 2,100 kil. pour l'abaca et 1,750 kil. pour le chanvre d'Europe ; les poids de ces mêmes cordes étant dans la proportion de 19,5, 28,5 et 39.

Un autre essai, fait par l'auteur lui-même, a donné les résultats suivants : une corde de bananier de Madras a supporté un poids de 86 kil., tandis que celui de Singapore a atteint 175 kil., et que le chanvre de Russie, dans les mêmes conditions, n'a pu dépasser 72 kil.

Il est donc évident que les filaments du bananier ou Musa à fruits comestibles, sans avoir autant de force que ceux de l'abaca ou chanvre de Manille, possèdent cependant des qualités qui permettent de les employer aux mêmes usages.

**198. — Examen des filaments et des fibres de l'abaca dans leur longueur.** — Les filaments de l'abaca sont blancs, brillants, bien détachés, roides et doués d'une ténacité assez grande ; ils sont très-légers et les faisceaux ou cordons qui les composent sont assez gros. Après lessivage, ces faisceaux se divisent très-facilement avec les aiguilles en fibres lisses et d'un diamètre régulier. La cavité centrale est large et très-apparente ; les parois sont d'une épaisseur uniforme ; les pointes s'amincissent graduellement et régulièrement ; elles sont aciculaires, terminées en pointes aiguës ou légèrement arrondies. Quelquefois elles sont finement spatulées ou coupées en sifflet (pl. IX, fig, 3, *b*, *c*, *c*).

**199. — Dimensions des fibres.** — Les longueurs extrêmes des fibres sont de $3^{mm}$ à $12^{mm}$. La longueur la plus ordinaire, et que l'on peut considérer comme moyenne, est de $6^{mm}$.

Les diamètres extrêmes sont $0^{mm},016$ et $0^{mm},032$, et la moyenne est de $0^{mm}024$.

Le rapport de la longueur au diamètre est donc de 250.

Les fibres des musas à fruits comestibles, *Musa paradisiaca M. sapientum*, etc..., sont à peu près semblables pour la longueur. La moyenne est cependant un peu au-dessous et peut être estimée à $5^{mm}$. Elles sont plus grosses que celles de l'abaca. Leur diamètre variant entre $0^{mm},020$ et $0^{mm},040$, $0^{mm},028$ peuvent être considérés comme étant la moyenne. Le rapport de la longueur au diamètre serait alors de 180.

**200. — Action des réactifs sur les fibres de l'abaca.** — Traitées par les réactifs, ces fibres se colorent en

jaune; elles sont lisses et douées d'une assez grande souplesse. Le canal central paraît plus petit que dans les liquides
neutres; il semblerait que les parois auraient une tendance
à se gonfler sous l'action de l'acide sulfurique. On remarque
aux points de flexion des renflements et des plis comme dans
les fibres pleines des dicotylédonées (pl. IX, fig. 3, *b*).

**201. — Coupes du pédoncule et des fibres du musa textilis et autres espèces**. — Le pédoncule de la
feuille du Musa textilis, coupé perpendiculairement à son axe,
présente le long de son épiderme une rangée de groupes arrondis ou irréguliers et très-rapprochés. Les fibres qui les composent sont creuses et à parois assez épaisses. Dans l'intérieur
de la feuille, on rencontre des faisceaux fibro-vasculaires, composés de deux groupes de fibres dont les coupes ont la forme
d'un croissant. Ces croissants sont opposés l'un à l'autre par
les pointes. Ils sont souvent assez éloignés l'un de l'autre, de
telle sorte que l'ensemble, au lieu de présenter une coupe
ronde ou ovale, prend la forme étranglée d'un sablier. L'espace compris entre les deux croissants est garni de vaisseaux
spiralés et autres, ainsi que d'un tissu en voie de formation
(pl. VI, fig. 2).

Les coupes des fibres de l'abaca sont polygonales, à angles
très-arrondis; il en est même beaucoup qui sont presque rondes
ou ovales et ne présentent aucune trace de formes polygonales. Leur contact n'a lieu que sur des surfaces très-étroites,
souvent même sur un point seulement. Les espaces intercellulaires, nommés *area* par quelques auteurs, sont très-apparents
et vides. Cette disposition explique la facilité avec laquelle
les fibres peuvent être séparées les unes des autres. Les parois
des fibres de l'abaca sont assez épaisses; l'ouverture centrale
est large, elle est généralement vide et à bords lisses; la forme

est à peu près la même que celle de l'extérieur de la coupe, mais les angles sont encore plus atténués.

**202. — Coupes des fibres dans les réactifs.** — Les coupes des fibres des musacées se colorent toujours en jaune avec les réactifs; les caractères que nous avons décrits plus haut se montrent alors d'une manière plus frappante. Nous devons mentionner les fissures qui traversent les parois et semblent presque toujours communiquer avec une fissure de la paroi voisine, formant avec elle une même ligne continue et droite (pl. IX, fig. 3, *a*).

Les coupes des filaments des autres musacées (M. paradisiaca, M. sapientum, etc.) présentent des groupes très-fournis, composés de sections polygonales indiquant des parois assez minces. Quelquefois même, elles constituent un réseau à mailles larges, à parois peu épaisses, de formes irrégulières et tourmentées, comme si les cellules fibreuses avaient été déformées par la pression du tissu ambiant pendant la végétation rapide de la plante. Dans ce cas, les fibres sont en contact avec leurs voisines dans tout leur pourtour; néanmoins la ligne de séparation est toujours bien marquée.

**203. — Conclusions.** — Cette plante mérite certainement que l'on cherche à en développer la culture, ne serait-ce qu'en vue de se procurer ce beau et bon filament qu'elle contient. Le chanvre de Manille atteint un très-haut prix sur les marchés d'Europe, supérieur quelquefois à celui du lin et du chanvre.

Nous avons eu occasion d'étudier les filaments du bananier à gros fruits d'Algérie; ses fibres ne sont, ni aussi épaisses, ni aussi longues que celles du chanvre de Manille, mais la différence n'est pas considérable et sa filasse pourrait probablement être employée aux mêmes usages. Ces faits intéres-

sent certainement notre colonie d'Algérie, où certaines espèces
de bananiers réussissent parfaitement. Nous serions très-heureux si les considérations qui précèdent pouvaient engager les
colons à tourner leur attention vers la culture de cette magnifique plante, en vue d'en exploiter les fibres textiles.

Nous ferons remarquer encore les différences très-marquées
qui ont été signalées dans la force de ces filaments suivant
leur provenance, et probablement suivant les moyens employés pour les préparer. Nous ne saurions trop insister sur
l'importance de ce détail. Toutes les études que nous avons
faites nous ont démontré l'influence considérable que la préparation des filaments, en général, avait sur leur force, leur
couleur, leur souplesse et leur rendement. Cette partie de la
question a été à peine élucidée jusqu'ici ; elle mériterait cependant d'être examinée sérieusement et d'une manière complète.
Le sujet en vaut la peine, car il s'agit de rendre un service
signalé à l'agriculture et à l'industrie.

# FAMILLE DES PALMIERS.

1° Palmier nain (*Chamærops humilis*)
2° Dattier (*Phœnix dactylifera*) ;
3° Talipot (*Corypha umbraculifera*) ;
4° Elaïs guineensis ;
5° Raffia tædigera ;
6° Mauritia flexuosa ;
7° Cocotier (*Cocos nucifera*) ;
8° Ejoo ou Gomuto (*Arenga saccharifera*).

**204. — Considérations générales sur les pal-
miers.** — La famille des palmiers comprend des plantes qui,
par la variété de leurs produits utiles, constituent une des
grandes richesses des régions tropicales.

Plusieurs donnent des fruits comestibles qui servent à l'alimentation de certaines populations; d'autres produisent de l'huile fort recherchée sur les marchés européens; il en est dont on retire en abondance un liquide que l'on boit immédiatement, ou que l'on fait fermenter pour obtenir une liqueur nommée *arack*. Ce même liquide évaporé sur-le-champ donne du sucre dont la préparation est des plus simples. Quelques espèces ont leur tige remplie d'une substance féculente, tandis que d'autres fournissent un bois qui est utilisé comme celui de nos arbres. Les feuilles, larges et à surface dure et résistante, servent de couverture pour les chaumières; on confectionne avec les plus étroites des nattes et des paniers. Les bourgeons de quelques-unes, lorsqu'ils commencent à s'ouvrir, sont considérés comme un mets délicat; tel est le cas du *chou palmiste*. Enfin un grand nombre produisent des fibres utilisées pour les cordages, les filets, et qui seraient excellentes pour la fabrication du papier.

Quelques espèces se rencontrent jusqu'au 30$^e$ de latitude sud, dans la Nouvelle-Zélande; d'autres, tels que les *Chamærops*, prospèrent à la latitude de 40° nord, en Amérique. Du reste le *Chamærops humilis* ou *Palmier nain* est à peu près acclimaté dans le midi de l'Europe, où l'on rencontre aussi le dattier, dans quelques localités

---

### 1° PALMIER NAIN.

(*Chamærops humilis.*)

Palmetto, *Esp.*; Fan Palm, *Angl.*

**205. — Produits du palmier nain.** — Ce palmier est le plus connu en Europe où on le cultive, sans trop de difficultés, sur certains points abrités du midi. En Algérie on l'utilise pour faire des cordages, des nattes et de la vannerie fine. Des essais ont été tentés pour l'employer à la fabrication du papier. Nous n'avons pu encore en connaître les résultats. Les fibres abondent dans les feuilles et dans le pédoncule.

Les filaments retirés du palmier nain sont bruns, rudes, grossiers, ligneux et cassants. Ils ne présentent, à notre point de vue, d'autre intérêt que pour la fabrication du papier.

---

## 2° DATTIER.

### (*Phœnix dactylifera.*)

Date Palm ; *angl.*

**206**. — **Notice sur le dattier**. — Le dattier est la principale ressource des habitants du Sahara et du nord de l'Afrique, qui se nourrissent de ses fruits. Les feuilles servent à faire des nattes et des paniers ; les filaments contenus dans le pédoncule sont utilisés pour les cordages. C'est le palmier de l'Écriture sainte ; il produit les palmes dont on se sert à Rome pendant la semaine de Pâque.

Une variété que l'on rencontre aux Indes et à laquelle on a donné le nom de *Phœnix sylvestris,* laisse écouler, au moyen d'incisions, un liquide sucré que l'on fait fermenter pour le transformer en *arack,* ou bien que l'on évapore pour obtenir un sucre de bonne qualité, connu aux Indes sous le nom de *date sugar* (sucre de dattier). On évalue le produit d'un arbre à 3 kilog. ou 3ᵏ,5 de sucre par an.

**207**. — **Examen en long des fibres du dattier.** — Les filaments retirés du Phœnix dactylifera ont une couleur jaune clair ; ils sont gros, irréguliers, roides et cassants. Ils se divisent facilement avec les aiguilles lorsqu'ils ont été lessivés et triturés dans un mortier.

Les fibres sont fines, lisses, régulières ; le canal est très-apparent, quelquefois fort large ; les parois sont d'une épaisseur uniforme ; lorsqu'elles ont subi une flexion violente, on remarque des plis à l'intérieur du coude qui s'est formé. Les pointes, généralement effilées, sont souvent arrondies du bout.

**208. — Dimensions des fibres**. — Les fibres retirées du dattier ont de $2^{mm}$ à $6^{mm}$ de longueur ; la moyenne est de $3^{mm}$.

Leur grosseur paraît comprise entre $0^{mm},016$ et $0^{mm},024$, avec une moyenne de $0^{mm},020$.

Le rapport de la longueur au diamètre est donc de 150.

**209. — Coupes des fibres du dattier**, — Les coupes se présentent sous forme de groupes arrondis ou disposés en croissant. Ces groupes sont volumineux, très-fournis et compactes. Les sections des fibres isolées sont polygonales, à côtés droits, accolées et serrées les unes contre les autres. Les angles sont émoussés ou un peu arrondis ; les parois sont épaisses et fissurées perpendiculairement à leurs surfaces. L'ouverture intérieure, qui est assez grande, présente des contours qui ne sont pas unis ; elle est quelquefois polygonale à angles très-marqués.

**210. — Action des réactifs**. — L'iode et l'acide sulfurique colorent en jaune les fibres et les coupes, sans faire ressortir de nouveaux caractères.

**211. — Conclusions**. — Le dattier présente un certain intérêt parce qu'il pourrait être utilisé pour la fabrication du papier et qu'il est très-abondant dans notre colonie d'Afrique.

### 3° TALIPOT.

*(Corypha umbraculifera.)*

Talipot palm, *Angl.*; Talipat, *Ceylan*; Codda-Panna, *Madras*; Tara, *Indes.*

**212. — Produits du Talipot.** — Ce palmier possède des feuilles énormes qui résistent parfaitement aux intempéries; les Indiens les cousent ensemble pour faire des tentes. Ces feuilles, lorsqu'elles sont jeunes et souples, sont tressées pour faire des sacs, des paniers, etc. Elles servent aussi à confectionner des chapeaux et des ombrelles. On trouve dans le cœur de la tige une substance féculente très-abondante.

Des bandes déchirées longitudinalement dans les feuilles, assouplies et tordues ensemble, font des cordes brutes et grossières, mais d'une résistance remarquable.

**213. — Examen des fibres dans leur longueur.** — Ce filament est difficile à diviser; ses fibres isolées sont courtes, roides, à parois d'une épaisseur assez grande mais inégale; le diamètre d'une même fibre est aussi très-irrégulier. Les pointes se terminent généralement d'une manière brusque; elles ne sont pas aiguës.

**214. — Dimensions des fibres.** — Longueurs extrêmes $1^{mm},5$ et $5^{mm}$; moyenne $3^{mm}$.

Diamètres extrêmes $0^{mm},016$ et $0^{mm},028$; moyenne $0^{mm},024$. Le rapport de la longueur au diamètre est de 120.

**215. — Coupes des fibres.** — Ces coupes présentent des groupes assez volumineux et compactes, composés de sections polygonales très-adhérentes les unes aux autres; l'ouverture centrale est également de forme polygonale et à angles vifs. On en rencontre de très-épaisses, à contours extérieurs moins anguleux, dont le vide du centre est relativement petit et presque toujours arrondi.

**216**. — **Action des réactifs**. — Les fibres et les coupes se colorent en jaune sous l'influence des réactifs, sans présenter de nouveaux caractères. Cette coloration fait ressortir d'une manière plus frappante l'irrégularité du diamètre des fibres et de l'épaisseur de leurs parois.

La pl. VI, fig. 4, représente une coupe de la feuille d'une variété de corypha cultivée dans nos serres et nommée *Corypha australis*. Cette coupe fait voir comment les faisceaux fibreux et fibro-vasculaires sont disposés dans cette feuille qui en contient une quantité assez considérable.

---

### 4° ELAÏS GUINEENSIS.

**217**. — **Produits de ce palmier**. — Cette plante produit *l'huile de palme*, qui est l'objet d'un commerce très-important. Cette huile s'obtient en faisant bouillir les fruits dans l'eau. En 1867, il en a été importé plus de quarante mille tonnes en Angleterre.

On retire des feuilles un filament qui mérite de fixer l'attention. Les échantillons que nous avons en notre possession sont d'un jaune fauve assez clair. Ils sont composés de brins très-fins, tellement nets et réguliers qu'ils ressemblent à des faisceaux de crins. Ils sont souples et d'une ténacité très-grande. Ce sont des bouts de fils, de cinquante centimètres de longueur environ, retordus à deux brins, comme du fil mouliné. Chaque brin se compose de faisceaux de fibres parallèles ayant reçu une légère torsion.

**218. — Examen des fibres d'élaïs dans leur longueur.** — Vues dans la longueur, les fibres sont pleines, lisses, régulières, d'une grande finesse. Le canal central est à peine visible ; les pointes sont effilées, mais elles ne sont pas aiguës.

**219. — Dimensions des fibres.** — Longueurs extrêmes $1^{mm},5$ et $3^{mm},5$ ; moyenne $2^{mm},5$.

Diamètres extrêmes $0^{mm},010$ et $0^{mm},013$ ; moyenne $0^{mm},011$. Rapport de la longueur au diamètre, 230.

**220. — Coupes des fibres de l'élaïs.** — Les coupes montrent des groupes ovales formés par les tranches des fibres qui sont très-serrées les unes contre les autres ; les sections de ces fibres, généralement pleines, sont ovales ou arrondies, et elles présentent un point central très-petit qui indique la cavité intérieure.

**221. — Action des réactifs.** — Les fibres et les coupes, traitées par les réactifs, se colorent en jaune sans donner lieu à de nouvelles observations.

**222. — Conclusions.** — Nous croyons devoir appeler l'attention sur cette fibre douée de qualités si remarquables. Il serait utile d'avoir des renseignements plus complets sur ce produit.

---

5° RAFFIA TÆDIGERA.

**223. — Notice sur le produit désigné sous ce nom.** — Les horticulteurs emploient depuis quelques années, sous le nom de *Raffia tædigera*, des bandes minces et flexibles, d'une grande ténacité, que l'on présente comme provenant d'un palmier du Japon. Ces bandes que l'on trouve dans le commerce sous forme de rubans minces, souples et de diverses largeurs, ont été retirées des feuilles qui ont dû être dédoublées ou fendues suivant leur épaisseur. Ces bandes se divisent avec la plus grande facilité en rubans aussi étroits que l'on veut. On les emploie pour attacher les écussons et les greffes, et pour emballer les plantes.

**224. — Examen des fibres dans leur longueur.** — Lorsque ces rubans ont été lessivés et broyés dans un mortier, les fibres se séparent assez facilement les unes des autres. Elles sont fines, assez régulières, et leur surface est lisse; quelques-unes cependant présentent un profil ondulé ou à dents très-larges. Elles paraissent souples; les plis de flexion sont marqués par des renflements dans le corps de la fibre. Les pointes sont effilées, mais elles ne sont pas aiguës.

Les réactifs les colorent en jaune et font mieux ressortir le canal central qui est excessivement fin.

**225. — Dimensions des fibres.** — Les longueurs extrêmes trouvées sont $1^{mm},5$ et $3^{mm}$; moyenne $2^{mm},5$.

Diamètres extrêmes : $0^{mm},012$ et $0^{mm},020$; moyenne $0^{mm},016$.

Rapport de la longueur au diamètre, 160.

**226. — Coupes des filaments et des fibres.** — Les sections faites en travers des rubans, perpendiculairement à leur longueur, indiquent que ces rubans sont formés d'une couche d'épiderme, à laquelle adhèrent une ou plusieurs zones de fibres. L'épiderme, qui est très-épais, recouvre une rangée de cellules rondes, ou de forme carrée avec des angles très-arrondis; elles sont assez régulières dans leurs dimensions et les parois en sont très-épaisses ; sous cette bordure se trouve une rangée, simple ou double, de cellules très-pleines qui adhèrent fortement à l'épiderme. Les sections de ces fibres sont quelquefois polygonales, par suite de la compression que le faisceau a éprouvée pendant la végétation. Au centre de chaque petite coupe, le canal intérieur est indiqué par un point très-fin entouré d'une auréole brillante.

La rangée de fibres est quelquefois continue le long de l'épiderme ; le plus souvent elle est interrompue par une ou plusieurs cellules de parenchyme, qui paraissent alors disposées par groupes adhérents à cet épiderme.

En dehors de cette zone de fibres, on voit des fragments de parenchyme qui tapissent le revers des rubans ou bandes, lesquelles ne représentent pas l'épaisseur entière de la feuille, car son autre face ne s'y trouve jamais ; ce sont probablement des pellicules de la surface enlevées d'un bout à l'autre de la feuille et composées seulement de l'épiderme, auquel sont attachés des faisceaux de fibres qui lui sont restés adhérents.

L'iode et l'acide sulfurique colorent ces coupes en jaune foncé, sans faire ressortir d'autres caractères.

**227. — Conclusions**. — Ce produit, qui rend déjà de véritables services aux horticulteurs, pourra trouver encore d'autres applications. Bien que le prix en soit encore très-élevé, sa grande légèreté et la facilité avec laquelle il se divise en bandes aussi fines qu'on peut le désirer, en rendent l'emploi très-avantageux. Ces bandes sont d'une souplesse extrême que l'on augmente encore en les faisant macérer dans l'eau pendant quelque temps. Si ce produit peut devenir plus abondant sur nos marchés, on lui trouvera certainement d'autres emplois.

## 6° MAURITIA FLEXUOSA.

**228. — Examen des filaments et des fibres du Mauritia flexuosa**. — Nous avons rapporté du Musée botanique de Kew, des bandes ou rubans ayant une grande ressemblance avec les précédents. Ces échantillons étaient indiqués comme provenant du *Mauritia flexuosa,* palmier que l'on rencontre dans l'Amérique du Sud.

Les fibres, isolées par les moyens que nous avons indiqués, sont fines, pleines et d'un diamètre assez irrégulier; le profil paraît quelquefois sinueux ou dentelé. Les pointes sont effilées et arrondies du bout. Les réactifs colorent ces fibres en jaune.

**229. — Dimensions des fibres**. — Longueurs extrêmes $1^{mm}$ à $3^{mm}$; moyenne $1^{mm},5$.

Diamètres extrêmes : $0^{mm},010$ à $0^{mm},016$; moyenne $0^{mm},012$. Rapport de la longueur au diamètre, 130.

**230. — Coupes du Mauritia flexuosa**. — Les coupes des rubans présentent, comme les précédentes, une rangée de cellules épidermiques de forme carrée et dont les angles sont arrondis; les parois en paraissent plus minces. A cette rangée régulière de cellules, adhèrent des groupes peu fournis de fibres; ces groupes en contiennent de 2 à 10 au plus. Chaque groupe est séparé par une ou deux cellules de parenchyme. Les sections des fibres sont arrondies; mais, lorsqu'elles sont pressées les unes contre les autres, la ligne de contact est droite, et, quand elles forment des groupes un peu fournis, elles paraissent polygonales. Les sections des fibres sont pleines, l'ouverture centrale est représentée par un point très-petit. On distingue, dans presque toutes, des couches concentriques d'accroissement.

En dehors de ces groupes, on aperçoit quelquefois des débris de parenchyme et des faisceaux fibro-vasculaires encore adhérents et appartenant à l'intérieur de la feuille. Ces faisceaux se composent d'un cercle presque entier de fibres épaisses ; les grands vaisseaux se trouvent dans l'intérieur du cercle. Lorsqu'on rencontre deux faisceaux voisins dans leur position naturelle, on aperçoit dans l'intervalle qui les sépare un petit groupe de fibres. Ces coupes se colorent également en jaune sous l'action des réactifs.

---

### 7° COCOTIER.

#### (*Cocos nucifera.*)

Cocoa-nut tree, *angl.*; Narkol, Nargil, Narikel, *beng.*; Tenga, *Indes*; Nari ou Nali-kera, *sansc.*

**231. — Notice sur le cocotier.** — Le cocotier est le plus utile et le plus précieux de tous les palmiers. On le rencontre dans l'ancien et dans le nouveau monde ; mais il ne prospère que sur le littoral. On le trouve quelquefois dans l'intérieur des terres et même à des élévations assez considérables, dans l'île de Ceylan par exemple, mais les produits en sont alors beaucoup moins considérables. Ses tiges cylindriques atteignent une hauteur de 20 à 30 mètres, et elles sont terminées par un bouquet de feuilles pinnatiséquées, ayant de loin l'apparence d'un panache de plumes. Ces feuilles sont de dimensions énormes, elles atteignent quelquefois une longueur de 6 à 7 mètres ; elles sont portées sur un pédoncule épais et résistant qui forme, en se prolongeant, la nervure centrale de la feuille et qui est bordé sur toute sa longueur de folioles longues et étroites.

Les fruits sont groupés par paquets de cinq à quinze noix, chaque arbre porte de huit à douze de ces paquets; de sorte qu'un cocotier produit annuellement de quatre-vingts à cent noix.

Chacun connaît ces noix de coco dont l'amande volumineuse renferme, à un certain moment, un liquide blanc et épais comme de la crème, légèrement acide, et formant une boisson délicieuse dans les pays chauds. Cette amande est protégée par une enveloppe épaisse, dure, coriace et relativent légère, formée de fibres rudes, grossières, très-résistantes, que l'on utilise depuis longtemps pour faire des cordages, des paillassons, des brosses, etc. C'est le *coir* des Anglais, la *fibre de cocotier* de nos colonies.

Cette enveloppe légère et imperméable protége l'intérieur, et permet aux noix de coco de flotter sur l'eau sans que le germe puisse être altéré ni par l'eau douce, ni par l'eau salée. Elles sont ainsi portées par les courants et par le vent; partout où elles rencontrent une rive basse ou un atterrissement, elles s'arrêtent, germent et couvrent le terrain de bouquets de cocotiers qui se développent avec le temps au moyen des fruits qui tombent à leurs pieds et produisent de nouvelles plantes. On s'explique ainsi pourquoi le cocotier se rencontre dans des îles inhabitées et dénuées de toute végétation, aussi bien que dans les contrées les plus peuplées.

Les habitants de Ceylan prétendent que le cocotier ne prospère que là où l'on peut marcher et causer sous son ombrage; cela veut dire que les pieds doivent être convenablement espacés pour bien végéter, et qu'il ne faut pas laisser pousser de broussailles autour de leurs racines.

Un autre proverbe indien dit que les divers usages auxquels on peut employer le cocotier et ses produits sont aussi nombreux que les jours de l'année.

Son fruit nourrit des populations entières. On en retire une huile très-recherchée pour la fabrication du savon et pour l'éclairage (huile de coco). Les spathes qui enveloppent les fleurs donnent, au moyen d'incisions, un liquide sucré nommé *toddy* ou *vin de palmier,* employé comme boisson ou bien que l'on fait fermenter pour en obtenir par la distillation une liqueur alcoolique nommée *arack* ou *aruk.* En lui faisant subir la fermentation acide, le toddy fournit d'excellent vinaigre. Enfin, lorsque les arbres ne rapportent plus, on emploie leur tronc comme bois de construction.

Dans les îles Laquedives, le cocotier est à peu près la seule plante qui soit cultivée par les habitants, et il fournit à presque tous leurs besoins. Chaque personne consomme environ quatre noix par jour. Les principaux habitants possèdent un nombre considérable d'arbres, qui portent, chacun, la marque du propriétaire. Des impôts sont établis depuis un temps immémorial sur ces arbres, et il est assez fréquent de les donner comme gages hypothécaires : le tarif en est même fixé.

Ce sont les produits textiles du cocotier qui doivent noûs occuper, et parmi ceux-ci l'espèce de bourre, rude et grossière, qui enveloppe les amandes ou noix de coco.

Les autres parties de la plante que l'on utilise, sont les folioles que les Indiens fendent en deux ; ils les tressent ensuite en nattes et en paniers. Ces mêmes feuilles, sous le nom de *cadjans,* servent à couvrir les huttes des indigènes et les maisons des Européens. Les nervures centrales des feuilles qui contiennent des faisceaux de fibres, trop durs et trop grossiers pour être utilisés autrement, servent à faire des balais.

L'écorce ou enveloppe de la noix de coco en est le produit textile le plus précieux. Elle est épaisse et remplie de fibres connues sous le nom de *coir* ou *khair*. Il est important de choisir le moment convenable pour retirer ces filaments. Si l'on attend que le fruit soit mûr, l'écorce est dure et ligneuse ; veut-on le préparer trop tôt, le *coir* n'a pas de ténacité. Les écorces, séparées des amandes, sont mises dans des fosses contenant de l'eau douce ou de l'eau salée ; on les recouvre de pierres, puis on les y laisse séjourner un an. L'eau douce croupit pendant ce long rouissage; elle se corrompt et se colore fortement, ce qui rend la teinte des filaments plus foncée. Après cette sorte de rouissage, on débarrasse les fibres de tous les corps étrangers par un battage vigoureux. Si on es retire trop tôt des fosses, on parvient difficilement à les débarrasser des impuretés qui les accompagnent. Un séjour trop prolongé leur fait perdre de la force, surtout lorsqu'elles ont été rouies dans l'eau douce.

Dans les îles Laquedives, ce sont les femmes qui s'occupent de fabriquer des cordages avec le coir. Après un battage pratiqué à l'aide de maillets assez lourds, on le frotte entre les mains jusqu'à ce que la masse fibreuse soit bien nettoyée ; les femmes la roulent ensuite entre leurs mains pour lui donner la torsion voulue. Trois grosses noix de coco, provenant du littoral, produisent en moyenne 450 grammes de coir; tandis qu'il faut dix petites noix de l'intérieur pour obtenir le même poids. Malgré ces préparations un peu primitives, les cordages faits avec cette fibre ont une valeur considérable. Ils sont très-estimés à cause de leur légèreté, de leur élasticité et aussi de leur force. Ils ont une durée très-grande, et l'eau de mer n'a aucune action sur eux.

Nous citerons les résultats suivants obtenus par le docteur Wright, qui a comparé ce textile avec deux autres que nous connaissons déjà. Une corde faite avec des fibres de coco s'est rompue sous un effort de 100 kilogrammes, tandis qu'une corde pareille en Hibiscus cannabinus n'a pu supporter que 85 kilogrammes; le moorva (*Sanseviera zeylanica*) a pu atteindre 140 kilogrammes.

Les nattes et les paillassons faits en fibres de coco sont bien connus et très-répandus dans nos pays; on utilise encore ces fibres pour fabriquer des filets grossiers servant à parquer les moutons. On s'en sert aussi pour rembourrer les coussins et les matelas. On peut les teindre et les friser de manière à leur donner l'aspect du crin.

Les tapis de vestibules et d'escaliers, confectionnés avec cette fibre, se recommandent par leur qualité et leur durée; les Anglais sont parvenus à introduire une certaine ornementation dans ces tissus.

Ces détails font ressortir toute l'importance de ce textile, si peu séduisant au premier abord, mais qui rachète sa rudesse par de solides qualités.

**232. — Examen des filaments et des fibres de coir.** — Le coir se présente sous forme de filaments gros, roides, très-élastiques. Chaque brin est rond, lisse, très-net, ressemblant à du crin; il possède une ténacité remarquable et se frise facilement. Sa couleur est d'un brun-cannelle nullement désagréable.

Ces brins sont des faisceaux de fibres qui, bien que lessivés et broyés dans un mortier, se divisent difficilement avec les aiguilles. Les fibres que l'on isole sont courtes et roides; leurs parois sont épaisses, quoique cependant cette épaisseur n'égale pas la largeur du canal intérieur. La surface ne semble pas lisse; elle est souvent sinueuse et le profil paraît dentelé; le diamètre n'en est pas très-régulier. Les pointes se terminent brusquement et ne sont pas aiguës. Ces fibres présentent une particularité assez singulière : les parois paraissent interrompues par endroits, comme si elles étaient percées de pores correspondant aux fissures des coupes.

Les réactifs les colorent en jaune.

**233. — Dimensions des fibres**. — Longueurs extrêmes : $0^{mm},4$ et $1^{mm}$ ; moyenne, $0^{mm},7$.

Diamètres extrêmes : $0^{mm},012$ à $0^{mm},024$ ; moyenne, $0^{mm},020$.

Rapport de la longueur au diamètre, 35.

**234. — Coupes des fibres de Cocotier**. — Les coupes de coir présentent des groupes ronds, et compactes dans leur pourtour; mais il se trouve, au centre, un vide de forme irrégulière. Les sections des fibres sont arrondies, elles se touchent à peine; mais les espaces intercellulaires sont très-remplis, ce qui contribue à les cimenter entre elles. L'ouverture qu'elles portent à leur centre a la même forme que le contour extérieur ; cette ouverture est très-large.

Les réactifs colorent les coupes en jaune plus ou moins foncé.

---

### 8° EJOO OU GOMUTO.

#### (*Arenga saccharifera.*)

Crin végétal, vegetable bristles, *angl.*; Ejoo, Sejee, *malais*; Auon, *sumatra*.

**235. Notice sur les produits de l'Arenga saccharifera**. — L'Arenga saccharifera est un magnifique palmier qui produit une substance féculente utilisée aux Indes, mais il est surtout remarquable par la quantité de liquide sucré ou *toddy* que l'on obtient en faisant des incisions dans les spathes des fleurs. On donne aussi à ce liquide le nom de *vin de palmier*. Nous n'avons à nous occuper ici que d'un seul de ses produits, qui consiste en une bourre noire, roide et élastique comme du crin, qui garnit les bords de la partie engaînante des feuilles. Chaque arbre donne environ deux kilogrammes de crin végétal tous les ans. Les arbres vigoureux en produisent davantage. Ces crins sont de dimensions très-inégales. Il en est de très-gros et de très-forts que les indigènes utilisent comme style pour écrire sur les feuilles ; mais une grande partie de la masse se compose de filaments plus fins dont la roideur, l'élasticité et la couleur, leur donnent l'aspect du crin noir.

Ces filaments, triés avec soin, servent à faire des cordages fort estimés aux Indes, mais inconnus en Europe. Ils ne pourrissent jamais et, de plus, ils flottent à la surface de l'eau. Les alternatives de sécheresse et d'humidité ne les affectent nullement ; on peut même les emmagasiner mouillés sans qu'il en résulte aucun inconvénient.

Le gomuto est employé à faire des cordages pour la marine ; il pourrait remplacer le crin pour tous les usages auxquels ce dernier est destiné.

# CHAPITRE VIII.

RÉSUMÉ. — MÉTHODE D'ANALYSE DES FILS, TISSUS, ETC.

**236. — Utilité scientifique de ces recherches.** —
Parvenu au terme de notre travail, nous croyons devoir résu-
mer les considérations que nous avons déjà soumises au lecteur en décrivant les différentes plantes dont nous nous sommes occupé, et attirer l'attention sur les conséquences pratiques qui résultent de ces études et qui en forment la sanction.

Nous avons vu que les plantes examinées par nous présentent, dans leurs fibres libériennes et dans celles qui composent ou accompagnent les faisceaux fibro-vasculaires des
monocotylédonées, des caractères assez nets et assez tranchés pour permettre de reconnaître les familles, les genres et
même les espèces auxquels elles appartiennent. Ces caractères sont tellement persistants que nous les avons trouvés
aussi apparents dans les tissus qui enveloppaient les momies
d'Égypte, que dans ceux qui sont fabriqués de nos jours.
Ces faits ont un certain intérêt scientifique, et nous avons la
certitude que, si ces recherches étaient étendues à toutes les
plantes, elles permettraient de constater un nouvel ordre de
caractères qui pourraient être utiles pour leur classification.
Ces études rendraient certainement de véritables services aux
botanistes.

**237. — Application aux industries textiles.** — Au
point de vue de leur application à l'industrie, ces recherches

offrent un intérêt que le lecteur a déjà pu apprécier. Il a vu que l'emploi des réactifs indiqués par nous permettait de diviser les fibres végétales textiles en deux classes dont les propriétés sont bien tranchées : celles qui se colorent en bleu, et celles qui se colorent en jaune.

Les premières sont, ainsi que nous l'avons déjà dit, composées de cellulose pure ; elles sont souples et tenaces ; leur longueur, généralement assez grande, permet de les lier les unes aux autres par la torsion et d'en former des fils dont la ténacité est à peine affectée par les lavages, les lessivages et un usage même assez prolongé. Ces fibres, tortillées les unes autour des autres, peuvent ainsi se réunir en longueurs indéfinies et rester solidaires. Les fils confectionnés de cette manière se font remarquer par une grande souplesse et une ténacité remarquable qui sont dues à la nature même de la substance des fibres qui les composent. L'industrie se sert de ces fils pour fabriquer des tissus de toutes les finesses, d'une grande durée, et propres à tous les usages.

Les secondes, celles qui se colorent en jaune par les mêmes réactifs, sont au contraire courtes et roides. Nous avons dit qu'elles avaient éprouvé un commencement de lignification, ce qui détruit leur souplesse et les rend cassantes ; de plus, comme elles sont très-courtes, on ne peut établir de solidarité durable entre elles en les réunissant par la torsion, parce que l'action de la lessive et même de l'eau chaude amollit la substance qui les agglutine en faisceaux, le moindre effort de traction les fait alors glisser les unes sur les autres, et les fils ou les tissus qui en sont composés se trouvent promptement hors d'usage.

La lignification de ces fibres, qui leur fait perdre leur souplesse et le peu d'épaisseur de leurs parois, les rend aussi très-cassantes lorsqu'une flexion brusque leur est appliquée ; ainsi les faisceaux se rompent facilement lorsqu'on les serre fortement entre les ongles du pouce et de l'index de chaque main, et que l'on tire brusquement par un mouvement latéral. Il en est de même quand on noue un fil, une ficelle ou une mèche de ces filaments. En tirant vivement, ils se coupent au point où le nœud a été fait.

D'un autre côté, la rigidité des parois et le volume relativement considérable de la cavité intérieure de ces fibres, cavité qui est complétement fermée, présentent un certain avantage dans la confection des cordages pour la marine. Les câbles qui en sont composés sont très-légers, et la masse d'air emprisonnée dans l'intérieur des cellules permet à ces câbles de flotter sur l'eau. Ils jouissent aussi de la propriété de résister plus longtemps, sans pourrir, aux alternatives d'humidité et de sécheresse auxquelles ils sont exposés. La force de ces câbles est encore assez considérable, grâce à leur grosseur.

Les fibres jaunes sont employées avec un certain avantage, à cause de leur bas prix, pour confectionner des tissus qui servent à fabriquer des emballages et qui ne doivent pas être exposés à l'humidité. C'est pour cet usage surtout que convient le jute avec lequel on fabrique des sacs pour les graines et autres denrées qui doivent toujours être maintenues à l'état sec.

Les données obtenues par nos recherches font voir que le jute et la plupart des autres filaments se colorant en jaune, doivent être rigoureusement proscrits de tous les tissus devant supporter des lessivages et même des lavages ; le peu de longueur de leurs fibres normales leur fait perdre toute ténacité sous l'influence d'une humidité prolongée qui ramollit la matière agglutinante.

En nous plaçant à un autre point de vue, nous tirerons encore de ces recherches des conséquences qui méritent aussi de fixer l'attention.

Nous avons vu que l'industrie utilise couramment, en Europe, quatre filaments végétaux seulement, pour la confection des tissus. Le *Lin* et le *Chanvre* présentent toutes les qualités requises pour la fabrication des tissus et des cordages nécessaires à nos besoins. Le *Coton,* dont la vogue est due à l'abondance de sa production, à la facilité avec laquelle on le travaille pendant toutes les phases de sa préparation et au rendement considérable qu'on en obtient, ne présente pas la ténacité des deux autres textiles ; ses fibres courtes, isolées, à parois minces, ne peuvent produire des fils aussi forts. Mais la souplesse et l'élasticité de ces cellules à parois membraneuses leur permettent de résister longtemps à l'usure, pourvu qu'on ne les fatigue pas trop par des efforts de traction. Le *Jute* ne se recommande par aucun autre avantage que son bas prix et la facilité avec laquelle on est arrivé à le filer.

Il y aurait place certainement, dans l'industrie européenne, pour d'autres fibres, si on parvenait à les amener sur nos marchés à des conditions avantageuses. En première ligne, nous citerons l'*Ortie de Chine,* qui, par sa grande ténacité, la longueur de ses fibres, leur brillant et le rendement considérable de la plante, mérite de fixer l'attention. Si nous pouvions l'acclimater dans le midi de la France et dans nos colonies, ce serait une magnifique conquête.

Pour les cordages et pour certains tissus, il serait possible de tirer un parti avantageux du *Phormium tenax* et du *Bananier.* Le premier pourrait être cultivé en Europe ou dans nos colonies, et donnerait une filasse d'une grande ténacité, unie à un brillant remarquable. Le bananier d'Algérie ne pourrait égaler le beau produit nommé *Abaca* ou *Chanvre de Manille* qui provient d'un autre membre de la famille des Musacées ; mais sa filasse brillante et d'une légèreté extraordinaire offrirait des avantages que l'on devrait utiliser.

**238. — Considérations relatives à la fabrication du papier**. — Si nous tournons maintenant nos regards vers l'importante industrie qui s'occupe de la fabrication du papier, les recherches que nous venons de faire présentent un intérêt peut-être encore plus grand. On sait tous les efforts qui ont été tentés par cette industrie pour assurer son alimentation en matières premières qui depuis longtemps lui font défaut. Nous avons vu que, pour remplacer le chiffon, aucune plante ne peut le disputer à l'*Alfa* de nos colonies d'Algérie. Cette fibre courte, fine, d'une régularité remarquable dans sa longueur et dans son diamètre, se recommande encore par ses qualités feutrantes, son rendement considérable et sa production illimitée, au centre de nos possessions d'Afrique. Tous ces avantages devraient faire réfléchir nos industriels ; on ne saurait trop regretter de voir cette plante laissée de côté pour des matières premières qui lui sont bien inférieures, alors que nos voisins et nos rivaux viennent nous enlever cette richesse que nous devrions conserver avec un soin jaloux.

Parmi les végétaux que nous pourrions utiliser encore comme succédanés du chiffon, il en est trois que nous devons signaler : le *Mûrier à papier*, le *Houblon* et l'*Ortie*. Leurs fibres libériennes pourraient être retirées économiquement de l'ecorce et donneraient des produits d'une qualité supérieure pour cet usage. Nous ne parlerons pas du *Genêt,* dont la fibre, qui a les plus grands rapports avec celle de l'alfa, n'a pu encore être utilisée avec avantage, par suite des difficultés que nous avons mentionnées en étudiant cette plante.

Nous voudrions indiquer aussi à nos industriels les *Palmiers,* dont certaines espèces, très-communes en Afrique, abondent en fibres excellentes pour la fabrication du papier, et l'écorce des diverses espèces de *Saules* qui se développent dans nos contrées avec tant de rapidité, dans le fond des vallées et sur le bord des cours d'eau. Cette famille présenterait des avantages sérieux, si on pouvait utiliser la matière colorante contenue dans l'écorce, et tirer parti du bois des jeunes rameaux.

Nous pensons aussi que le *Tilleul* pourrait fournir, en choisissant les espèces, une filasse souple et résistante qui conviendrait non-seulement pour la fabrication du papier, mais encore pour la corderie et même pour certains tissus.

**239. — Méthode d'analyse pour les fils, tissus, etc.** — Il nous reste à mentionner un résultat très-important des recherches que nous venons d'exposer. Les caractères que nous avons constatés et consignés dans cet ouvrage, et qui appartiennent aux fibres que nous avons étudiées, permettent de reconnaître la nature et l'origine de celles qui composent les fils, les tissus et les cordages que l'on rencontre dans le commerce.

En essayant tous les filaments que nous avons décrits, et en mettant en pratique les indications que nous avons données, on arrivera certainement à les reconnaître ensuite sans difficulté, qu'ils soient seuls ou mélangés, dans un tissu ou un produit quelconque de l'agriculture ou de l'industrie. Mais les recherches de cette nature se trouvent singulièrement simplifiées et facilitées lorsqu'on opère avec méthode. Nous croyons donc rendre service en présentant un tableau dans lequel nous avons classé, dans un certain ordre, les caractères les plus saillants qui permettent de distinguer les fibres les unes des autres.

Pour simplifier cette méthode d'analyse, et permettre au lecteur de bien la saisir, nous ne prendrons en considération qu'un certain nombre des plantes dont nous avons étudié les fibres ; ce sont celles qui peuvent se rencontrer dans les fils, tissus ou cordages que l'on trouve aujourd'hui sur les marchés d'Europe.

Les indications obtenues ne seront bien nettes, à première vue, qu'autant que l'échantillon sera écru, ou bien aura reçu un degré de blanchiment peu avancé. Dans l'un et l'autre cas, il faudra le faire bouillir dans une dissolution de carbonate de soude et le désagréger en le broyant dans un mortier, comme nous l'avons expliqué plus haut (17). L'analyse des tissus blancs ou teints donne des résultats tout aussi certains, mais elle exige une certaine habitude de ces recherches et des soins plus minutieux.

Le mode de procéder est le même, que l'échantillon soit composé de filaments de même nature ou d'un mélange de plusieurs textiles. Ce procédé diffère des méthodes d'analyse chimiques, en ce que ces dernières nécessitent l'emploi successif de plusieurs réactifs, chaque essai indiquant la présence ou l'absence d'une ou de plusieurs substances ; tandis que la méthode que nous proposons n'emploie qu'un seul réactif, complexe, il est vrai, mais qui est le même pour tous les cas, et qui, combiné avec les indications données par le microscope, permet de reconnaître l'un quelconque des filaments que nous allons énumérer, ou la présence simultanée de plusieurs d'entre eux dans un même échantillon.

Nous diviserons ces filaments en deux classes :

La classe A comprend ceux qui se colorent en *bleu* par les réactifs ;

La classe B, ceux qui se colorent en *jaune* dans les mêmes conditions.

La lettre L que l'on trouvera dans ce tableau indique la longueur moyenne des fibres ; la lettre D, le diamètre moyen ; R désigne le rapport de la longueur moyenne au diamètre moyen.

Chaque classe sera divisée elle-même en deux sections : la section I contiendra les filaments provenant des plantes dicotylédonées ; la section II, ceux que l'on retire des monocotylédonées.

***

## CLASSE **A**.

### SECTION I.
#### *Dicotylédonées.*

Nous comprendrons dans cette section le *Lin*, le *Chanvre*, le *Houblon*, l'*Ortie commune*, l'*Ortie de Chine*, le *Mûrier à papier*, le *Sunn*, le *Genêt* et le *Coton*.

1° Coupes bleues ou violettes, non circonscrites ou entourées par une bordure jaune ; granulations jaunes dans la cavité intérieure.

*a.* — *Coupes* polygonales, à côtés droits, à angles plus ou moins vifs ; au centre, un point jaune ; couches concentriques d'accroissement légèrement indiquées.

*En long*, fibres d'un bleu clair, transparentes, régulières, lisses ou légèrement striées ; plis de flexion d'un bleu plus foncé avec renflement du corps de la fibre ; canal central représenté par une ligne jaune étroite, granulée ; pointes effilées, aiguës.

L. 25$^{mm}$ à 30$^{mm}$ ; D. 0$^{mm}$,020 ; R. 1200. . . . . . . . . . **LIN**.

*b.* — *Coupes* ovales, aplaties ou à angles rentrants ; parois un peu épaisses ; couches concentriques d'accroissement très-marquées, plusieurs individus montrant des stries radiées dans les couches intérieures ; cavité centrale souvent remplie d'une substance grenue jaune.

*En long,* fibres bleues ou violettes, irrégulières, souvent striées, plissées ou rubanées ; canal central généralement large et contenant des amas granuleux jaunes ; pointes effilées, arrondies du bout, quelquefois tronquées ou bifurquées.

L. 27ᵐᵐ ; D. 0ᵐᵐ,05 ; R. 550. . . . . . . **ORTIE COMMUNE.**

*c.* — *Coupes* polygonales ou irrégulières de très-grandes dimensions, souvent à angles rentrants ; ouverture intérieure large et irrégulière, contenant parfois des amas de granules jaune-brun ; couches concentriques nombreuses, très-marquées, de teintes différentes ; stries radiées dans les couches d'accroissement intérieures de beaucoup de coupes.

*En long,* fibres bleues ou violettes, dont quelques-unes ont des dimensions énormes, irrégulières de forme et de grosseur dans un même individu ; tantôt pleines, lisses ou striées, tantôt aplaties, plissées, rubanées ; canal central apparent et contenant des amas souvent isolés de grains jaunes ou bruns ; pointes allongées, mais terminées en spatule, en fer de lance ou par des formes arrondies.

L. 120ᵐᵐ ; D. 0ᵐᵐ,05 ; R. 2400. . . . . **ORTIE DE CHINE.**

*d.* — *Coupes* bleues ou violettes, toujours isolées, arrondies, ovales, en forme de rognon, etc... ; cavité centrale contenant souvent des amas granuleux jaunes.

*En long,* fibres bleues ou violettes, jamais en faisceau, rubanées, striées, plissées, tortillées sur elles-mêmes, présentant de chaque côté une bordure arrondie en forme d'ourlet. . . . . . . . . . . . . . , . . . . . . . . . **COTON.**

2° Coupes bleues ou violettes, polygonales, arrondies, ou de formes irrégulières à angles rentrants, circonscrites par un filet jaune.

*a.* — Groupes irréguliers de *coupes* polygonales à ouverture centrale linéaire, simple ou à plusieurs branches, ou bien de formes irrégulières à angles rentrants et à large ouverture, enchevêtrées les unes dans les autres dans les groupes où elles paraissent en contact intime ; couches concentriques d'accroissement très-marquées et souvent de teintes différentes. Pas de granulations jaunes dans l'intérieur.

*En long*, fibres bleues, verdâtres ou jaune sale, d'un diamètre irrégulier, agglomérées fréquemment en faisceaux compactes, striées ou cannelées, montrant des fibrilles détachées ou encore adhérentes ; marquées de lignes transversales presque noires et très-fines ; canal central peu facile à reconnaître ; pointes plates, larges, terminées en spatule, etc....

L. 22$^{mm}$ ; D. 0$^{mm}$,022 ; R. 1000. . . . . . . . . **CHANVRE.**

*b.* — Groupes nombreux, compactes, très-fournis, affectant fréquemment la forme d'un croissant, composés de *coupes* qui ont une grande analogie avec celles du chanvre ; cependant les coupes pleines, polygonales ou ovalaires, ont très-souvent la cavité intérieure petite, ronde, et non linéaire ; cette cavité est garnie parfois de granulations jaunes. Couches d'accroissement nombreuses, fines, très-marquées ; celles de l'extérieur se colorent quelquefois en jaune, tandis que celles de l'intérieur sont bleues. Réseau jaune enchâssant les coupes, généralement épais. Fissures fréquentes traversant les parois des fibres et venant aboutir à une fissure correspondante de la fibre voisine se trouvant sur la même ligne. La partie concave des croissants est parfois garnie de groupes ronds ou ovales composés d'un réseau jaune foncé, à mailles plus ou moins larges.

*En long*, fibres bleues, verdâtres ou jaunes ; les unes presque pleines, contenant parfois des amas granuleux jaunes ou bruns ; les autres aplaties, plissées, rubanées, et dont l'intérieur paraît vide. Le corps des fibres pleines présente des plis en X et des renflements comme le lin ; mais le canal central atteint des dimensions qu'on ne trouve pas dans le lin ; pointes semblables à celles du chanvre.

L. 7$^{mm}$ à 8$^{mm}$;   D. 0$^{mm}$,03 ;   R. 260. . . . . . . . . . . **SUNN.**

*c.* — Groupes peu volumineux, composés de *coupes* bleues, petites, assez uniformes dans leurs dimensions, enchâssées dans un réseau jaune auquel elles adhèrent peu, et dont les mailles sont quelquefois vides ; formes ayant de grands rapports avec celles du chanvre ; mais, parois plus compactes, marquées de couches concentriques peu nombreuses et généralement peu apparentes ; cavité centrale presque toujours ouverte et contenant une substance jaune grenue.

*En long*, faisceaux se divisant difficilement avec les aiguilles ; fibres bleues, très-fines, de grosseurs uniformes, nettes, séparées, distinctes, même dans les faisceaux ; couleur salie quelquefois par une enveloppe jaune qui apparaît alors, de chaque côté de la fibre, comme une ligne étroite d'un jaune brillant. Deux types de fibres, les unes pleines, lisses, nettes ; canal central ne pouvant se distinguer que lorsqu'il contient des amas de granulations jaunes ; pointes effilées, aiguës. Les autres sont plates, profondément striées, rubanées ; le canal intérieur, qui est vide, n'est presque jamais apparent ; pointes de ces dernières larges et arrondies.

L. $10^{mm}$ ; D. $0^{mm},016$, pour les pleines ; R. 620. . **HOUBLON.**

*d.* — Groupes présentant deux types ; les uns peu fournis, contenant des *coupes* souvent très-grosses, pleines ou à parois épaisses ; formes polygonales à angles émoussés, ou à angles rentrants avec des contours arrondis. Les autres, assez volumineux, composés de coupes très-petites, d'un bleu plus clair, de formes arrondies, quelquefois irrégulières et contournées. Ces deux sortes de coupes sont enchâssées dans un réseau jaune, peu adhérent, dont les mailles sont souvent vides. Les coupes isolées et sorties des mailles ont l'aspect des coupes du coton, mais elles présentent des couches concentriques nombreuses et très-marquées qui se séparent quelquefois les unes des autres ; l'ouverture centrale contient souvent une substance granuleuse jaune, ou qui reste incolore.

*En long,* faisceaux se divisant facilement, avec les aiguilles, en un mélange de fibres grosses et de fibres beaucoup plus fines, bien détachées les unes des autres ; elles sont pleines, lisses ou striées, avec plis de flexion très-marqués ; ou bien elles sont rubanées, fortement plissées ; le canal central est rarement apparent, ou il est indiqué par des amas interrompus de granulations jaunes qui se montrent surtout vers les pointes ; les dernières fibres ont les bouts arrondis et généralement larges.

L. $15^{mm}$ ; D. $0^{mm},025$, p. les grosses ; R. 430. **MURIER A PAPIER.**

*e.* — Groupes peu volumineux de *coupes* bleues, petites, séparées par un réseau jaune généralement épais ; formes arrondies ; les unes à angles saillants, très-pleines, avec ouverture centrale très-petite, ponctiforme ou linéaire, souvent remplie de grains jaunes. Couches concentriques peu nombreuses, mais bien marquées ; la couche extérieure plus pâle que celles de l'intérieur et ayant quelquefois une tendance à devenir jaune. Les autres coupes sont irrégulières comme celles du chanvre, mais plus petites, prenant une teinte moins foncée que celles qui sont pleines ; cavité centrale linéaire ou ouverte, quelquefois garnie de grains jaunes. Présence fréquente de groupes de ligneux reconnaissables à leur couleur jaune.

*En long,* fibres bleues, violettes ou jaunâtres, courtes, frisées, pleines, rondes, d'un diamètre très-petit et régulier ; canal central, représenté par une ligne très-fine ; l'enveloppe jaune dépasse souvent les pointes qui, ordinairement, ne sont pas effilées mais arrondies du bout, bifurquées et quelquefois lobées.

L. 5$^{mm}$ ;  D. 0$^{mm}$,015 ;  R. 400. . . . . . . . . . . . . **GENÊT.**

---

## SECTION II.

### *Monocotylédonées.*

Nous plaçons dans cette section l'*Alfa* (comprenant, sous ce nom, le Lygeum spartum aussi bien que le Stipa tenacissima) et l'*Ananas* (Ananassa sativa).

1° — Groupes irréguliers composés de *coupes* bleues entremêlées de coupes jaunes ; couches concentriques souvent très-marquées, la couche extérieure colorée quelquefois en jaune, celles de l'intérieur étant bleues ; formes arrondies ou ovales, présentant rarement des pans ou côtés droits ; au milieu, un point, souvent de couleur jaune, indique le canal intérieur de la fibre. Ces coupes sont accompagnées de groupes provenant de faisceaux fibro-vasculaires jaunes décrits plus haut (153.)

*En long,* fibres bleues, courtes, fines, très-pleines, lisses, frisées, d'un diamètre uniforme et régulier ; ligne jaune très-fine, au milieu, représentant le canal central ; pointes rarement effilées, arrondies du bout, tronquées, bifurquées ou à crans.

L. $1^{mm},5$ ;   D. $0^{mm},012$ ;   R. 125. . . . . . . . . . . . . . . **ALFA.**

2° — Groupes très-compactes, assez volumineux, souvent en forme de croissant ; *coupes* des fibres, excessivement petites, d'une teinte bleue ou violette très-pâle n'apparaissant que quand elles sont très-minces. Ces coupes sont enchâssées dans un réseau jaune assez épais ; leurs formes sont généralement arrondies, quelquefois polygonales ; cavité se montrant sous forme de point ou de ligne très-courte. Les coupes épaisses sont verdâtres ou même jaunes. Parmi ces groupes, se trouvent des coupes de faisceaux fibro-vasculaires, dans lesquels le tissu remplissant le centre est coloré en bleu et entouré d'une bordure formée par un rang ou deux de fibres épaisses colorées en jaune foncé.

*En long,* fibres très-fines, régulières, pleines, lisses, souples, se frisant facilement ; canal central rarement visible dans les plus petites, apparaissant dans les grosses comme une ligne très-fine ; fibres bien distinctes dans les faisceaux dont elles se séparent avec facilité ; pointes allongées et aciculaires. Coloration très-peu prononcée, souvent nulle. Au milieu de ces fibres, presque incolores, on en rencontre de jaunes, plus grosses, très-roides et moins longues, provenant de la rangée intérieure des faisceaux fibro-vasculaires.

L. 5$^{mm}$ ;   D. 0$^{mm}$,006 ;   R. 830. . . . . . . . . . . . . **ANANAS.**

## CLASSE **B.**

### SECTION I.
*Dicotylédonées.*

Cette section se compose de l'*Hibiscus,* du *Tilleul,* du *Jute* et du *Daphné.*

1° — Coupes polygonales, à côtés droits, ouverture centrale arrondie ou ovale, à bords lisses.

*a.* — *Coupes* jaunes polygonales, à côtés droits, à angles vifs, enchâssées dans un réseau d'un jaune plus foncé, formant des groupes compactes de formes rectangulaires ; ouverture centrale généralement petite, toujours arrondie, lisse, vide ; couches concentriques d'épaississement quelquefois apparentes ; fissures dans les parois, perpendiculaires aux contours extérieur et intérieur.

*En long,* fibres jaunes, roides, cassantes ; diamètre très-irrégulier ; pointes effilées, arrondies du bout ; quelques-unes portant des crans ou des sinuosités ; on rencontre fréquemment des fibres à parois très-minces et qui sont plissées et rubanées.

L. 5$^{mm}$ ;   D. 0,021 ;   R. 240. . . . . . . . . . . . **HIBISCUS.**

*b.* — *Coupes* généralement très-petites, polygonales, à côtés droits et à angles vifs, agglomérées en groupes compactes, enchâssées dans un réseau d'un jaune plus foncé, à mailles très-fines, qu'elles remplissent exactement ; ouverture centrale très-petite, ponctiforme.

*En long,* fibres fines, très-courtes, roides, très-pleines ; pointes aigües ou de formes irrégulières.

L. 2$^{mm}$ ; D. 0$^{mm}$,016 ; R. 125. . . . . . . . . . . . **TILLEUL.**

*c.* — *Coupes* polygonales à côtés droits et à angles vifs, formant des groupes très-compactes où elles se trouvent en contact intime ; ouverture centrale généralement assez large, ronde ou ovale, à bords lisses, toujours vide.

*En long,* faisceaux fortement agglomérés, de fibres jaunes d'or, très-courtes, raides, lisses, sans stries, mais présentant souvent des crans ou sinuosités sur les bords, surtout dans le voisinage des pointes. Le canal central apparaît sous forme d'une bande plus claire, au milieu de la fibre ; de chaque côté, des bordures d'un jaune plus foncé représentent l'épaisseur des parois délimitées par des lignes très-nettes ; pointes se terminant brusquement, arrondies du bout ou de formes irrégulières.

L. 2$^{mm}$ ; D. 0$^{mm}$,022 ; R. 90. . . . . . . . . . . . . . **JUTE.**

2° *Coupes* arrondies, ovales ou contournées comme celles du coton avec lequel elles ont un grand rapport de formes, mais dont elles se distinguent par leur couleur jaune ; cavité intérieure allongée, linéaire et vide.

*En long,* fibres jaunes, très-fines, pleines, lisses, peu adhérentes les unes aux autres ; plusieurs individus, très-larges vers le centre, s'amincissent brusquement en pointes effilées, mais arrondies du bout ; renflement quelquefois très-marqué aux plis de flexion.

L. 5$^{mm}$ ; D. 0$^{mm}$,04 ; R. 500. . . . . . . . . . . . . **DAPHNÉ.**

## SECTION II.

### *Monocotylédonées.*

Cette section comprendra le *Phormium tenax*, l'*Abaca*, le *Coco*,
le *Sansevière*, et le *Pite* ou *Aloès*.


1° Coupes dont les formes sont plus souvent arrondies que
polygonales et dont l'ouverture centrale est également arrondie; traces de faisceaux fibro-vasculaires.

*a.* — *Coupes* très-petites, d'un jaune peu intense quand
elles sont minces ; celles qui ont des formes polygonales ont
les angles émoussés ; elles sont peu adhérentes entre elles ;
l'ouverture centrale est petite, ronde ou ovale et à bords
lisses.

*En long,* fibres fines, régulières, lisses, droites et roides,
se séparant facilement les unes des autres dans les faisceaux ; épaisseur des parois très-uniforme ; canal central
petit mais bien apparent ; pointes allongées, aciculaires.

L. 9ᵐᵐ ;  D. 0ᵐᵐ,010 ;  R. 560. . . . . . . . . . **PHORMIUM**.

*b.* — *Coupes* polygonales à angles très-arrondis, ou de
formes ovales ; contact peu intime dans les groupes ; parois
généralement d'une épaisseur médiocre ; ouverture centrale
large, rappelant, par sa forme, celle du contour extérieur,
mais les angles sont tellement atténués que cette ouverture paraît presque ronde ou ovale ; elle contient quelquefois des granulations brunes.

*En long,* fibres régulières, lisses, à parois d'une épaisseur très-uniforme mais peu considérable ; canal central

large et apparent; pointes s'amincissant régulièrement et graduellement, aiguës ou légèrement arrondies du bout.

L. 6$^{mm}$; D. 0$^{mm}$,020; R. 250. . . . . . . . . . . . **ABACA**.

*c.* — *Coupes* d'un brun jaune, rondes ou ovales, se touchant à peine dans les groupes, enchâssées dans un réseau à mailles épaisses qui les réunit en groupes ronds très-compactes, portant en leur milieu un vide ou lacune de formes irrégulières; l'ouverture centrale de la fibre est très-large, ronde ou ovalaire.

*En long,* fibres très-courtes, roides, à parois d'une épaisseur assez grande, n'égalant pas cependant la largeur du canal intérieur; contours extérieurs souvent sinueux ou dentelés; parois interrompues quelquefois par des solutions de continuité (pores ?); pointes arrondies ou se terminant brusquement; faisceaux bruns, très-compactes, se divisant difficilement.

L. 0$^{mm}$,7; D. 0$^{mm}$,020; R. 35. . . . . . . . . . . . . . **COCO**.

2$^e$ *Coupes* polygonales bien prononcées : ouverture centrale également polygonale, à angles plus ou moins atténués, traces de faisceaux fibro-vasculaires.

*a.* — *Coupes* polygonales, à angles souvent émoussés ; parois peu épaisses; ouverture centrale polygonale à contours anguleux et lisses, toujours vide.

*En long,* faisceaux fortement agglomérés et très-difficiles à diviser, composés de fibres fines, roides, lisses, à parois minces, d'épaisseur uniforme; canal central large ; pointes effilées, aiguës.

L. 3$^{mm}$; D. 0$^{mm}$,020; R. 150. . . . . . . . . **SANSEVIÈRE**.

*b.* — *Coupes* polygonales, à côtés droits, à angles un peu émoussés parfois ; ouverture centrale très-grande, polygonale, à angles moins accentués que ceux de l'extérieur ; fissures dans les parois, perpendiculaires aux deux contours, extérieur et intérieur.

*En long*, fibres courtes, roides, à parois minces, renflées vers le milieu ; épaisseur des parois très-inégale ; profil extérieur souvent ondulé ou dentelé jusqu'à la pointe qui est large, en forme de fourreau de sabre, quelquefois bifurquée.

L. 2$^{mm}$,5 ; D. 0$^{mm}$,025 ; R. 100. . . . . . . . . . . . . . **PITE.**

**240. Remarque.** — Les caractères que nous venons de consigner n'apparaissent pas toujours d'une manière parfaitement tranchée au premier abord et de telle sorte qu'ils ne puissent laisser aucune incertitude. Lorsqu'il y a doute, il faut faire plusieurs préparations ; quand on pensera avoir reconnu un filament, on se reportera à l'article qui lui est consacré dans le corps de l'ouvrage ; nous engageons aussi à consulter les figures qui représentent dix de ces fibres à un grossissement uniforme de 300 diamètres.

Lorsqu'on aura cru trouver des indices d'un textile dans un échantillon soumis à l'analyse, il faudra poursuivre les recherches dans le but de rencontrer des coupes bien caractérisées de cette fibre. Si, après l'examen attentif de plusieurs préparations faites avec le plus grand soin, on n'en trouvait aucune qui fût dans ces conditions, on pourra être assuré de l'absence de cette fibre.

**241. — Détermination de la proportion des filaments dans un mélange.** — Les moyens que nous venons d'indiquer pour analyser un tissu ou un fil, permettent de reconnaître les éléments qui peuvent constituer un mélange; nous avons cherché à déterminer la proportion de chacun d'eux dans ce mélange, et nous sommes arrivé à ce résultat avec une approximation tellement grande, que notre méthode permet de faire une véritable analyse quantitative, en y mettant un peu de temps et de patience.

Voici quelle est la manière d'opérer. Les coupes, faites suivant les indications que nous avons données plus haut (24 et 25), sont soumises au microscope, après avoir introduit dans l'oculaire, au lieu du micromètre, un verre de même forme, mais portant des lignes très-fines, parallèles, distantes l'une de l'autre d'un millimètre, et coupées à angle droit par une série de lignes également espacées et parallèles. Le champ aperçu à travers l'appareil se trouvera ainsi divisé en un certain nombre de petits carrés parfaitement égaux. Supposons qu'il s'agisse d'un mélange de *Lin* et de *Chanvre*. On commence par reconnaître les groupes et les coupes isolées de l'un et de l'autre qui se trouvent dans le champ du microscope, puis on compte le nombre de petits carrés qui couvrent chaque groupe ou chaque tranche isolée. Les fractions de carrés s'évaluent par approximation, et on en tient compte, en les notant. Le cahier d'observations, placé à portée de l'opérateur, est divisé en deux colonnes, l'une intitulée *Chanvre*, l'autre *Lin*. On inscrit dans chacune le nombre de carrés trouvés. On fait ensuite mouvoir la préparation, de manière à renouveler complétement l'image qui se trouve dans le champ du microscope, et l'on continue ainsi jusqu'à ce qu'on ait parcouru la préparation tout entière. Ces recherches doivent se faire avec le plus fort objectif.

Admettons que dans cet examen on ait trouvé les chiffres suivants :

| Chanvre. | Lin. |
|---|---|
| 2.5 | 3. |
| 3. | 2. |
| 6. | 1. |
| 4. | 3.5 |
| 9. | 3. |
| 1.5 | 2. |
| 3.5 | 0.5 |
| 4. | 1. |
| 10. | 2. |
| 7. | 3.5 |
| 0.5 | 3. |
| 51. | 0.5 |
| | 25. |

On voit que le nombre total des carrés trouvés est de $51 + 25 = 76$. On établit alors la proportion suivante :

$$76 : 25 :: 100 : x, \text{ d'où } x = 32.8.$$

On en conclut que le mélange contient environ 33 pour 100 de lin, ou un tiers.

Pour donner plus de certitude au résultat, on fait ces déterminations sur plusieurs préparations du même échantillon, et on prend la moyenne.

Ce procédé est d'une approximation bien suffisante, car il faut se pénétrer de ce fait : c'est que les mélanges de cette nature ne s'opèrent jamais avec une précision mathématique.

Des essais, faits sur des mélanges préparés par nous avec le
plus grand soin, nous ont donné des résultats qui s'écar-
taient les uns des autres de 5 à 10 pour 100, au maximum.
L'exactitude du procédé paraît donc bien suffisante pour tous
les cas qui peuvent se présenter.

Nous ferons remarquer que les coupes qui doivent servir à
ces recherches exigent un soin tout particulier, et doivent être
pratiquées avec toute la perfection dont on sera capable ; on
ne mesurera que celles qui sont dans de bonnes conditions,
et on devra rejeter les préparations qui seraient mal faites ou
qui contiendraient trop de coupes obliques à l'axe. Il faut aussi
avoir la précaution de ne pas trop charger le porte-objet.

Nous pensons avoir atteint le triple but que nous nous
sommes proposé : faire connaître la nature des principales
fibres textiles d'origine végétale, utilisées de nos jours pour
les besoins de l'homme ; indiquer un moyen exact et à la
portée de tous, permettant de distinguer les unes des autres,
dans les produits de l'industrie, les fibres qu'elle emploie le
plus habituellement ; enfin présenter à l'étudiant micrographe
un ensemble d'études qui lui permettront de se familiariser
avec l'emploi d'un instrument appelé à rendre de si grands
services aux sciences naturelles, et à prêter un concours des
plus efficaces à l'industrie et au commerce. Nous nous esti-
merions très-heureux si notre travail pouvait répondre à ces
données ; de plus habiles que nous ne tarderont pas à venir

combler les lacunes que cette étude doit nécessairement présenter.

Nous avons cru devoir joindre à la fin de ce volume plusieurs tableaux extraits de l'ouvrage de Forbes Royle sur les plantes fibreuses des Indes, qui pourront offrir quelque intérêt au point de vue industriel; il existe peu de documents de cette nature, et nous pensons rendre service en les faisant connaître dans notre pays. Nous avons réduit en mesures françaises toutes les données qui, dans le texte original, sont en mesures anglaises.

## TABLEAU I.

Force comparative des Fibres, à l'état sec et à l'état humide, déterminée par les poids qu'ont supporté des cordes de même grosseur et de 1m20 de longueur.

| | DÉSIGNATION DES FIBRES. | CORDES SÈCHES. | CORDES MOUILLÉES. |
|---|---|---|---|
| | | k. | k. |
| 1 | Chanvre, récolté près de Calcutta. | 72 | 80 |
| 2 | Sunn (*Crotalaria juncca*), coupé avant la floraison et roui immédiatement. | 51 | 72 |
| 3 | Le même, roui après dessiccation. | 27 | 35 |
| 4 | Sunn, coupé pendant la floraison et roui immédiatement. | 60 | 84 |
| 5 | Le même, roui après l'avoir fait sécher. | 45 | 75 |
| 6 | Sunn, coupé après la maturité des graines. | 68 | 93 |
| 7 | Le même, roui après séchage. | 50 | 74 |
| 8 | Sunn, récolté l'hiver et roui immédiatement. | 72 | 95 |
| 0 | Corchorus capsularis (*Tectan Paut.*). | 66 | 00 |
| 10 | Corchorus capsularis, rougeâtre, de Chine. | 74 | 74 |
| 11 | Corchorus olitorius. | 51 | 56 |
| 12 | Hibiscus strictus. | 47 | 52 |
| 13 | Le même, récolté après maturation de la graine. | 58 | 62 |
| 14 | Hibiscus cannabinus, pendant la floraison et roui immédiatement. | 52 | 60 |
| 15 | Le même, coupé après la maturation de la graine. | 50 | 53 |
| 16 | Hibiscus, pendant la floraison et roui immédiatement. | 53 | 56 |
| 17 | Hibiscus Sabdariffa       id.            id. | 41 | 53 |
| 18 | Hibiscus Abelmoschus   id.            id. | 49 | 49 |
| 19 | Fibres tirées du pédoncule d'un bananier sauvage. | 36 | |
| 20 | Urtica tenacissima. | 110 | 126 |

## TABLEAU II.

Force comparative de cordes de même grosseur et de 1$^m$20 de long, nouvellement préparées, puis macérées pendant 116 jours dans l'eau stagnante.

| | DÉSIGNATION DES FIBRES. | NOUVELLEMENT PRÉPARÉES. | | | APRÈS MACÉRATION. | | |
|---|---|---|---|---|---|---|---|
| | | État naturel | Tanné. | Gou-dronné | État naturel | Tanné. | Gou-dronné |
| | | k. | k. | k. | k. | k. | k. |
| 1 | Chanvre anglais.. . . . . . . . . | 47 | — | — | pourri | — | — |
| 2 | Chanvre récolté près de Calcutta. . | 34 | 63 | 20 | pourri | id. | id. |
| 3 | Coir, fibres de la noix de coco.. . . | 39 | — | — | 24 | — | — |
| 4 | Ejoo (*Arenga saccharifera*).. . . | 43 | — | — | 42 | — | — |
| 5 | Crotalaria juncea (*Sunn*) . . . . . | 31 | 31 | 27 | pourri | 23 | 29 |
| 6 | Corchorus olitorius (*Jute*). . . . . | 31 | 31 | 28 | 18 | 22 | 27 |
| 7 | Corchorus capsularis (*Nalta jute*) . | 30 | — | — | 22 | — | — |
| 8 | Lin récolté près de Calcutta. . . . | 17 | — | — | pourri | — | — |
| 9 | Agave americana (*Aloes*). . . . . | 50 | 36 | 35 | pourri | pourri | 7 |
| 10 | Sanseviera zeylanica (*Moorva*).. . | 54 | 33 | 22 | 13 | 12 | 15 |
| 11 | Hibiscus strictus. . . . . . . . . | 28 | — | — | 12 | — | — |
| 12 | Hibiscus mutabilis. . ⸰ . . . . . | 20 | 24 | — | pourri | 20 | — |
| 13 | Hibiscus du cap de Bonne-Espérance | 10 | — | — | 8 | — | — |

## TABLEAU III.

Cordes de Fibres de différentes natures, classées d'aprés leur force,

| | CORDES DE 0m05 DE CIRCONFÉRENCE. | | CORDES DE 0m038 DE CIRCONFÉRENCE. | |
|---|---|---|---|---|
| | DÉSIGNATION DES FIBRES. | Poids de rupture. | DÉSIGNATION DES FIBRES. | Poids de rupture. |
| | | k. | | k. |
| 1 | Chanvre de Manille, naturel. | 1240 | Phormium tenax. . . . . . | 1010 |
| 2 | Sunn, naturel. . . . . . . | 1225 | Chanvre d'Europe, 1839. . . | 890 |
| 3 | Chanvre d'Europe. . . . . | 1210 | Chanvre d'Europe . . . . . | 790 |
| 4 | Phormium tenax. . . . . . | 1180 | Sunn, goudronné . . . . . | 770 |
| 5 | Chanvre d'Europe, 1839. . . | 1120 | Sunn, naturel. . . . . . . | 725 |
| 6 | Sunn, goudronné . . . . . | 1020 | Chanvre de Manille, goudr. . | 660 |
| 7 | Chanvre de Manille, id. . | 775 | Chanvre de Manille, naturel. | 650 |
| 8 | Moorva (sanseviera) naturel. | 530 | Moorva, naturel. . . . . . | 400 |
| 9 | Moorva, goudronné. . . . | 480 | Coir, naturel . . . . . . . | 370 |

## TABLEAU IV.

Cordes de Fibres de diverses natures, classées d'aprés leur élasticité,

| | CORDES DE 0m05 DE CIRCONFÉRENCE. | | CORDES DE 0,038 DE CIRCONFÉRENCE. | |
|---|---|---|---|---|
| | DÉSIGNATION DES FIBRES. | Allongement avant rupture. | DÉSIGNATION DES FIBRES. | Allongement avant rupture. |
| | | m. | | m. |
| 1 | Sunn, naturel. . . . . . . | 0,45 | Coir (fibres de coco), naturel. | 0,82 |
| 2 | Sun, goudronné. . . . . . | 0,36 | Sunn, naturel. . . . . . . | 0,35 |
| 3 | Chanvre de Manille, goudr. . | 0,35 | Chanvre de Manille, naturel. | 0,33 |
| 4 | Moorva, naturel. . . . . . | 0,33 | Sunn, goudronné . . . . . | 0,30 |
| 5 | Chanvre de Manille, naturel. | 0,30 | Chanvre d'Europe . . . . . | 0,26 |
| 6 | Chanvre d'Europe, 1839. . . | 0,27 | Moorva, goudronné . . . . | 0,26 |
| 7 | Phormium tenax. . . . . . | 0,27 | Moorva, naturel. . . . . . | 0,24 |
| 8 | Chanvre d'Europe. . . . . | 0,26 | Chanvre d'Europe, 1839. . . | 0,24 |
| 9 | Moorva, goudronné. . . . | 0,24 | Chanvre de Manille, goudr. . | 0,23 |
| 10 | | | Phormium tenax. . . . . . | 0,21 |

## TABLEAU V.

—

|  | | Limite de rupture. |
|---|---|---|
| Corde de Wuckoo nar (*Crotalaria juncea*). . . . | | 39 k. |
| » pareille de chanvre de Russie. . . . . . . | | 77 |
| » de rhea sauvage (*Urtica, spec.*). . . . . . | | 86 |
| » de chanvre de Russie (50<sup>mm</sup> de circonfér.). | | 816 |
| » de rhea | id. | 1270 |
| » d'agave americana (*Pite*) | id. | 860 |

—

## TABLEAU VI.

—

**Épreuves faites avec des faisceaux de fibres
sans torsion.**

| | |
|---|---|
| Chanvre de Russie. . . . . . . . . . . | 72 k. |
| Chanvre de Travancore (*Crotalaria juncea*). . . . | 80 |
| Chanvre de Jubbulpore          id. | 86 |
| Urtica nivea de Chine.. . . . . . . . . . . | 114 |
| Fibre de rhea, de l'Assam. . . . . . . . . | 145 |
| Rhea sauvage,      id.    . . . . . . . . | 156 |
| Chanvre de l'Himalaya, au-delà de. . . . . . | 180 |

—

## TABLEAU VII.

—

| | |
|---|---|
| Corde de coir.. . . . . . . . . . . . . | 102 k. |
| » d'Hibiscus cannabinus. . . . . . . . . | 133 |
| » de Sanseviera zeylanica. . . . . . . . | 144 |
| » de coton.. . . . . . . . . . . . | 157 |
| » de pite (*Agave americana*).. . . . . . . | 164 |
| » de sunn (*crotalaria juncea*). . . . . . . | 185 |

—

# EXPLICATION DES PLANCHES.

## PLANCHE I.

Les figures représentées dans les planches ont été dessinées sur les préparations et à l'aide de la chambre claire. Les grossissements étaient de 100 diamètres pour les unes et de 300 pour les autres.

FIG. 1. — Coupe de la tige du Lin ; *a*, écorce ; *b*, ligneux ; *e*, épiderme ; *f, f* fibres libériennes. Gross. $\frac{100}{1}$.

FIG. 2. — Coupe de la tige du Chanvre ; *a*, écorce ; *b*, ligneux ; *e*, épiderme ; *f, f*, fibres libériennes ; $z^1$, zone extérieure de fibres ; $z^2$, zone intérieure, de seconde formation. Gross. $\frac{100}{1}$.

FIG. 3. — Coupe du Houblon ; *e*, épiderme ; *c*, cambium ; *b*, ligneux ; *f, f*, fibres libériennes. Gross. $\frac{100}{1}$.

FIG. 4. — Coupe de l'Ortie dioïque ; *a*, écorce ; *b*, ligneux ; *e*, épiderme ; *f, f*, fibres libériennes. Gross. $\frac{100}{1}$.

## PLANCHE II.

FIG. 1. — Coupe de l'Urtica tenacissima (*China grass*) ; *e*, épiderme ; *c*, cambium ; *b*, ligneux ; *f, f*, fibres libériennes. Gross. $\frac{100}{1}$

Fig. 2. — Coupe du Broussonetia papyrifera (*Mûrier à papier*) ; *e*, épiderme ; *c*, cambium ; *b*, ligneux ; *f, f*, fibres libériennes Gross. $\frac{100}{1}$

FIG. 3. — Coupe du Genêt commun (*Genista scoparia*), comprenant une portion de la circonférence d'un rameau et une des cinq côtes qui règnent le long de l'écorce ; *a*, écorce ; *b*, ligneux ; *e*, épiderme ; *f, f*, fibres libériennes. Gross. $\frac{100}{1}$.

## PLANCHE III.

Fɪɢ. 1. — Coupe faite dans un rameau du Tilleul argenté (*Tilia argentea*); *a*, écorce; *b*, ligneux; *e*, épiderme; *c*, cambium; *f, f*, fibres libériennes. Gross. $\frac{100}{1}$.

Fɪɢ. 2. — Coupe de l'écorce du Jute (*Corchorus capsularis*); *e*, épiderme; *c*, cambium; *f, f*, fibres libériennes. Gross. $\frac{100}{1}$.

Fɪɢ. 3. — Coupe de la tige de l'Hibiscus cannabinus; *a*, écorce; *e*, épiderme; *b*, ligneux; *f, f*, fibres libériennes. Gross. $\frac{100}{1}$.

## PLANCHE IV.

Fɪɢ. 1. — Coupe faite dans l'intérieur de l'écorce du Lagetta lintearia (*Daphné*); *p, p*, parenchyme; *f, f*, fibres libériennes. Gross. $\frac{300}{1}$.

Fɪɢ. 2. — Coupe de la tige du Saule blanc (*Salix alba*); *e*, épiderme; *c*, cambium; *b*, ligneux; *f, f*, fibres libériennes. Gross. $\frac{100}{1}$.

Fɪɢ. 3. — Coupe de la feuille du Phormium tenax (partie mince de la feuille); *e, e'*, épiderme; *p*, parenchyme à grandes mailles; *p'*, parenchyme rempli de grains de chlorophylle; *f, f*, faisceaux fibro-vasculaires. Gross. $\frac{100}{1}$.

## PLANCHE V.

Fig. 1. — Coupe de la feuille du Stipa tenacissima (*Alfa des Arabes*); *e, e'*, épidermes externes et internes; *f, f*, faisceaux fibro-vasculaires; *f', f'*, fibres colorées en bleu par les réactifs, remplissant le corps de la feuille. Gross. $\frac{100}{1}$

Fɪɢ. 2. — Coupe de la feuille du Lygeum spartum (*Sparte*); *e, e'*, épidermes des deux côtés de la feuille; *f, f*, faisceaux fibro-vasculaires; *f', f'*, fibres colorées en bleu par les réactifs, répandues dans le parenchyme de la feuille. Gross. $\frac{100}{1}$.

Fɪɢ. 3. — Coupe faite dans la feuille de l'Agave americana; *f, f*, faisceaux fibro-vasculaires; *c*, centre du faisceau, contenant de gros vaisseaux et un tissu en formation; *p, p*, parenchyme. Gross. $\frac{100}{1}$.

## PLANCHE VI.

Fig. 1. — Coupe prise dans une feuille de Sanseviera zeylanica; *f*, *f*, faisceaux fibro-vasculaires; *p*, *p*, parenchyme. Gross. $\frac{100}{1}$.

Fig. 2. — Coupe de la feuille du Musa textilis (*Abaca ou Chanvre de Manille*); *e*, *e*, épiderme; *f*, *f*, faisceaux fibro-vasculaires; *c*, *c*, centre des faisceaux contenant des vaisseaux de différentes sortes et un tissu en voie de formation; *p*, *p*, parenchyme. Gross. $\frac{100}{1}$.

Fig. 3. — Coupe de la feuille de l'Ananassa sativa, (*Ananas*) *e*, *e*, épiderme; *f*, *f*, faisceaux fibro-vasculaires; *c*, centre du faisceau, dans lequel se trouvent des vaisseaux et un tissu en formation; *p*, *p*, parenchyme. Gross. $\frac{100}{1}$.

Fig. 4. — Coupe de la feuille du Corypha australis (*Palmier*); *e*, *é*, épiderme de l'une et de l'autre face de la feuille; *f*, *f*, faisceaux fibro-vasculaires; *p*, *p*, parenchyme. Gross. $\frac{100}{1}$.

## PLANCHE VII.

Fig. 1. — Coupes et fibres de Lin vues dans les réactifs; *a*, coupes des fibres, en groupes et isolées; *b*, *b*, fibres vues dans la longueur; l'une de ces fibres présente des renflements produits par de nombreux plis de flexion; *c*, *c*, pointes des fibres; *a'*, coupes des fibres situées près du collet de la plante. Gross. $\frac{300}{1}$.

Fig. 2. — Coupes et fibres du Chanvre, vues dans les réactifs; *a*, *a'*, coupes des groupes de fibres; *b*, *b*, fibres vues en long. *c*, *c*, pointes. Gross. $\frac{300}{1}$.

Fig. 3. — Coupes et fibres du Jute, dans les réactifs; *a*, coupes des groupes de fibres; *b*, fibres vues dans la longueur; *c*, *c*, pointes. Gross. $\frac{300}{1}$.

## PLANCHE VIII.

Fig. 1. — Coupes et fibres du Coton, dans les réactifs; *a*, coupes; *b*, *b*, fibres vues en long; *c*, *c*, pointes. Gross. $\frac{300}{1}$.

Fig. 2. — Coupes et fibres de l'Ortie de Chine (*Urtica nivea*), dans les réactifs; *a*, coupe d'un faisceau de fibres; *b*, fibre vue en long; *c*, *c*, pointes. Gross. $\frac{300}{1}$.

Fig. 3. — Coupes et fibres de Phormium tenax, dans les réactifs; *a*, coupes de groupes de fibres; *b*, *b*, fibres vues en long; *c*, *c*, pointes. Gross. $\frac{300}{1}$.

## PLANCHE IX.

Fig. 1. — Coupes et fibres du Stipa tenacissima (*Alfa*), vues dans les réactifs; *a*, coupe d'un groupe de fibres; *b*, *b*, fibres vues en long; *c*, *c*, pointes. Gross. $\frac{300}{1}$.

Fig. 2. — Coupes et fibres de l'Agave americana (*Pite ou Aloès*), dans les réactifs; *a*, coupe d'un faisceau de fibres; *b*. fibre vue en long; *c*, *c*, pointes. Gross. $\frac{300}{1}$.

Fig. 3. — Coupes et fibres du Musa textilis (*Abaca ou Chanvre de Manille*), dans les réactifs; *a*, coupe d'un faisceau de fibres; *b*, *b*, fibres vues en long; *c*, *c*, pointes. Gross. $\frac{300}{1}$.

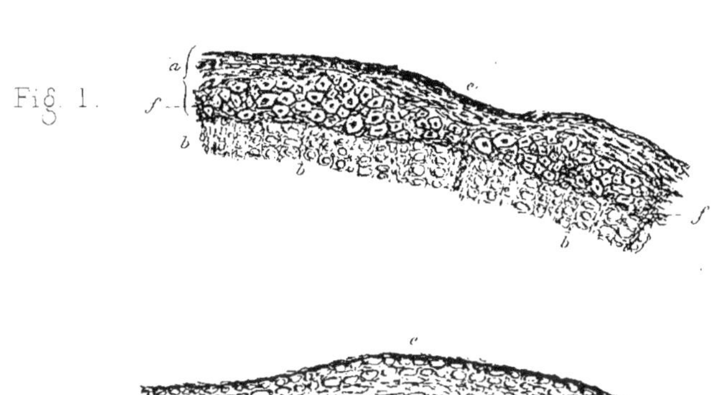
Fig. 1.
a
f
b
b
e
f

Fig. 2.
e
x'
f
x"
a
f
b
x'
x"

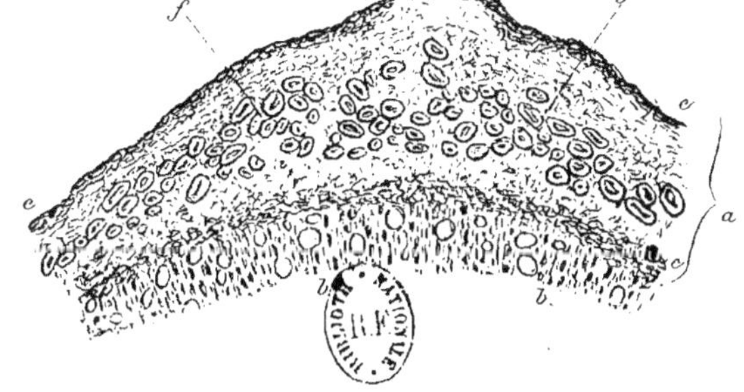
Fig. 3.
f
f
f
e
b
c
f
f
c
b

Fig. 4.
f
f
e
c
a
c
b
b

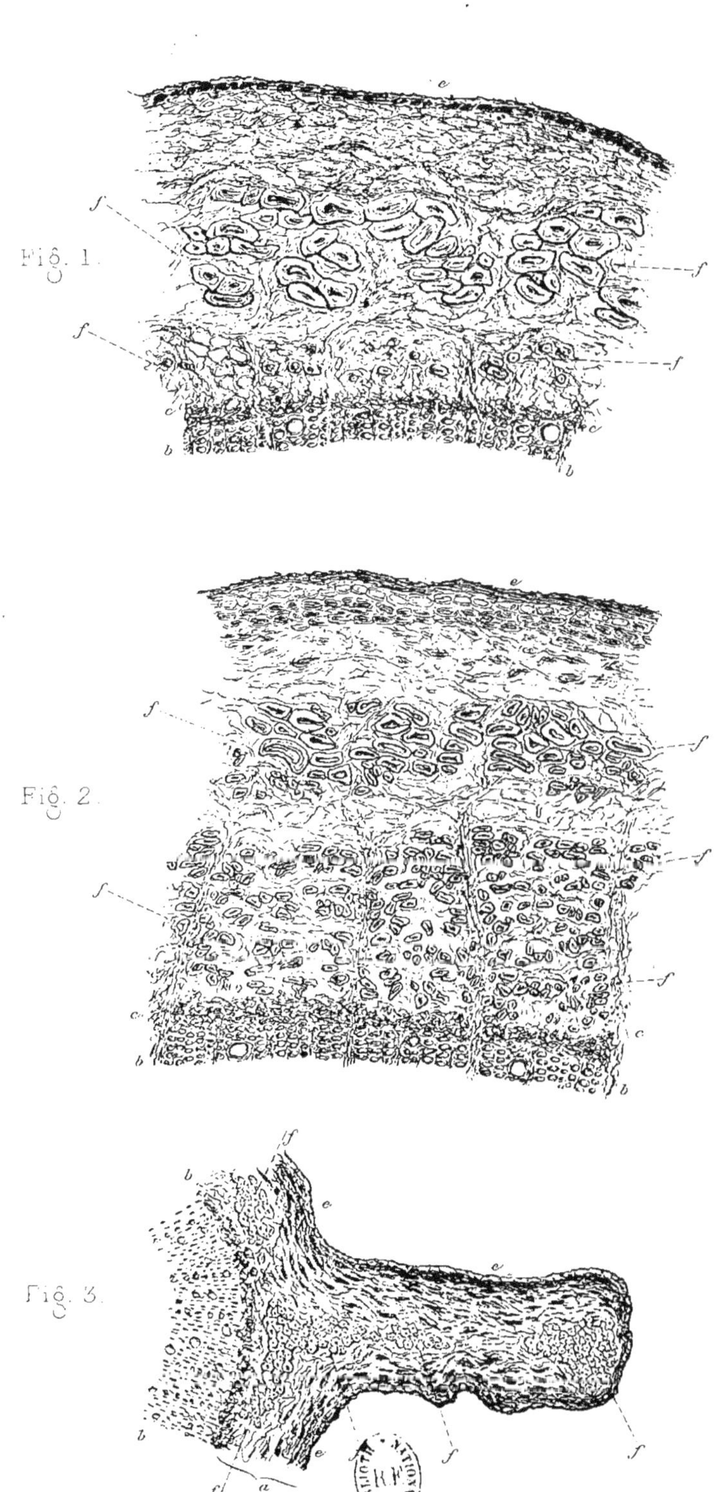

Fig. 1.
Fig. 2.
Fig. 3.

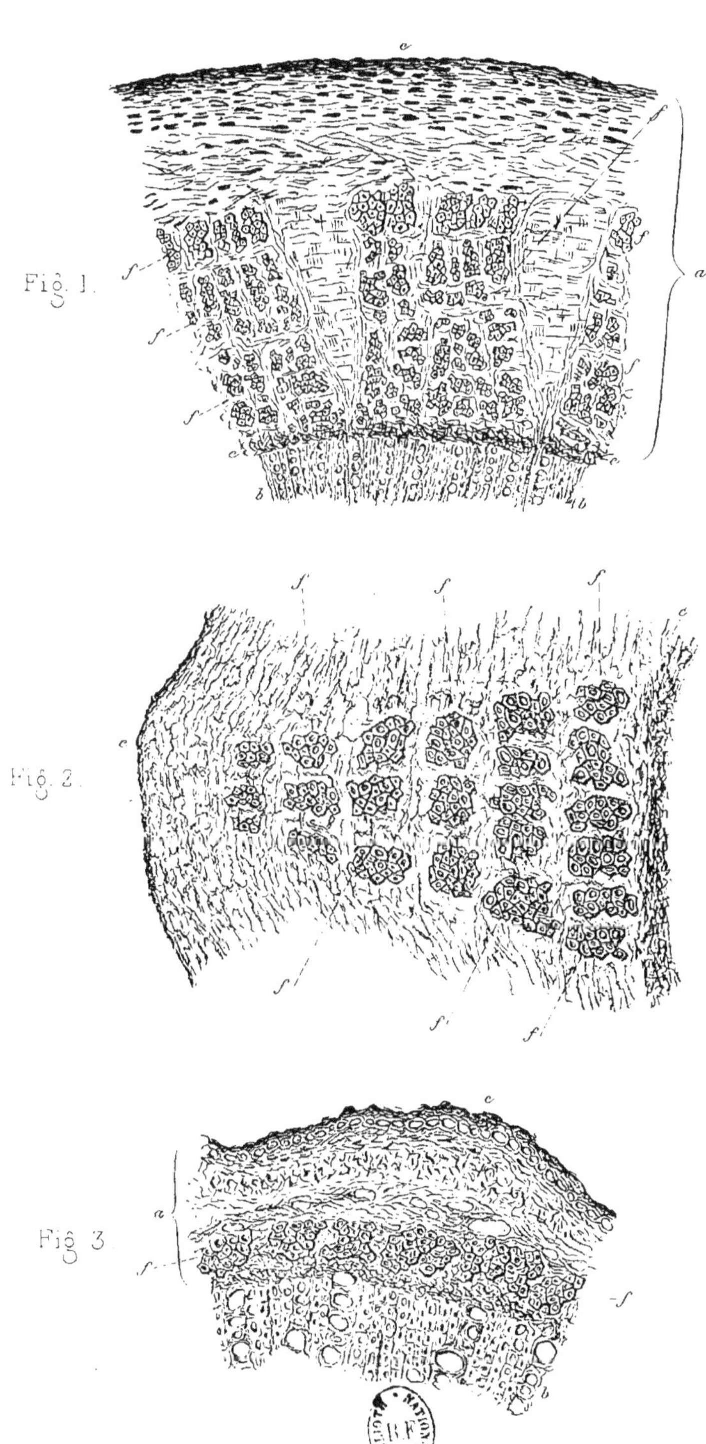

PL. III.
Fig. 1.
Fig. 2.
Fig 3.

PL. IV.
Fig. 1. 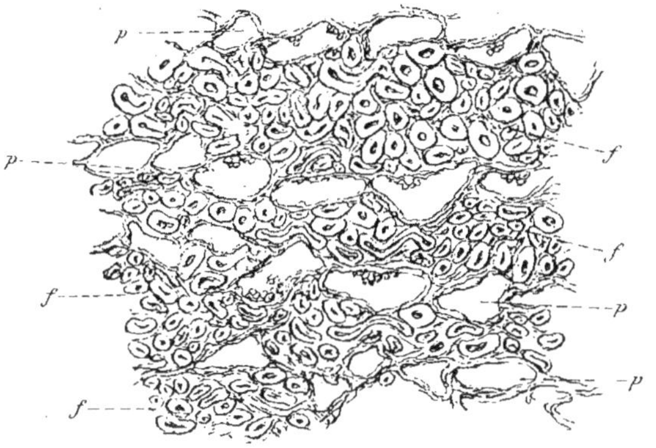
Fig. 2. 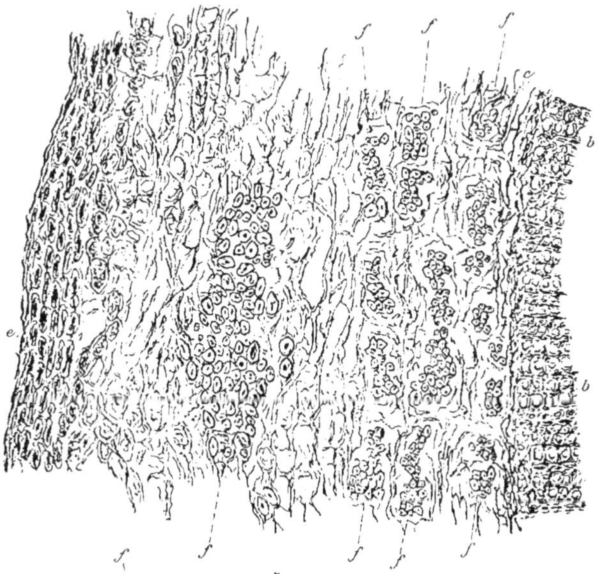
Fig. 3.

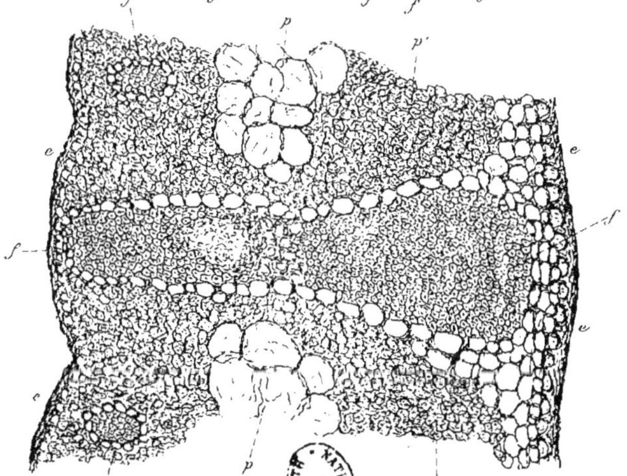

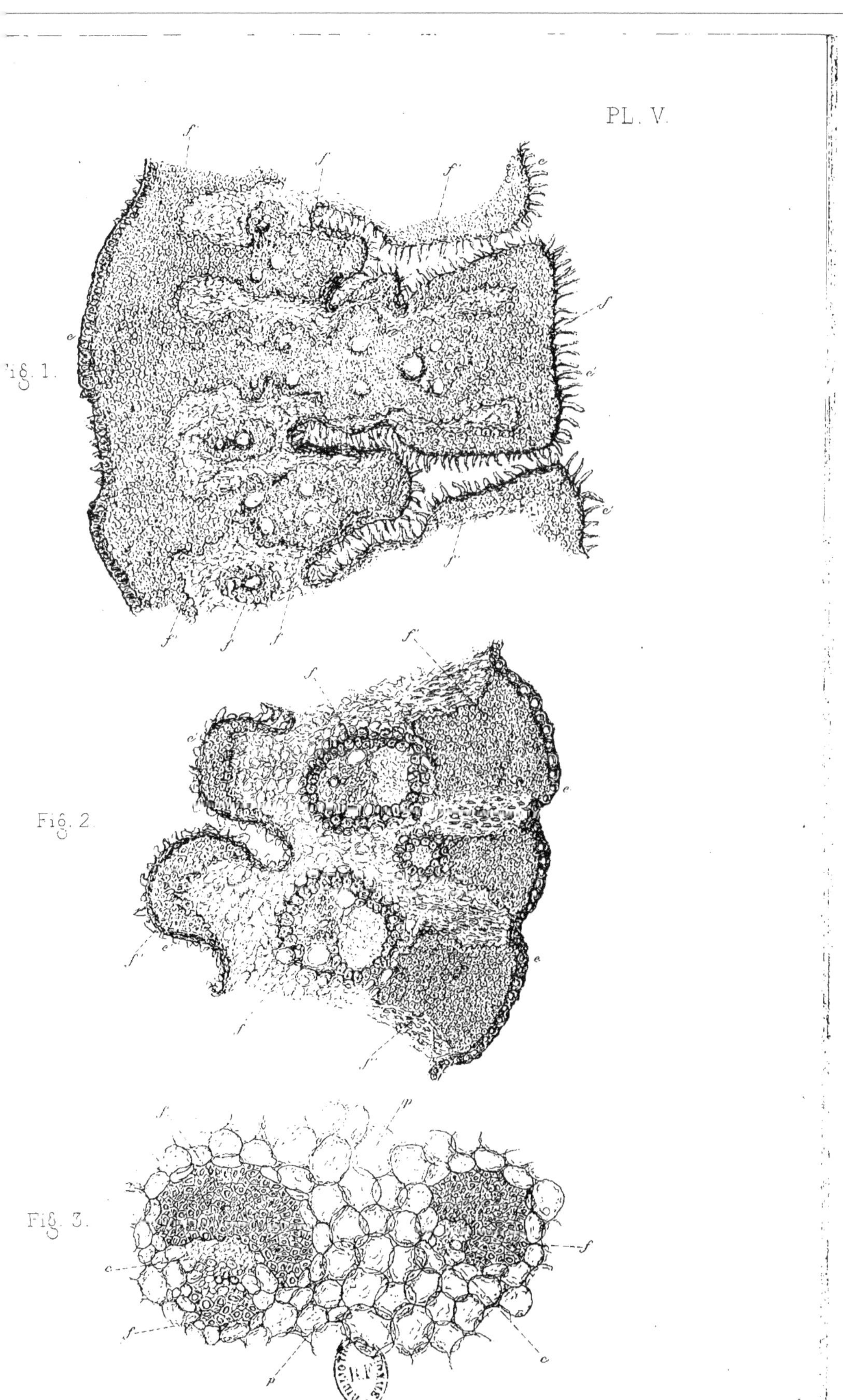
PL. V.
Fig. 1.
Fig. 2.
Fig. 3.

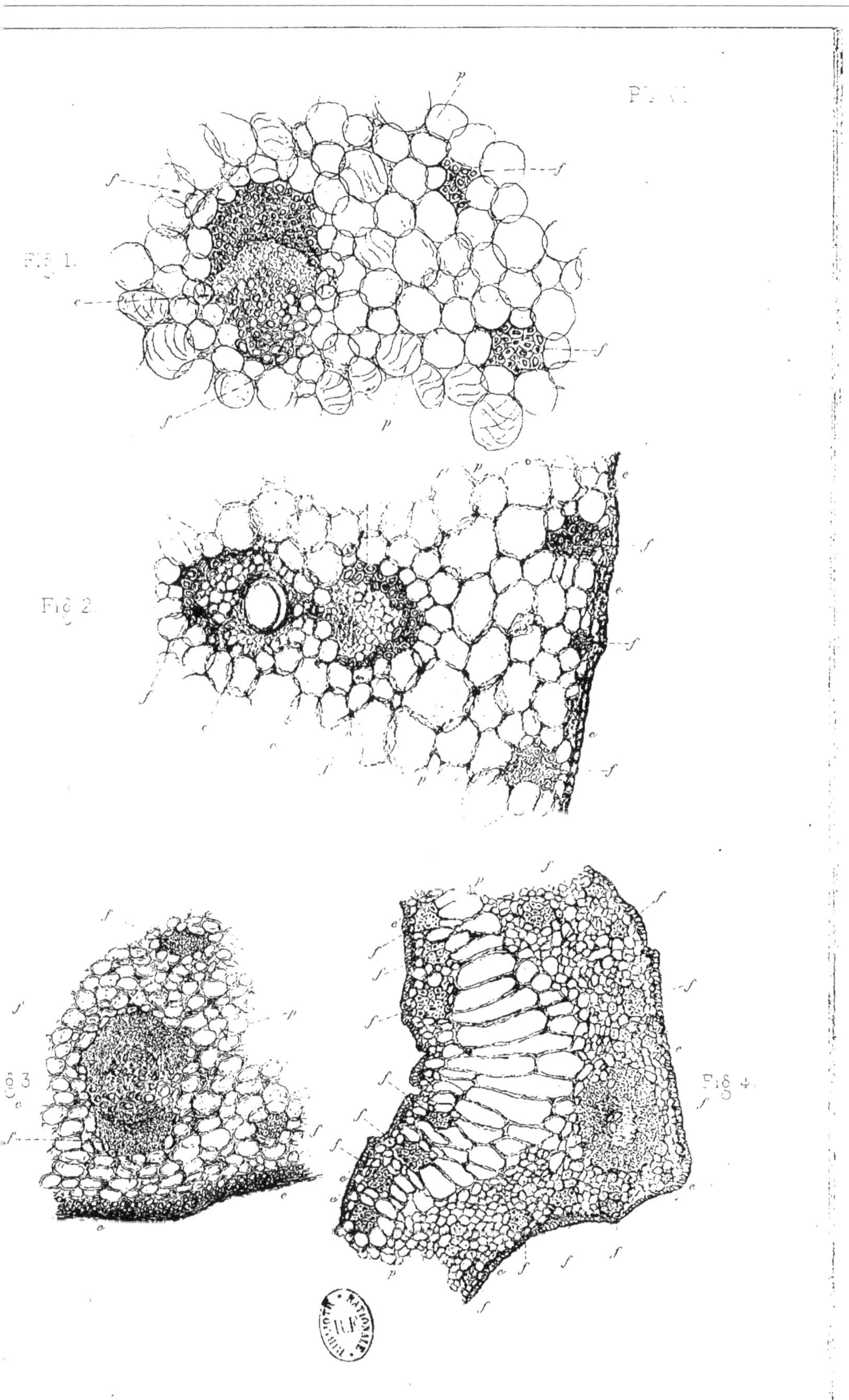
Pl.
p
f
Fig. 1.
c
f
p
Fig 2.
p
p
f
e
e
f
e
c
c
f
p
f
f
p
f
f
e
f
f
Fig 3
c
e
f
e
c
p
Fig 4.
f
e
c
f
f
f
f

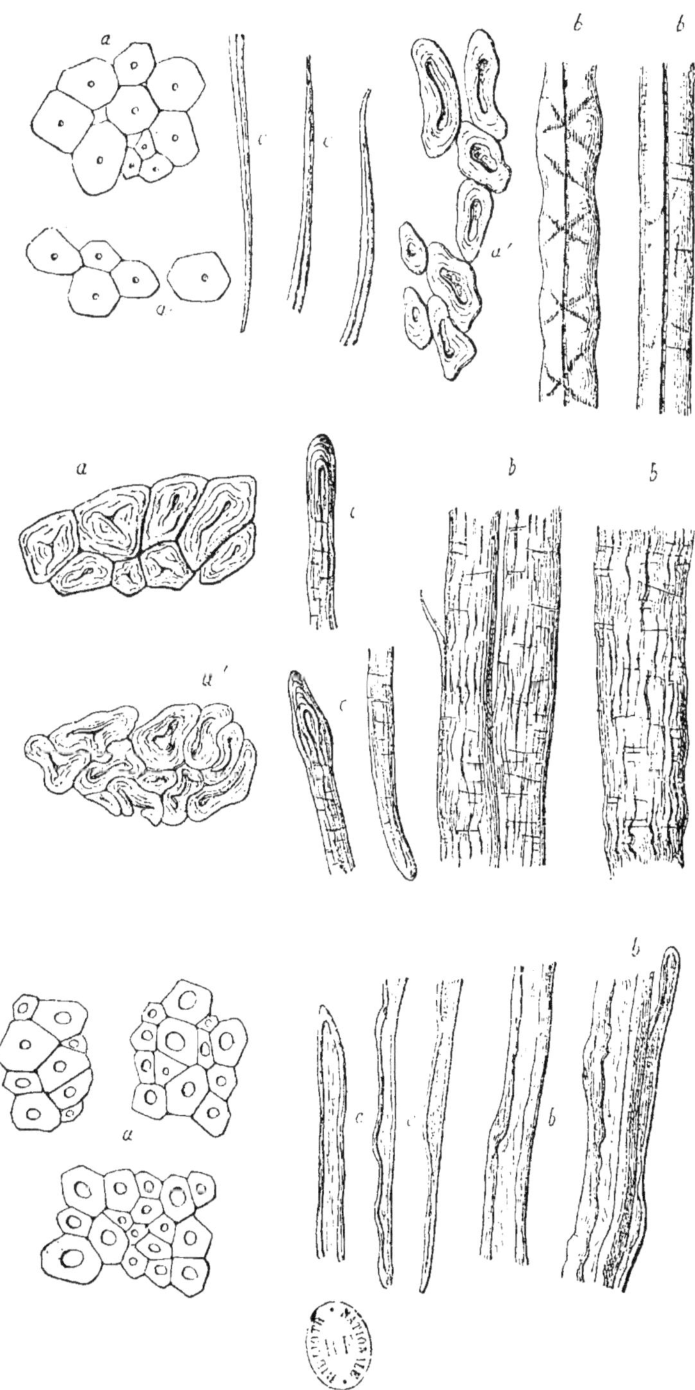

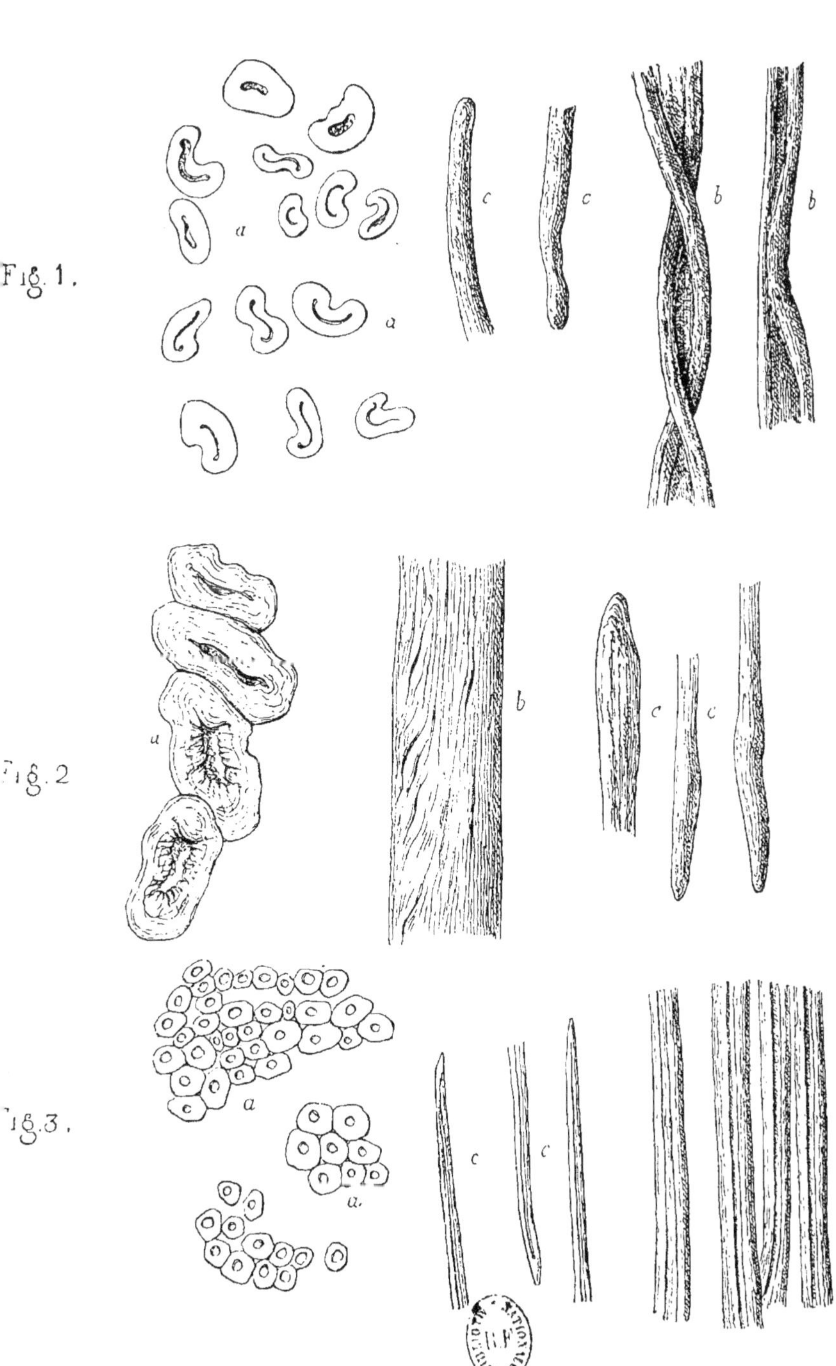


Fig.1.
a
a
c
c
b
b
Fig.2
a
b
c
c
Fig.3.
a
a
c
c

PL . IX

Fig 1.

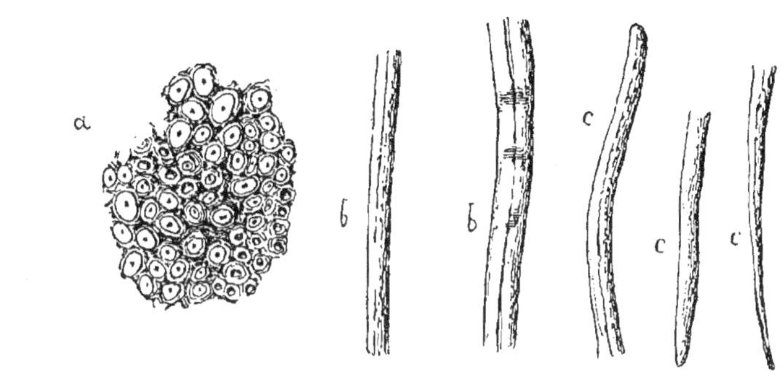


Fig. 2.

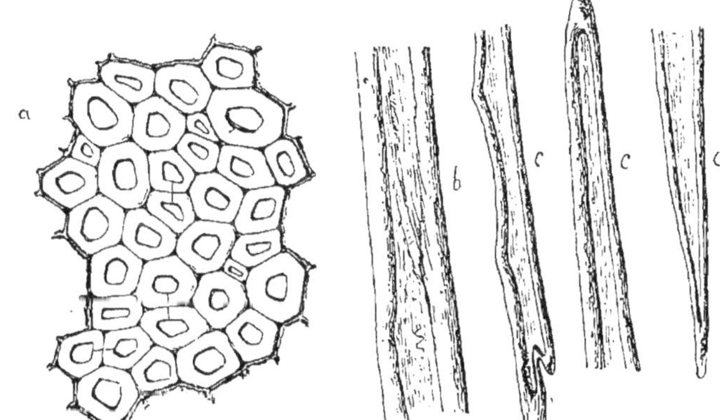


Fig. 3.

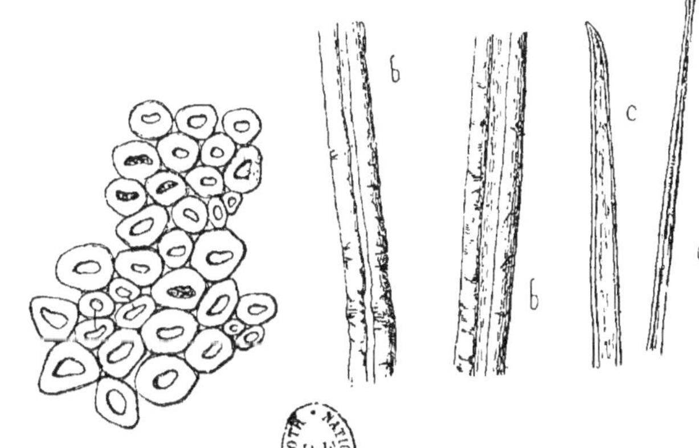